WU ZHANG AI HUAN JING JIAN SHE FA
ZHUAN JIA JIE DU WEN JI

《无障碍环境建设法》专家解读文集

中国残疾人联合会 ◎ 编

华夏出版社

图书在版编目（CIP）数据

《无障碍环境建设法》专家解读文集／中国残疾人联合会编．－－北京：华夏出版社有限公司，2023.9（2023.10 重印）

ISBN 978－7－5222－0546－5

Ⅰ.①无⋯ Ⅱ.①中⋯ Ⅲ.①无障碍环境建设法－法律解释－中国 Ⅳ.①D922.182.305

中国国家版本馆 CIP 数据核字（2023）第 145371 号

《无障碍环境建设法》专家解读文集

编　　者	中国残疾人联合会
责任编辑	霍本科
责任印制	刘　洋
封面设计	殷丽云
出版发行	华夏出版社有限公司
经　　销	新华书店
印　　装	三河市少明印务有限公司
版　　次	2023 年 9 月北京第 1 版　2023 年 10 月北京第 2 次印刷
开　　本	720×1030　1/16 开本
印　　张	19
字　　数	315 千字
定　　价	60.00 元

华夏出版社有限公司　社址：北京市东直门外香河园北里 4 号　邮编：100028
网址：www.hxph.com.cn　电话：010－64663331（转）
投稿合作：010－64600172；hbk801@163.com

若发现本版图书有印装质量问题，请与我社营销中心联系调换。

前　言

　　无障碍环境是指便于残疾人、老年人自主安全地通行道路，出入建筑物及使用其附属设施，搭乘公共交通工具，获取、使用和交流信息，获得社会服务的环境。加强无障碍环境建设是残疾人、老年人参与和融入社会生活、共享改革发展成果的重要前提，是实现全体社会成员平等参与和平等发展权利的重要条件。2023年6月28日，第十四届全国人民代表大会常务委员会第三次会议通过了《中华人民共和国无障碍环境建设法》（简称《无障碍环境建设法》），自2023年9月1日起施行。法律共8章72条，包括总则、无障碍设施建设、无障碍信息交流、无障碍社会服务、保障措施、监督管理、法律责任、附则等。制定实施《无障碍环境建设法》，是落实以人民为中心发展理念的生动实践，是坚持和完善中国特色社会主义法治体系的重要成果，是实现无障碍环境建设高质量发展的根本保障，是促进残疾人全面发展和共同富裕的必然要求，是推动残疾人事业全面发展的重大举措。

　　法律的生命在于实施。为了更好地学习宣传和贯彻实施《无障碍环境建设法》，帮助社会各界深入了解把握其主要内容和重要意义，中国残联组织国内知名的长期从事无障碍环境建设研究、参与《无障碍环境建设法》制定研讨的相关专家，包括北京大学叶静漪教授、陈功教授，中国人民大学黎建飞教授、杨立雄教授，武汉大学张万洪教授，最高人民检察院第八检察厅邱景辉副厅长，中国精神残疾人及亲友协会王向前副主席，中国政法大学徐爽副教授、苑宁宁副教授，中国中建设计集团有限公司薛峰总建筑师，北京市建筑设计研究院焦舰副总建筑师，中国信息通信研究院产业与规划研究所王莉副主任，同济大学建筑与城市规划学院潘海啸教授，交通运输部城市交通与轨道交通研究中心陈徐梅总工程师，东北财经大学无障碍发展研究中心吕洪良主任，天津大学建筑学院贾巍杨副教授，南京特殊教育师范学院孙计领副教授，中国劳动关系学院李静讲师等，分别从《无障碍环境建设法》的立法地位、贡献、制度创新、国际视角、无障碍设施、无障碍信息交流、无障碍社会服务、监督管理、保障措施、法律责任等多个角度，对《无障碍环境建设法》的立法背景、重要意义、主要内容、实施建议等进行了全面解读。本书力求准确、详尽、通俗地阐述《无障碍环境建设法》的立法原意和相关内容。由于时间和水平有限，不妥和疏漏之处在所难免，敬请广大读者批评指正。

在此，对参与《无障碍环境建设法》解读的所有专家表示衷心感谢！

编　者

2023 年 9 月

目 录

贯彻实施《无障碍环境建设法》
　　促进残疾人事业全面发展 …………… 中国残疾人联合会（1）

《无障碍环境建设法》的社会融合立法理念 ………… 叶静漪（8）

《无障碍环境建设法》的地位和功能 ………………… 黎建飞（31）

国际视野下的中国无障碍环境建设立法 ………… 张万洪、赵金曦（40）

人口老龄化背景下《无障碍环境建设法》
　　实施的内涵与意义 ……… 陈功、康宁、梁晓璇、刘尚君、李洋（52）

《无障碍环境建设法》检察公益诉讼条款理解与适用 ……… 邱景辉（65）

《无障碍环境建设法》：十六个视角的解读 …… 王向前、王辰元坤（77）

无障碍环境建设的研究成果、
　　法治进程与优化挑战 …………………… 徐爽、徐万佳（94）

无障碍环境立法视角下的儿童友好城市建设 …… 苑宁宁、吴则毅（109）

《无障碍环境建设法》实施建议 …………… 薛峰、凌苏扬、李叔洵（126）

展望《无障碍环境建设法》推动下的
　　无障碍设施建设水平提升 ………………………… 焦舰（138）

《无障碍环境建设法》推动信息无障碍发展
　　步入快车道 ………………………………………… 王莉（149）

《无障碍环境建设法》是包容性
　　无障碍交通的保障 …………………… 潘海啸、华夏、施瑶露（160）

《无障碍环境建设法》交通运输相关内容解读…… 陈徐梅、刘晓菲（174）

发展无障碍社会服务，提升无障碍体验 ………………… 杨立雄（187）

社会组织在无障碍法治建设中的作用 …………………… 吕洪良（204）

无障碍标识标准体系建设与发展路径研究
　　——解析《无障碍环境建设法》对无障碍标识的
　　指导促进作用 ………………………………………… 贾巍杨（217）

《无障碍环境建设法》的进步、贡献和制度创新………… 孙计领（230）

《无障碍环境建设法》法律责任解读 ……………………… 李静（259）

附录：《中华人民共和国无障碍环境建设法》及立法说明 ………（272）

贯彻实施《无障碍环境建设法》促进残疾人事业全面发展

中国残疾人联合会

《中华人民共和国无障碍环境建设法》（以下简称《无障碍环境建设法》）已于2023年6月28日由第十四届全国人大常委会第三次会议审议通过，自2023年9月1日起施行。《无障碍环境建设法》是我国在这一领域首部基础性、综合性法律，对无障碍环境建设定位、原则、内容、管理体制、保障措施、监督管理等作出全面系统规定，完善无障碍环境建设的顶层设计，夯实良法善治的制度基石，意义重大、影响深远。这部法律同时进一步赋予残联组织参与无障碍环境建设的法律地位，将为推动残疾人事业高质量发展提供更加有力的法治保障。

一、充分认识制定《无障碍环境建设法》的重大意义

习近平总书记指出，"无障碍设施建设问题，是一个国家和社会文明的标志，我们要高度重视"。无障碍环境建设指为残疾人、老年人自主安全地通行道路、出入建筑物以及使用其附属设施、搭乘公共交通运输工具，获取、使用和交流信息，获得社会服务等提供便利，是残疾人、老年人等群体权益保障的重要内容，对于促进全民共享经济社会发展成果具有重要价值。在全面贯彻落实党的二十大精神开局之年和全面建设社会主义现代化国家新征程起步之年，国家出台《无障碍环境建设法》，以"小切口"立法展现出"大价值"。

坚持和完善中国特色社会主义法治体系的重要成果。党的十八大以来，以习近平同志为核心的党中央明确提出全面依法治国并将其纳入"四个全面"战略布局予以有力推进。党的十八届四中全会和中央全面依法治

国工作会议专题研究全面依法治国问题，提出加快完善体现权利公平、机会公平、规则公平的法律制度，健全满足人民日益增长的美好生活需要必备的法律制度，完善妇女儿童、老年人、残疾人合法权益保护等方面的法律法规。无障碍环境关乎基本民生、基本人权，关乎社会的治理、公平和文明。《无障碍环境建设法》既聚焦残疾人、老年人等重点群体的急难愁盼，又着力提高全体人民的生活品质，是社会建设领域的重要立法，是完善中国特色社会主义法治体系的重要成果。

坚持以人民为中心发展思想的重要体现。习近平总书记指出，推进全面依法治国，根本目的是依法保障人民权益。我国有8500多万各类残疾人，60岁及以上的老年人超过2.8亿，加上有无障碍需求的孕妇、儿童、伤病人员等，人们对无障碍环境的需求广泛。《无障碍环境建设法》积极回应人民群众新要求新期待，坚持问题导向、目标导向，系统研究谋划和解决无障碍环境建设领域存在的突出问题，着力保障残疾人和老年人权益、推动我国人权事业发展进步、提高人民生活品质，充分体现了以人民为中心的发展思想。这部法律在立法过程中，坚持为了人民和依靠人民有机统一，注重人民群众参与。受全国人大委托，中国残联征求了5万余名基层残疾人、老年人代表的意见建议。通过拓宽意见征询、体验试用、监督管理等渠道，让残疾人、老年人成为无障碍环境建设的最广参与者、最大受益者和最终评判者，推动全社会共建共治共享。

促进无障碍环境建设高质量发展的有力保障。新时代10年，我国无障碍环境建设取得巨大成就，但与人民群众对美好生活的向往相比，仍然存在覆盖不够全面、建设不够系统、衔接不够连贯等问题，重建设轻监管、地区和城乡之间发展不平衡不充分等问题较为突出。面对无障碍环境建设需求多样、基数庞大、主体多元的现实，相关法律法规对无障碍环境建设的规定失于零散、缺乏衔接，有的规定较为原则、监管力度不足、约束力不强，不适应形势发展需要。《无障碍环境建设法》汲取我国无障碍环境建设历史经验、传承中华优秀传统法律文化、结合我国具体实际、借鉴国外有益做法，作出了一系列具有针对性、可操作性的制度安排，在不断解决"有没有"问题的同时，重点解决"好不好""管不管用"等问题，将有力促进无障碍环境建设高质量发展。

推动残疾人事业全面发展的重大举措。习近平总书记指出，在中国式现代化进程中，将进一步完善残疾人社会保障制度和关爱服务体系，促进残疾人事业全面发展。党的十八大以来，以习近平同志为核心的党中央高度重视残疾人事业，我国残疾人权益保障取得历史性成就。但也要清醒认识到，当前残疾人平等参与和融入社会生活仍面临种种障碍，不利于残疾人充分享有政治、经济、文化、社会等各方面权利。《无障碍环境建设法》鼓励和支持用人单位开展就业场所无障碍设施建设和改造，为残疾人职工提供必要的劳动条件和便利；规定加强教育场所的无障碍环境建设，要求各类学校组织的统一考试应当为有残疾的考生提供便利服务；规定为残疾人、老年人选民参加投票提供便利和必要协助等等，将有力促进残疾人各方面权益更有保障。这部法律强调发挥政府主导作用，调动市场主体积极性，引导社会组织和公众广泛参与；同时规定残联协助各级人民政府及其有关部门做好无障碍环境建设工作，有利于密切残联组织与政府、社会、市场、残疾人的联系，凝聚推动残疾人事业全面发展的强大合力。

二、科学把握《无障碍环境建设法》的主要内容

《无障碍环境建设法》共 8 章、72 条，具体分为：总则、无障碍设施建设、无障碍信息交流、无障碍社会服务、保障措施、监督管理、法律责任和附则。主要内容包括：

明确无障碍环境建设的定位、原则和管理体制。妥善处理保障重点与惠及全体的关系，明确无障碍环境建设在重点保障残疾人、老年人基础上，积极推动建设成果惠及全体社会成员，包括在立法目的中明确"保障残疾人、老年人平等、充分、便捷地参与和融入社会生活，促进社会全体人员共享经济社会发展成果"，在适用范围中规定"残疾人、老年人之外的其他人有无障碍需求的，可以享受无障碍环境便利"。明确无障碍环境建设应当与适老化改造相结合，遵循安全便利、实用易行、广泛受益的原则。明确坚持党的领导，突出政府主导，对无障碍环境建设的管理体制作出规定：县级以上人民政府应当统筹协调和督促指导有关部门在各自职责范围内做好无障碍环境建设工作；县级以上人民政府住房和城乡建设、民

政、工业和信息化、交通运输、自然资源、文化和旅游、教育、卫生健康等部门应当在各自职责范围内，开展无障碍环境建设工作；乡镇人民政府、街道办事处应当协助有关部门做好无障碍环境建设工作。这部法律还明确规定残疾人联合会、老龄协会等组织依照法律、法规以及各自章程，协助各级人民政府及其有关部门做好无障碍环境建设工作。

系统规定无障碍设施建设、改造、维护和管理相关制度。严格确保无障碍设施建设质量，包括明确新建、改建、扩建的居住建筑、居住区、公共建筑、公共场所、交通运输设施、城乡道路等，应当符合无障碍设施工程建设标准；规定无障碍设施应当与主体工程同步规划、同步设计、同步施工、同步验收、同步交付使用，并与周边的无障碍设施有效衔接、实现贯通；对工程建设、设计、施工、监理单位等在无障碍设施建设中的职责作出明确规定。强调重点单位、区域、场所等配套建设无障碍设施的义务，比如明确要求残疾人集中就业单位、居住区公共服务设施、部分地区的人行道路系统、停车场等应当配套建设相应的无障碍设施。对无障碍设施改造作出系统性规定，包括要求政府制定有针对性的改造计划并组织实施；明确无障碍设施改造责任人；对不具备改造条件的，规定采取替代性措施；对家庭无障碍设施改造、老旧小区既有多层住宅加装电梯等问题作出专门规定。针对"重建设轻维护"的突出问题，对无障碍设施的维护和管理作出明确规定，包括明确维护和管理责任人，对其所承担的维护和管理责任作了列举；对非法占用、损坏无障碍设施等行为作出禁止性规定，并明确了相应法律责任。明确通过意见征询、体验试用等方式，保障残疾人、老年人参与无障碍设施建设。

丰富无障碍信息交流内容。明确各级人民政府及其有关部门应当为残疾人、老年人获取公共信息提供便利；发布突发事件信息时，条件具备的同步采取无障碍信息交流方式；要求药品生产经营者提供无障碍格式版本的标签、说明书。对利用财政资金设立的电视台、互联网网站、服务平台、移动互联网应用程序以及图书馆、博物馆、文化馆、科技馆、电信业务经营者等提供无障碍信息的义务作出规定。明确要求硬件终端产品、自助公共服务终端设备、便民热线、紧急呼叫系统等应当具备或者逐步具备相应的无障碍功能。完善鼓励支持措施，包括鼓励图书、报刊配备无障碍格式版本；鼓励编写、出版盲文版、低视力版教学用书；鼓励地图导航定位产品逐步完善无障碍设施的标识和无障碍出行路线导航功能；鼓励药品以外的其他商品经营者提供无障碍格式版本的标签、说明书。对国家通用手语、国家通用盲文的推广、使用作出要求。

扩展无障碍社会服务范围。规定公共服务场所提供无障碍服务的要求，对涉及医疗健康、社会保障等服务事项的，明确要求保留现场指导、人工办理等传统服务方式。对与社会生活密切相关的公共服务、司法诉讼仲裁、公共交通、教育考试、医疗卫生、文旅体育等方面的无障碍服务分别作出有针对性的规定。对应急避难场所提供无障碍服务作出义务性规定。完善残疾人使用服务犬的相关规定。

健全无障碍环境建设保障机制。明确县级以上人民政府应当将无障碍环境建设所需经费列入本级预算，建立稳定的经费保障机制。加强无障碍环境理念的宣传教育，提升全社会的无障碍环境意识。积极构建无障碍环境标准体系，建立健全无障碍环境认证和信息评测制度。促进新科技成果在无障碍环境建设中的运用，支持无障碍设施、信息和服务的融合发展。将无障碍环境建设情况作为文明城市、文明村镇等创建活动的重要内容。

完善无障碍环境建设监督制度。对政府及其有关部门的监督检查、考核评价、委托第三方评估、信息公示、投诉举报处理答复等相关工作机制作出明确规定。明确任何组织和个人有权提出加强和改进无障碍环境建设的意见和建议，对违反本法规定的行为进行投诉、举报。规定残联、老龄协会等组织根据需要，可以聘请相关人员对无障碍环境建设情况进行监督。

三、推动《无障碍环境建设法》全面有效实施

习近平总书记指出，法律的生命力在于实施，法律的权威也在于实施。长期以来，各级残联组织带领广大残疾人，一直是无障碍环境建设的推动者、参与者、贡献者，走在前、做示范。下一步，残联组织将尽职履责，积极推动《无障碍环境建设法》全面有效实施。

**提高政治站位，充分认识贯彻实施《无障碍环境建设法》的重要意

义。坚持以习近平新时代中国特色社会主义思想为指导，深入学习贯彻党的二十大关于"完善残疾人社会保障制度和关爱服务体系，促进残疾人事业全面发展"等的部署要求，充分认识制定《无障碍环境建设法》是贯彻落实党中央决策部署的重要举措，深刻把握贯彻好实施好《无障碍环境建设法》对弘扬人道主义精神、保障残疾人权益、完善残疾人关爱服务体系、促进残疾人事业全面发展、支持和鼓励残疾人自强不息的重要意义，增强政治责任感和历史使命感。

加强学习宣传，营造人人有责、人人尽责、人人享有的良好氛围。将《无障碍环境建设法》纳入残联系统领导干部应知应会国家法律清单和干部教育体系，增强依法参与无障碍环境建设的能力和水平。丰富和创新无障碍宣传方式，引导残疾人兄弟姐妹学法知法尊法守法用法。借助国际残疾人日、全国助残日等重要时间节点宣传无障碍理念、普及无障碍知识、传播无障碍文化，提升全社会的无障碍意识，推动全社会共建共治共享无障碍环境。

强化源头参与，推动完善无障碍环境建设配套制度。紧密结合《无障碍环境建设法》中的新规定、新举措和新制度，深入研究问题，总结梳理经验，推动完善与无障碍环境建设密切相关的法律体系。配合政府部门加快制定和完善相关配套政策、标准等。指导各省区市残联主动配合地方人大及相关职能部门，依据《无障碍环境建设法》，从地方实际出发，完善地方立法。

发挥职能作用，积极参与无障碍环境建设。坚持为残疾人解难、为党和政府分忧，协助政府部门做好无障碍环境建设工作，推动完善政府主导和市场、社会组织、公众广泛参与的工作机制。督促各地加快建立无障碍环境建设促进队伍和督导员队伍，组织残疾人代表参与意见征询、体验试用、监督管理等活动。高质量完成困难重度残疾人家庭无障碍设施改造任务。加快推进残疾人集中就业单位和残联系统服务设施的无障碍环境建设和改造，发挥行业示范作用。深入推进为残疾人考生参加考试提供合理便利。推进电子导盲犬等信息无障碍建设。大力推广国家通用手语和国家通用盲文。支持无障碍环境建设人才培养。积极开展国际交流与合作，讲好中国无障碍环境建设故事。

凝聚监督合力，推动《无障碍环境建设法》顺利实施。协助各级人大常委会依法开展监督检查。配合县级以上人民政府及其有关主管部门依法进行监督检查，积极参与联合监督检查。推动县级以上地方人民政府制定无障碍环境建设具体考核办法。配合各级人民检察院开展无障碍环境建设检察公益诉讼，联合发布典型案例。

《无障碍环境建设法》的社会融合立法理念

叶静漪

【摘　要】 社会融合是《无障碍环境建设法》最为重要的一项立法理念，这一理念改变了以往对有无障碍需求的社会成员的偏见，使他们由救济的对象变为权利的主体。社会融合的立法理念包含了平等、倾斜保障和充分融合三项原则，具备从基本融合到全面融合、从被动融合到主动融合、从单行法到法律体系融合三重意涵。该法对社会生活各方面的细致规定体现了全面融合的理念；立法旨在充分调动残疾人、老年人等参与社会生活的主观能动性，体现了主动融合的理念；实现了法律体系内部、全国统一立法与地方立法、国内法与国际法的三重融合。在该法实施过程中，要以"法律+"模式推动渐进式社会融合，明确法律主体地位、发挥地方立法特色、细化法律实施细则，也要充分发挥协调机制的优势，落实监督管理的架构。

【关键词】 无障碍环境建设法；社会融合；立法理念；无障碍环境权

引　言

党的二十大报告提到保障残疾人、老年人、妇女儿童等群体权益，提出要健全覆盖全民、统筹城乡、公平统一、安全规范、可持续的多层次社会保障体系，把保障人民健康放在优先发展的战略位置，完善人民健康促进政策。《无障碍环境建设法》的颁布是健全关爱服务体系、推进健康中国建设的一项重大举措，惠及包括残疾人、老年人、妇女、儿童、负重者等在内的全龄人口，是人口规模巨大、全体人民共同富裕、物质文明和精神文明相协调的中国式现代化的现实指向。《无障碍环境建设法》历经三次审议、两次公开征求意见、数次座谈论证，是顺应时代潮流、适合本国国情、凝结人民智慧的重要法治成果。《无障碍环境建设法》出台后我们的首要任务之一，就是深入解读该法的立法理念，深刻阐释该法的法律逻辑，引导该法的正确实施。

《无障碍环境建设法》在制定过程中承载了诸多立法理念，"社会融合"是其中最为重要的理念之一。有别于简单的社会学概念，社会融合作为一种社会现象，反映着利益关系、社会资源分配的规则和秩序，涉及国家层面的宏观政策，是构建和谐社会过程中无法回避的问题[1]。其原因在于，社会融合的意愿、过程和结果直接折射出"社会转型过程中不同人群能否享受公平、公正的待遇"[2]。而公平、公正待遇的实现必然需要法律制度的加持。良好的法律制度能够促进社会融合，反之，法律的缺位或落后则会造成社会融合程度低下，甚至出现社会排斥现象。过去，法律没有为有无障碍需求的社会成员提供较为充分的保障，其表现为"法律法规比较缺乏、标准规范比较滞后、体制机制不健全，无法可依、有法难依、质量不高、实施绩效较差"等[3]。具体包括：第一，无障碍环境建设的法治理念偏重于"扶弱"和"助残"，在为社会融合创建全面无障碍环境、提供发挥个体潜能平台等方面仍较为缺乏[4]；第二，前述问题直接导致法律规范并没有通过确定的权利义务关系对义务主体的责任进行明确，从而造成有无障碍需求的社会成员无法在实质上享有各项社会权利的问题；第三，关于无障碍环境建设的法律规范大都是概括性、原则性、总体性、价值宣示性的规定，在很大程度上缺乏可执行性和保障力；第四，无障碍环境建

---

[1] 参见李树茁等．中国农民工的社会融合及其影响因素研究［J］．人口与经济，2008（2）．

[2] 杨菊华．从隔离、选择融入到融合：流动人口社会融入问题的理论思考［J］．人口研究，2009（1）．

[3] 参见叶静漪等．无障碍与残疾人社会融合［M］．沈阳：辽宁人民出版社，2021：54—55．

[4] 参见叶静漪，苏晖阳．新时代我国残疾人社会融合问题研究［J］．人口与发展，2021（1）．

设立法理念不够先进，限于客观的、物质的或者有形的环境，着眼于物理性环境本身的便利性和安全性，缺少对无障碍整体性环境的关注[①]。这使得有无障碍需求的社会成员与社会本身出现割裂，随着时间的推移，这种割裂会进一步加剧社会成员之间的隔阂，影响社会团结稳定。

体现于《无障碍环境建设法》的社会融合立法理念有助于扭转上述局面。社会融合的立法理念是共同善的实质体现，它更加尊重、支持和发展有无障碍需求的社会成员的权利和主体性，使立法精神更加立体化和多元化，充分关照了处于弱势地位的特殊群体的需要。社会融合指标已经成为加拿大、拉丁美洲、联合国、欧盟等国家、地区和国际组织监督社会健康发展的晴雨表，被视为社会发展的重要目标[②]。鉴于该理念的重要现实意义，本文将重点对其展开解读：首先，从社会学和法学视角对社会融合的基本理论及其立法价值进行述评，为从社会融合的立法理念角度解读《无障碍环境建设法》做好理论铺垫；其次，结合《无障碍环境建设法》的具体法律条文，对社会融合理念在立法上的具体体现进行阐述；再次，结合相关章节和法律条文，对社会融合在《无障碍环境建设法》立法中的具体内涵展开分析；最后，综合探讨社会融合与《无障碍环境建设法》交融渗透的内在关联性，并对该法的贯彻与实施进行展望。

一、社会学与法学交叉视角下社会融合的理论内涵及其立法价值

社会融合是社会学中的一个经典命题，在《无障碍环境建设法》中，它作为一项重要的立法理念得到了立法者的广泛认可。法律是社会生活的重要组成部分，社会学角度的阐释不仅能够揭示法律的特征，还可以丰富法律的讨论、影响法律的解释，表达法律观念在法律自身丰富的复杂性中

---

① 参见黎建飞. 推进我国无障碍环境建设立法的进程［J］. 残疾人研究，2022（S1）.

② 参见悦中山等. 当代西方社会融合研究的概念、理论及应用［J］. 公共管理学报，2009（2）.

所具有的社会意义①。因此,从社会学与法学的交叉视角对社会融合理念进行把握,对于正确理解和适用《无障碍环境建设法》具有重要参考价值。

(一)社会学视角下社会融合的理论内涵

社会融合源于多种理论,如社会网络理论、同化论(融合论)、多元论(多元文化论)等②,尽管该理论来源复杂、内涵多样,但其内涵却具有共通之处,主要针对的是社会中处于弱势地位的个体或群体,包含流动人口③、农民工④、农村成员⑤、移民⑥、残障人士⑦等。这一特征与"《无障碍环境建设法》保护处于弱势地位的主体"的价值高度吻合,为社会融

---

① 参见〔英〕罗杰·科特雷尔. 法律、文化与社会——社会理论镜像中的法律观念[M]. 郭晓明,译. 北京:北京大学出版社,2020:131—132.

② 除上述三个较为重要的理论之外,还有区隔融合论、直线融合论、曲线理论、空间(或居住)融合论等。

③ 参见周皓. 流动人口社会融合的测量及理论思考[J]. 人口研究,2012(3);杨菊华. 从隔离、选择融入到融合:流动人口社会融入问题的理论思考[J]. 人口研究,2009(1);任远,邬民乐. 城市流动人口的社会融合:文献述评[J]. 人口研究,2006(3).

④ 参见李树茁等. 中国农民工的社会融合及其影响因素研究[J]. 人口与经济,2008(2);钱文荣,张忠明. 农民工在城市社会的融合度问题[J]. 浙江大学学报(人文社会科学版),2006(4);悦中山,李树茁,费尔德曼. 农民工社会融合的概念建构与实证分析[J]. 当代经济科学,2012(1).

⑤ 参见项继权. 农村社区建设:社会融合与治理转型[J]. 社会主义研究,2008(2).

⑥ See D. S. Massey, B. P. Mullan, *Residential Segregation and Color Stratification among Hispanics in Philadelphia – Reply*, American Journal of Sociology, 1985, 91(2), p. 396 – 399; R. E. Park, *Human Migration and the Marginal Man*, The American Journal of Sociology, 1928, 33(6), p. 881 – 893; Alejandro Portes and Min Zhou, *The New Second Generation: Segmented Assimilation and Its Variants*, Annals of the American Academy of Political and Social Sciences, 1993(530), p. 74 – 96.

⑦ 参见刘春玲. 美国智障人士社会融合研究[J]. 中国特殊教育,2006(9);王和平,马红英,马珍珍. 北欧国家智障人士社会融合研究[J]. 中国特殊教育,2006(9);汪海萍. 以社会模式的残疾观推进智障人士的社会融合[J]. 中国特殊教育,2006(9).

合理论的法律适用提供了可能。

现有研究主要从"实证研究"和"政策研究"两个层面对社会融合的内涵进行解构，前者又包括从社会学和心理学两个不同维度展开研究[1]。抛开命名上的差异，学界公认的社会融合的测量维度包括经济融合、文化融合、心理融合和身份认同[2]，在此基础上还可以增加结构融合，即主要指主体摆脱边缘地位[3]。

更进一步，还可以从"社会"和"融合"两个部分来理解社会融合。就社会而言，它存在广义和狭义之分。迪尔凯姆提出社会融合中的社会应当是最广泛意义的社会[4]；而狭义观点将社会的内涵具体化，认为社会融合只属于某一社会群体[5]。为了适应"无障碍环境建设牵涉社会各方面"的特征，本文采用广义概念。

相较而言，融合的概念略显复杂。古代先哲们很早就提出了与融合含义相近的概念，如"大同""统合"等[6]。融合的词义本身包含了"相互渗透、融汇"[7]的含义。一般认为，与"社会融入"相比，"融入"是单向的，是融合的第一步；而"融合"是双向的，是最终目标。融入暗示着一种不平等的主从关系，而融合则反映了一种平等关系，以渗透、交融、互惠、互补为其基本特征[8]。融入是融合的基础和前提，融合是融入的更

---

[1] 参见悦中山等. 当代西方社会融合研究的概念、理论及应用 [J]. 公共管理学报，2009 (2).

[2] 参见周皓. 流动人口社会融合的测量及理论思考 [J]. 人口研究，2012 (3).

[3] 参见周皓. 流动人口社会融合的测量及理论思考 [J]. 人口研究，2012 (3).

[4] See E. Durkheim, *Suicide*, Routledge, 1951, p. 202.

[5] 参见悦中山等. 当代西方社会融合研究的概念、理论及应用 [J]. 公共管理学报，2009 (2).

[6] 参见杨菊华. 论社会融合 [J]. 江苏行政学院学报，2016 (6).

[7] See R. E. Park, E. W. Burgess, *Introduction to the Science of Sociology*, The University of Chicago Press, 1969, p. 8; R. E. Park, *Assimilation, Social*, in E. Seligman, A. Johnson *Encyclopedia of Social Sciences*, Macmillan, 1930, p. 22.

[8] 参见杨菊华. 从隔离、选择融入到融合：流动人口社会融入问题的理论思考 [J]. 人口研究，2009 (1).

高境界，是一种理想①。因此，融合这一概念与无障碍环境建设及其法律制度的价值体系更为契合。

（二）法学视角下社会融合的理论内涵

从社会学视角下的社会融合概念中，可以提炼出三个典型特征：广义视角的社会，相互渗透的融合，经济、文化、身份认同和心理的多维度建构。由此可见，社会学意义上的社会融合概念涉及个体、社会与国家三方主体，与法学研究的关注对象高度契合。此外，社会融合追求的目标是"个人发展、各项社会福祉与政治权利得以充分保障"②，而这恰恰也是法治社会的发展目标所在，二者在关注对象和追求目标上存在着高度重合性。新时代社会融合发展的根本目标是"实现一个都不能少"，这不仅指物理上不能掉队，还指有无障碍需求的社会成员真正认同社会及其法律制度。为此，立法不能对有无障碍需求的社会成员所需要的社会融合进行抽象化、形式化的考虑，而应当设身处地站在其立场上，对"我国社会主要矛盾已经转化为人民日益增长的美好生活需要和不平衡不充分的发展之间的矛盾"这一现实予以关注。基于上述考虑，同时结合法律要义，本文认为，法学视角下的社会融合是指法律的制定要关注个体（通常为特殊群体）与其他个体、个体与社会之间的联动和参与，既要注重个体在社会关系中的身份认同、主观感受，也要为个体提供平等机会、权利及共同价值，促进个体共享社会福祉，与社会和国家全方位融合、发展。

基于上述理解，可以对《无障碍环境建设法》中社会融合理念的内涵作进一步延伸：在社会融合的立法理念指引下，无障碍环境建设的受益者从"救济对象"转变为"权利主体"，以"普惠与特惠相结合、一般保障与特殊保障相结合"的原则为指导，遵循"平等、参与、共享"的理念，在社会层面实现法律、教育、信息、就业及社会保障、媒体、无障碍等诸多方面的充分融合。确保有无障碍需求的社会成员能够依法充分享有宪法和法律赋予的权利，获得公正的、必要的机会和资源，正常享受社会福

---

① 参见杨菊华. 从隔离、选择融入到融合：流动人口社会融入问题的理论思考[J]. 人口研究, 2009（1）.

② 参见周皓. 流动人口社会融合的测量及理论思考[J]. 人口研究, 2012（3）.

利，全面参与经济、社会和文化生活，最终实现平等自由而全面的发展。据此，可将《无障碍环境建设法》中社会融合的立法理念进一步确立为平等、倾斜保护、充分融合三个基本原则（相应的具体内涵阐述见下表)[①]。

表1 社会融合立法理念中的三大原则

概念优势	原则/内容	对应概念中的内容
三项基本原则		
中立性	平等原则	获得公正的、必要的机会和资源，正常享受社会福利
中立性	倾斜保障原则	普惠与特惠相结合、一般保障与特殊保障相结合
包容性	充分融合原则	在社会层面实现法律、信息、无障碍等诸多方面的充分融合
三项具体内容		
开放性	从基本融合到全面融合	全面参与经济、社会和文化生活
开放性	从被动融合到主动融合	促进有无障碍需求的社会成员实现平等全面的发展
开放性	从单行法到法律体系融合	从"救济对象"转变为"权利主体"

---

① "社会融合"具有开放性、包容性和中立性的显著优势。参见悦中山，李树茁，费尔德曼. 农民工社会融合的概念建构与实证分析［J］. 当代经济科学，2012（1）.

二、"社会融合的基本原则"于立法中的体现

(一)"平等原则"于立法中的体现

社会融合的目的是创造一个人人共享的社会①。共享牵涉分配程序和分配结果,共享发展体现了社会法所追求的公平正义价值②。可以说,社会融合的目的与社会公平正义的实现息息相关,因此需要贯彻平等原则。

"无障碍是平等参与和平等发展的基础条件,无障碍环境建设立法的完善是推进社会公平保障体系建设的重要组成部分。"③《无障碍环境建设法》第一条开宗明义,将"平等"置于首要地位。立法的考虑在于改变观念,使社会及其所有成员对无障碍环境建设有更积极的态度。对于有无障碍需求的社会成员而言是从拒绝融合到主动融合的转变,对于其他成员而言是从排斥到接纳的转变。

社会融合立法理念中的"平等原则"意味着应当对所有成员一视同仁,忽略个体间实际状况的差异,避免缺乏权利实现能力的弱势群体不能真正获得平等的社会地位④。弱势群体获得平等地位的路径十分坎坷,以残疾人为例,人类社会对残疾或残疾人的态度可以划分为"医疗模式、社会模式和权利模式"三个不同阶段⑤。具体而言,医疗模式将残疾问题视

---

① 联合国. 社会发展问题世界首脑会议的报告[R]. 哥本哈根, 1995年3月6—12日. 联合国官网, https://www.un.org/zh/node/174172.

② 参见叶静漪, 李少文. 新发展阶段中国社会法的转型与重点立法任务[J]. 社会科学战线, 2021(11);叶静漪, 李少文. 新时代中国社会治理法治化的理论创新[J]. 中外法学, 2021(4).

③ 吴振东, 汪洋, 叶静漪. 社会融合视角下我国无障碍环境建设立法构建[J]. 残疾人研究, 2022(S1).

④ 参见杨海坤. 宪法平等权与弱者权利的立法保障[J]. 法学杂志, 2013(10).

⑤ 参见李志明, 徐悦. 树立新型残疾人观, 促进残疾人社会参与和融合[J]. 社会保障研究, 2010(1).

作个人问题，认为残疾人需要通过自身努力适应社会需求[1]。这种模式的弊端在于，未意识到"残疾不等同于障碍"。障碍实质上表达的是社会所提供的机会的丧失及其所导致的资源分配不公。换言之，残疾只是对个体生理状况的描述，障碍才是残疾人无法与社会融合的根本原因。社会模式强调通过社会力量的支持实现社会融合，权利模式则通过赋权途径确认残疾人的平等地位，两者均提倡树立平等对待残疾人的正确价值观，并为消除残疾人的身体机能障碍提供外在保障。实际上，与残疾人一样，老年人等其他有无障碍需求的社会成员同样也会面临部分机能丧失的问题，这种丧失可能是永久的（如残疾人），可能是逐渐的（如老年人），也可能是暂时的（如负重之人）。此种机能的丧失亦是一种对生理状况的描述，解决此类问题同样需要社会中各种障碍的消除。

"权利平等不仅是一种观念，更重要的是表现为制度体系。"[2] 基于此，我们完全可以在社会模式和权利模式主张的启发下，将平等原则引入为《无障碍环境建设法》所强调的社会融合理念之中，借此对主体范围进行扩张，由该法第一条明确规定的残疾人、老年人扩展至所有存在无障碍需求的社会成员。这种理解实际上也为《无障碍环境建设法》所肯定。具体表现为：

一方面，强调有无障碍需求的社会成员与其他成员之间的平等主体地位。例如，该法第二条使用了"自主"字眼，凸显了法律充分保障有无障碍需求的社会成员的个体自由[3]。此外，第二条规定了"残疾人、老年人之外的其他人有无障碍需求的，可以享受无障碍环境便利"，第三条规定了"引导社会组织和公众广泛参与"，这些规定均体现了对所有主体一视同仁。

另一方面，提供弥补不平等地位的无障碍环境。该法的核心任务即在

---

[1] 参见汪海萍. 以社会模式的残疾观推进智障人士的社会融合 [J]. 中国特殊教育, 2006 (9).

[2] 刘作翔. 权利平等的观念、制度与实现 [J]. 中国社会科学, 2015 (7).

[3] 自由必须受到平等的制约，反之就没有自由；同样，平等必须满足自由的要求，没有自由，平等也将失去其应有的价值。参见范进学. "共同富裕"的宪法表达：自由平等共享与法治国 [J]. 交大法学, 2022 (6).

于提供无障碍环境，条文的设置均以"减小鸿沟"为指引。该法第二十条"用人单位无障碍环境建设"、第四十三条"教育场所、统一考试无障碍服务"、第四十八条"选举投票无障碍"等规定都是典型例证。目前，这些领域的无障碍环境建设仍较为薄弱，立法在正视这些不足的基础上，致力于为有无障碍需求的社会成员提供公平的就业和教育机会，保障平等的选举权利。这些法律条款旨在从法律维度弱化机能差异所造成的不公，为全体社会成员提供平等的法律地位和资格，使各个社会成员得到平等的发展机会[1]，并借此消除部分社会成员所遭受的歧视。"融入社会的基石是平等待遇和禁止任何形式的歧视。"[2] 然而，歧视却是当前社会融合面临的最大障碍。正如医疗模式的主张所表明的那样，有无障碍需求的社会成员所面临的歧视很大程度与人们的认知偏差及由此产生的刻板印象密切相关。《无障碍环境建设法》之所以在开篇第一条即强调"平等"，正是希望借助立法的宣示作用，从法律的高度来纠正人们对"无障碍需求"的固有偏见，最大程度地促进社会成员和谐相处与权利平等。

（二）倾斜保障原则于立法中的体现

罗尔斯《正义论》中提及的差别原则为倾斜保障原则提供了重要的理论资源[3]。不同于平等原则追求的形式上的平等，倾斜保障原则是在承认个体之间存在差异的基础上，追求用相应的特殊保障措施来弥补不对等地位之间的差距，进而实现实质平等。个体机能的弱势使得有无障碍需求的社会成员被孤立和边缘化，这影响了他们获得公平参与社会生活的机会。基于社会融合的现实需要，当部分人在自然禀赋方面处于与其他人不平等的起点，尤其是其生存状态在客观上遭受到不公平对待时，立法者会在制

---

[1] 参见李薇薇. 平等原则在反歧视法中的适用和发展 [J]. 政法论坛，2009（1）.

[2] 张文宏，雷开春. 城市新移民社会融合的结构、现状与影响因素分析 [J]. 社会学研究，2008（5）.

[3] 参见 [美] 约翰·罗尔斯. 正义论 [M]. 何怀宏，何包钢，等译. 北京：中国社会科学出版社，2009：237.

度上给予他们倾斜性保护①。需要注意的是，社会融合是一个不偏不倚的中立概念，而与社会融合立法理念相契合的倾斜保障原则也应保持类似定位，即仅能为了矫正形式正义的不足而进行适度倾斜，而不应提供超过合理范围的过度保护。

基于此，倾斜保障原则不仅是机会、资源获得层面的"起点公平"（提供基础和保障），也应当是"由有无障碍需求的社会成员与其他成员的差异化现实"逐步发展到"差异化公平的实现"（提供目标和指南）②。《无障碍环境建设法》通过照顾有无障碍需求的社会成员的实际需求，进而实现确认有无障碍需求的社会成员享有无障碍环境权的立法目标。"社会融合的概念一直以来都是作为对弱势群体的社会学关怀而提出。"③ 通过吸纳这一社会学思想，《无障碍环境建设法》以法律语言强调了对残疾人、老年人等处于弱势地位的社会成员的关怀。具体而言，《无障碍环境建设法》通过职责的确立来强化责任主体的义务，凸显了倾斜保护是一种强制性要求。例如，该法第六条将《无障碍环境建设条例》中的"县级以上人民政府负责组织编制无障碍环境建设发展规划"细化为"县级以上人民政府应当将无障碍环境建设纳入国民经济和社会发展规划，将所需经费纳入本级预算，建立稳定的经费保障机制"；第二十六条在《无障碍环境建设条例》简单规定的基础上作了更为翔实的规定，细化了"无障碍设施所有权人或者管理人应当对无障碍设施履行以下维护和管理责任"，并进行详细列举。应当说，更为严苛的义务条款彰显了立法对残疾人、老年人倾斜保护的强度和力度。

（三）充分融合原则于立法中的体现

充分融合原则以平等原则和倾斜保障原则为基础，在纵向维度上彰显

---

① 参见许多奇. 从税收优惠到全面社会保障——以残疾人权利的倾斜性配置为视角[J]. 法学评论，2010（6）.

② 参见叶静漪等. 无障碍与残疾人社会融合[M]. 沈阳：辽宁人民出版社，2021：19—20.

③ 张文宏，雷开春. 城市新移民社会融合的结构、现状与影响因素分析[J]. 社会学研究，2008（5）.

了融合的深入。平等原则、倾斜保障原则彰显了法律基本保障的存在，充分融合原则从更深入、更完善的角度对法律提出了具体要求。充分融合原则强调通过创设相应条件，尽可能地将有无障碍需求的社会成员与其他成员包容在同一个环境中[①]。社会融合的理念认为，当社会具有更大的包容性时，有融合需求的主体会逐步深入融入。无障碍环境建设致力于提供一种环境上的包容性，提高包容性的纵深。相较于《无障碍环境建设条例》，《无障碍环境建设法》第一条除保留"平等"这一要求之外，还增加了"充分"与"便捷"的要求，从而直接表明了充分融合原则在该法中的重要地位。此外，该法其他条款和章节的规定也体现了充分融合原则的内容：

首先，通过规定更为细致具体的条款，协调社会融合过程中遇到的各种障碍，助推实现融合的充分性。《无障碍环境建设法》第二十九条整合了《无障碍环境建设条例》第十八、第十九条，在此基础上列举了重要政府信息的类别，细化了无障碍信息交流的方式；第三十九条进一步细化了"无障碍社会服务"的要求，同时要求"保留现场指导、人工办理等传统服务方式"，体现了对有无障碍需求的社会成员的充分照顾；第四十三条增加了"教育场所无障碍环境建设"，进一步细化了关于考试的规定，并扩大了提供无障碍环境的考试类别，不仅包括国家举办的各类考试，还包括各类学校组织的统一考试；该法第四十六条除了赋予导盲犬以更为文明的"服务犬"称谓之外，还对服务犬的类别及相应功能进行了细化。条款的细化是法律"由面及点"的具体体现，对各种情形面面俱到的考量使得法律能够尽可能满足有无障碍需求的社会成员充分融合的需求。

其次，顺应数字化的时代潮流，实现无障碍环境建设由"有"变"优"的高质量提升，以此促进有无障碍需求的社会成员更加充分地融合。在现代社会中，"数字鸿沟"是社会排斥和社会隔离最直接的体现。数字化社会在给人们带来便利的同时，也给有无障碍需求的社会成员的充分融合制造了新的障碍。想要实现"充分"的融合，数字文明、数字技术的融

---

① 参见叶静漪等. 无障碍与残疾人社会融合 [M]. 沈阳：辽宁人民出版社，2021：20—21.

合就不可或缺，《无障碍环境建设法》在立法上对此作了充分考虑。例如，该法第三十条对《无障碍环境建设条例》第二十一条关于"电视节目"的规定作了细化，增加了"网络视频节目"这一类别，以适应当下数字新媒体技术的发展；第三十六条对《无障碍环境建设条例》第二十三条关于"无障碍网站"的规定进行了细化，新增"互联网网站、移动互联网应用程序、地图导航定位产品"的无障碍环境建设内容，符合数字社会发展的趋势。可以说，《无障碍环境建设法》针对数字社会的发展作出积极回应，以数据资源为关键要素，以现代信息网络为主要载体，以信息通信技术融合应用、全要素数字化转型为重要推动力①，在维持、改善有无障碍需求的社会成员的功能与能力的同时，致力于促进他们充分参与、社会福利水平以及无障碍环境的高质量发展。

三、《无障碍环境建设法》中社会融合的具体内涵

（一）从基本保障到全面融合

社会融合是包括了经济、文化、心理、身份认同等多个维度在内的概念。例如，欧盟即认为，"社会融合是确保具有风险和社会排斥的群体能够获得必要的机会和资源，并通过其全面参与经济、社会、文化生活，享受正常的生活及在其居住社会中享受应有的正常社会福利的过程"②。在我国，过去我们主要从设施建设、信息交流和社会服务等领域推进无障碍环境建设，做到"基本保障"。下一步，我们应该在此基础之上，关注有无障碍需求的社会成员在医疗、文化、教育、就业等诸多方面的无障碍需求，以促进有无障碍需求的社会成员的全方位融合，做到从基本保障到全面融合。

全面融合的意义在于促进有无障碍需求的社会成员能够全面融入社会

---

① 参见孙计领，白先春. 中国无障碍环境数字化发展报告（2022）[A]. 凌亢. 中国无障碍环境发展报告（2022）[C]. 北京：社会科学文献出版社，2022：001.

② 嘎日达，黄匡时. 西方社会融合概念探析及其启发[J]. 国外社会科学，2009（2）.

经济发展不同进程，这与社会法的社会发展目标高度一致。社会是由个人组成的实体，社会的发展首先是通过实现个人的发展来实现的[①]。发展是法学研究的核心命题，由此衍生的发展权和发展法学是保障个人全面发展的重要内容，而社会法学则是其中的一个重要组成部分[②]。"所有发展问题的存在，都与相关主体的发展能力较弱、发展动力不足有关。"[③] 这就要求社会为其提供更加全面的环境，以促进有无障碍需求的社会成员的发展，进而促进社会整体的发展。从这个角度看，社会融合不仅包括基础层面的经济融合和文化融合，还有更为深入的心理融合和身份认同，它们共同构成全面融合。总的来看，《无障碍环境建设法》涵盖了全面融合理念，体现了更深刻的融合思想。

例如，从经济维度来看，社会融合主要涉及经济收入、劳动就业、社会福利、社会保障、教育培训、居住环境等方面。这些惠及民生领域的各个方面都在立法中得到了鲜明的体现。该法第二条，在出入相关建筑物之后增加了"以及使用其附属设施"；新增了以下条款，以便对融合提供全方位保障：第十九条"家庭无障碍设施改造"、第二十条"就业单位无障碍设施改造"、第二十一条"公共服务设施改造"、第三十九条"公共服务机构无障碍建设"、第四十条"行政服务机构、社区服务机构无障碍建设"、第四十一条"司法系统无障碍建设"、第四十二条"交通运输无障碍"、第四十四条"医疗卫生机构无障碍"、第四十五条"服务机构无障碍"以及第四十七条"应急避难场所无障碍"等。

从文化维度来看，社会融合主要包括语言（语言能力、语言实践等。在无障碍环境建设视角下应作广义理解，如手语、盲文等）、信息交流（包含人际交往）、价值观念（生育、婚姻、教育、健康等理念）、风俗习惯等方面。这些文化融合在立法中得到了很好的体现。该法第二条，在"信息"前面增加了"获取、使用和交流"的表述；新增了涉及风俗习

---

① 参见李昌麒，单飞跃，甘强. 经济法与社会法关系考辨 [J]. 现代法学，2003（5）.

② 参见张守文. "发展法学"与法学的发展 [J]. 法学杂志，2005（3）；张守文. 经济发展权的经济法思考 [J]. 现代法学，2012（2）.

③ 张守文. 经济法学的发展理论初探 [J]. 财经法学，2016（4）.

惯、公共文化、信息交流、民生服务等各个层面的条款，例如第二十二条"既有多层住宅加装电梯"、第三十一条"公开发行图书、报刊配备无障碍格式和教材编写出版无障碍"、第三十三条"音视频以及多媒体设备、移动智能终端设备、电信终端设备无障碍"、第三十五条"政务服务便民热线、紧急呼叫系统无障碍"、第三十七条"药品标签、说明书无障碍"、第四十九条"鼓励和支持无障碍信息服务平台建设"等。

（二）从被动融合到主动融合

关于社会融合是双向概念还是单向概念的问题，现有研究存在不同观点。有观点认为，社会融合是双向概念，需要融入者和被融入者相互作用；另有观点则认为，社会融合是单向概念，指的是融入者主动适应被融入环境的过程[①]。虽然存在认识分歧，但这些见解的共性在于均强调了融入者的主动作用及其主观能动性。如前所述，这种主观能动性主要体现在社会融合中的身份认同和心理融合两个维度。这两个维度属于社会融合的最高层次，只有在这两个方面融入了社会，才真正达到了融合的目的[②]。

就弱势群体的保护而言，"自主性"要求人们能够真正将福利保障作为一种权利和自由来对待，而不是将这些保障视为国家恩赐、社会仁慈的产物。此外，"自主性"也有利于使相关的社会救助、社会福利措施以符合弱势群体实际情况的方式运作，从而有利于提高保障措施的功效[③]。同时，考虑到人们接受福利可能有诸多顾虑，在这种情况下，尊重个人的自主性就显得尤为重要[④]。由此可见，自主性或者说主观能动性的重要价值不言而喻。

从"被动融合"与"主动融合"之间的差异来看，被动融合具体表现为：无障碍环境建设相关法律规范的目标主要在于提升客观环境与服务

[①] 参见任远，乔楠．城市流动人口社会融合的过程、测量及影响因素[J]．人口研究，2010（2）．

[②] 参见杨菊华．从隔离、选择融入到融合：流动人口社会融入问题的理论思考[J]．人口研究，2009（1）．

[③] 参见胡玉鸿．正确理解弱者权利保护中的社会公平原则[J]．法学，2015（1）．

[④] 参见胡玉鸿．正确理解弱者权利保护中的社会公平原则[J]．法学，2015（1）．

质量，关注的是法律在为特定群体提供环境保障方面的防范功能，而缺乏推动社会融合的设计与目标导向。对于社会融合而言，这无疑是一大缺憾。可以说，被动融合的理念仅仅停留在了法律实施层面，而缺少更为精细化的规定，激发其主观能动性的作用有限。因此，在制定法律时，应当更加关注有无障碍需求的社会成员对自身身份的认同感，充分调动有无障碍需求的社会成员的主观能动性。《无障碍环境建设法》除了延续基本保障外，更加关注如何通过法律引导有无障碍需求的社会成员的身份认同和心理融合，突出法律调动有无障碍需求的社会成员主观能动性的作用，从而达到客观融合与主观融合的双重效果。具体而言：

首先，社会融合"权利模式"最为重要的体现在于，强调有无障碍需求的社会成员对于立法、决策等的参与，尤其是对于与其自身利益密切相关的事项的参与。"参与是融合的前提与先决条件，只有充分参与，与之对应的法律需求才能得到更真切的反映，融合才能具备更为坚实的基础。"[①]《无障碍环境建设法》赋予残疾人、老年人更多的社会参与机会，如第八条和第九条分别确定了"残疾人联合会、老龄协会等组织依照法律、法规以及各自章程，协助各级人民政府及其有关部门做好无障碍环境建设工作"和"制定或者修改涉及无障碍环境建设的法律、法规、规章、规划和其他规范性文件，应当征求残疾人、老年人代表以及残疾人联合会、老龄协会等组织的意见"，同时又有第十七条"国家鼓励工程建设单位在新建、改建、扩建建设项目的规划、设计和竣工验收等环节，邀请残疾人、老年人代表以及残疾人联合会、老龄协会等组织，参加意见征询和体验试用等活动"的规定。这些规定均凸显了立法引导有无障碍需求的社会成员广泛参与与其息息相关的核心利益事项。

其次，有无障碍需求的社会成员的主观能动性又受到社会公平程度的广泛影响。如前所述，基于平等原则而要求消除歧视性的主张，旨在扫除地位平等所面临的歧视性障碍，将有无障碍需求的社会成员重新拉回平等地位。但是，在此过程中，有无障碍需求的社会成员处于一种被动状态。

---

① 参见汪海萍. 以社会模式的残疾观推进智障人士的社会融合[J]. 中国特殊教育, 2006 (9).

与此不同，真正的消除歧视，是在上述基础上，充分调动有无障碍需求的社会成员的自主性，以寻求主动融合，使得有无障碍需求的社会成员处于一种主动状态。基于此，立法主要从两个方面来消除歧视：一方面，充分调动其他成员的主观能动性，实现"双向融合"。例如，《无障碍环境建设法》第三条"调动市场主体积极性，引导社会组织和公众广泛参与，推动全社会共建共治共享"，指明在无障碍环境建设过程中，要充分发挥市场主体、社会组织和公众深入融合的作用。另一方面，为主观能动性提供必要的支持和氛围。除其他支持性条款外，最为典型的是，《无障碍环境建设法》解决了有无障碍需求的社会成员主动融合的前置性条件——沟通交流。该法第三十八条规定"国家推广和使用国家通用手语、国家通用盲文"，为无障碍交流的社会氛围奠定基础。同时，该法第五章"保障措施"也为有无障碍需求的社会成员主动参与社会生活提供了坚实保障。"理念宣传教育、通用设计理念推广、建设标准的制定与修改、认证与评测制度的建立、新科技成果的融合发展、人才培养机制的建立、知识技能培训的推广、文明创建活动的开展"等，都为有无障碍需求的社会成员提供了广泛的参与机会和必要的辅助与服务。这些规定旨在增强有无障碍需求的社会成员参与社会生活的动力，帮助其克服自身限制，更快、更好地与社会生活融合。

（三）从单行法到法律体系融合

在《无障碍环境建设法》正式出台之前，《无障碍环境建设条例》《残疾人保障法》《老年人权益保障法》等事关社会成员无障碍需求的单行法律法规一直发挥着重要作用。然而，这些单行法的"非体系化"弊病也十分明显：条例的效力层级仅为行政法规，规定内容较为原则性，法律责任较为单一，在许多情况下显得力不从心[1]；其他有关无障碍环境建设的规定零散地分布在各个法律文件中，缺乏整体性和体系性，不便于查询和掌握；部分条文的内容过于笼统，给司法实践造成一定的困难。《无障

---

[1] 参见黎建飞等. 我国无障碍立法与构想［J］. 残疾人研究，2021（1）；黎建飞. 推进我国无障碍环境建设立法的进程［J］. 残疾人研究，2022（S1）.

碍环境建设法》的出台打破了这一零散的局面，实现了法律体系的内部融合、上位法与地方条例的融合、国内法与国际公约的融合。

从法律体系的内部融合来看，科学的立法"应当淡化部门法观念，围绕特定立法主题，综合运用不同法律部门的功能"[①]。系统论的观点认为："现代社会被划分为各种交际网络的子系统，其每个子系统根据社会功能的划分以及作用于不同社会领域的任务而承担自己那部分的社会功能。"[②]如果局限于某一特定法律体系内部，就会失去对其进行外部考察的能力与机会。往往只关注法律部门体系和谐的外显形象，而忽视了权利与权力、义务与责任等更为深层次的关系[③]。《无障碍环境建设法》的出台打通了广义上的法律架构之间的联结，这使其不仅是一部社会法特征明显的法律，还涉及宪法（如人权保障）、行政法（如政府责任）、诉讼法（如公益诉讼）、民法（如加装电梯）、经济法（如财政预算）等多个部门法律。可以说，《无障碍环境建设法》以社会法为主导，促进了部门法之间的规范贯通。

从上位法与地方条例的融合来看，《无障碍环境建设法》的出台有助于实现该目标。目前，为了推进无障碍环境建设，我国大部分省区已经出台了地方条例，如《北京市无障碍环境建设条例》《上海市无障碍环境建设条例》《湖北省无障碍环境建设管理办法》等等。但是，很多地方条例过于保守，条文内容与《无障碍环境建设条例》高度相似，缺乏与实际相结合的地方特色。此外，这些地方条例还存在着"协调机制缺乏、上位法与下位法冲突"等弊病。与此不同，《无障碍环境建设法》能够根据宪法的原则，充分调动地方立法的积极性。例如，第五十一条规定了无障碍环境建设地方标准、第五十九条规定了地方人民政府根据本地区实际制定无障碍环境建设考核办法。这些条款表明，该法在促进上位法与地方条例融合的方面采取了"基本维持现状、适度微调"的方针，在统一的社会主义市场经济体制建立过程中和政治体制未作大的改革前，充分保持了改革、稳定和发展的协调关系[④]。

---

① 参见王全兴.经济法与社会法关系初探［J］.现代法学，2003（2）.
② 张铁薇.侵权责任法与社会法关系研究［J］.中国法学，2011（2）.
③ 参见张铁薇.侵权责任法与社会法关系研究［J］.中国法学，2011（2）.
④ 参见李林.关于立法权限划分的理论与实践［J］.法学研究，1998（5）.

从国内法与国际公约的融合来看，《无障碍环境建设法》打通了我国立法与国际公约等法律文件之间的壁垒，使我国的无障碍建设立法更趋国际化。这方面最直接的体现便是联合国《残疾人权利公约》。《残疾人权利公约》第九条是关于"无障碍"的具体规定。针对该条规定的"消除进出物质环境、使用交通工具、利用信息和通信等障碍因素"，《无障碍环境建设法》不仅在"无障碍设施建设""无障碍信息交流"和"无障碍社会服务"等章节作了回应，还对该公约条款精神作了补充和细化，对公约第九条规定的"设施和服务的最低标准，私营实体提供无障碍环境责任，无障碍培训、标志、协助与中介，无障碍信息、通信技术、系统"等内容作了更为翔实的回应性规定。例如，《无障碍环境建设法》第五十一条和第五十二条"通用设计理念和标准"、第七章"法律责任"、第五十五条和第五十六条"无障碍服务知识与技能培训"、第二十四条"无障碍停车位标志"、第二十八条"临时占用无障碍设施警示标志"、第三章"无障碍信息交流"等均能与公约第九条的内容相对应。在国际交流与合作方面，《无障碍环境建设法》第十条规定"国家支持开展无障碍环境建设工作的国际交流与合作"，有效加强了国际与国内就无障碍环境建设事项的交流、合作与融合。由此可见，《无障碍环境建设法》能够与国际公约接轨，有利于彰显中国负责任大国的国际形象，有利于加强中国在无障碍环境建设方面的国际对话。

四、代结语：社会融合理念下《无障碍环境建设法》的前景展望

本文系统梳理了社会融合立法理念在《无障碍环境建设法》中的具体体现，并结合法律条款对社会融合的基本原则及其基本内涵进行了详细说明。同时强调，"法律的出台"并不能直接等同于"法律的良好实施"。法律出台后，首要任务即在于推动有无障碍需求的社会成员及时适应新的法律规定。鉴于此，本节拟基于社会融合立法理念，对《无障碍环境建设法》的贯彻与实施进行展望。

(一)以"法律+"模式推动渐进式社会融合

一方面,《无障碍环境建设法》是一部开放性法律体系,在社会法体系中具有划时代、里程碑式的意义。它关联其他部门法的具体内容,牵涉政治、经济、社会等多个学科领域,应当以"法律+"的理念一体化推进该法的实施,并充分发挥交叉学科的重要作用。本文提出的社会融合立法理念属于社会学的重要概念,而社会学常常通过数据分析反映其理论的实现程度。在《无障碍环境建设法》的实施过程中,可以借鉴社会学的研究方法,建立相应的实施标准与评价机制体系,将社会融合这一宽泛且抽象的理论概念转化为可测量、可操作的具体变量。可以从前述经济融合、文化融合、身份认同和心理融合等四重维度出发,确定因变量、主要自变量、控制变量等,通过模型选择、指数构建等方式[1],对《无障碍环境建设法》实施后残疾人、老年人等群体在这四个方面的融合进程与融合水平展开统计分析,并提出针对性的完善措施。

另一方面,社会融合是一个渐进、长期的过程,并非一蹴而就的。"促进社会融合的政策效果,难以在短期显现"[2],有无障碍需求的社会成员所面临的障碍鸿沟是社会排斥等多重因素长期积累的产物。如前所述,长时间社会关系的割裂会导致有无障碍需求的社会成员与社会、其他社会成员的距离不断扩大,而社会融合的过程则是有无障碍需求的社会成员不断向社会"聚拢"的过程。这种融合使得社会成员之间的相对距离逐步缩小,但若要达到零距离,还有很大的发展空间。社会融合的概念包含着动态的发展,即允许差异化在一定时空内的存在。在融合过程中,法律的作用在于为融合过程提供方向,引导其循序渐进、逐步深化。因此,要实现推动法律产生实际效果的目标,需要遵循从现象到本质的原则,解决对无障碍环境建设产生影响的实质不公平等问题。

---

[1] 参见杨菊华. 中国流动人口的社会融入研究[J]. 中国社会科学, 2015 (2).
[2] 陈云松, 张翼. 城镇化的不平等效应与社会融合[J]. 中国社会科学, 2015 (6).

(二) 明确法律主体地位，发挥地方立法特色，细化法律实施细则

基于我国幅员辽阔、地区发展异质化明显的现状，立法者在制定法律条款时会有意留白，以充分发挥法律的灵活性。例如，《无障碍环境建设法》关于"协调机制的确立、城市农村差距的缩小、公益诉讼机制的确立、标准体系的建设"作的规定，就为各地区根据实际情况动态调整具体策略提供了遵循。鉴于此，在法律实施过程中需要特别注意以下两个方面：

一方面，在处理无障碍环境建设的上位法与下位法的关系层面，在坚持《无障碍环境建设法》主体地位的同时，要充分发挥地方立法的活力和自主性。可以考虑针对无障碍环境建设建立"央地立法事权划分的适时变动与动态调整机制"，发挥司法在央地立法事权变动过程中的间接微调功能①。在制定《无障碍环境建设法》实施细则的过程中，地方立法要结合本地区的实际情况，进行有针对性的规定，在中央立法未虑及或留白之处，为地方司法实践提供法律依据。例如，根据《无障碍环境建设法》第五条"无障碍环境建设应当与经济社会发展水平相适应"的规定，地方立法机关可以结合本地区的经济发展状况，基于信息获取便利性、激发地方积极性和全国市场统一性等原则，构建无障碍环境建设的地方标准②。

另一方面，在具体操作层面，一要制定配套法规，对法律的具体内容进行细化，制定具体的操作指南和实施细则，为相关主体提供明确的指导；二要出台解释性文件，由相关主管部门或者法律解释机关发布解释性文件，对具体问题进行解释和说明，为执法机关、从业人员和公众提供详细解释，促使其更好地理解和适用法律；三要强化司法解释与案例指导，司法机关可以采取发布司法解释和指导案例的方式，对具体问题进行解

---

① 参见封丽霞. 中央与地方立法事权划分的理念、标准与中国实践 [J]. 政治与法律, 2017 (6).

② 参见俞祺. 重复、细化还是创制：中国地方立法与上位法关系考察 [J]. 政治与法律, 2017 (9).

答、界定，作为裁判的参考依据；四要广泛听取和吸收意见，有关部门通过"召开听证会，征求意见"等形式，向社会广泛征求意见和建议，充分听取各方声音，了解现实困难，解决实际需求。

（三）发挥工作机制优势，落实监督管理架构

根据该法第七条的规定，县级以上人民政府应对相关部门进行统筹协调，并督促指导其在各自职责范围内做好无障碍环境建设工作。具体包括：一要建立工作机制，确保各部门能够有效履行职责，明确工作流程、责任分工、协作方式、决策机制等。二要强化部门合作，确保各部门共同承担无障碍环境建设责任，加强县级以上人民政府住房和城乡建设、民政、工业和信息化、交通运输、自然资源、文化和旅游、教育、卫生健康等部门之间的信息共享与资源整合，全面推进无障碍环境建设工作。三要增强乡镇人民政府、街道办事处的参与。乡镇人民政府和街道办事处处于无障碍环境建设的第一线，是充分了解实际情况、贴近有无障碍需求的社会成员的部门，要积极引导其参与无障碍环境建设工作。应当通过制定指导意见、开展培训和宣传活动等方式，加强对乡镇人民政府、街道办事处的指导和支持，鼓励它们结合当地情况制定无障碍环境建设的具体政策和规划，落实相关责任和任务。

"监督管理"是《无障碍环境建设法》的亮眼之处、特色内容，要充分利用好法律所确立的监管机制，为无障碍环境建设提供强有力的支持。为此，有必要对《无障碍环境建设法》中监督管理机制的性质进行界定。区别于经济、社会视角和其他法律部门语境下的监督管理，无障碍环境建设的监督管理需要同时体现"促进"和"排除障碍"双重属性，分别对应社会融合与社会排斥这两大方面，即监督管理制度不仅要关注法律实施对有无障碍需求的社会成员个人、对无障碍环境建设的促进作用，还要聚焦排除对法律实施造成障碍的消极因素。为此，一要立即行动起来，根据法律规定的监督管理机制，加强监督检查，推进无障碍环境建设。二要尽快确立监督管理架构，各责任部门要依法制定监管方案，对相关项目进行审查与审批，对无障碍环境的合规性进行检查与评估，在法治轨道上不断促进无障碍环境建设。同时，要保证监管部门有足够的人力、物力和技术

支撑,确保监管部门能够有效地履行监管职责。三要细化监督管理条款,在具体落实过程中明确条款的内涵。制定清晰的执法和处罚措施,加大对违法行为的处罚力度。具体包括对违法行为采取现场检查、取证、罚款、停工整改等措施,确保相关责任主体依法履行无障碍环境建设的义务。建立定期监督和评估机制,对无障碍环境建设的实施情况进行监测和评估,具体可通过监管机构定期检查、相关部门评估报告、社会机构第三方评估等方式进行。根据评估结果,及时调整、完善监督管理机制,提高监督管理效率。四要加强监督管理机构与其他相关部门、社会团体、专业机构及相关企业的协作与信息共享。通过建立信息平台、开展协作项目、共享数据等,促进信息交流与协作,提高监督管理的协同性。五要加强外部监督和约束,尤其是借助媒介力量促成对无障碍环境建设议题的常态化关注,优化媒介再现策略,在全社会范围内树立媒介平等意识[①]。

(叶静漪,北京大学法学院劳动法与社会保障法研究所所长、教授、博士生导师)

---

① 参见程征,周燕群. 媒介传播与残疾人社会融合研究综述 [J]. 人口与发展,2023(3).

《无障碍环境建设法》的地位和功能

黎建飞

【摘　要】《无障碍环境建设法》是基本权利法，为有无障碍需求的群体融入社会生活、共享社会发展成果提供前提条件。《无障碍环境建设法》全面反映了我国无障碍环境建设的文明成果，把我国残疾人的无障碍环境需求作为立法的出发点和目标值。无障碍环境是实现其他权利的基础和前提。无障碍环境建设创建自主进出物质环境、使用交通工具、利用信息和通信技术与系统的现实场景，使人们有平等的机会参与各种社会生活。

【关键词】无障碍；立法；基础；功能

《无障碍环境建设法》是我国第一部关于无障碍环境建设的专门法律，将引领我国社会保障法治和社会公众生活迈向新的历史进程，在我国法治建设和社会治理中具有里程碑意义。

一、《无障碍环境建设法》的法治地位——基本权利法

无障碍环境建设是保障全体人民特别是残疾人和老年人融入社会生活、共享社会发展成果的前提条件，是推动社会成员全面发展和全体人民共同富裕的重要基础，是衡量国家和社会文明程度的重要标志。在法治层级上，《无障碍环境建设法》是社会立法中的基本法，是残疾人保障中的基础性立法，具有特别重要的法律位阶。

《无障碍环境建设法》的立法宗旨是促进全体社会成员平等、充分、便捷地参与和融入社会生活，共享经济社会发展成果。这样的法治目标和法治定位，确立了《无障碍环境建设法》基本法律的地位。在适用对象

上,《无障碍环境建设法》涵盖了残疾人、老年人和其他有无障碍需求的社会成员:"残疾人、老年人之外的其他人有无障碍需求的,可以享受无障碍环境便利。"这样的规定既保障了特殊群体的普遍权利,也保障了全体公民的特殊需求。在这个视角上,《无障碍环境建设法》是我国保障人群最为广泛、保障功能最为全面、保障时间最为长远、保障事由最为广泛的法律。

在内容保障上,《无障碍环境建设法》涵盖自主安全地通行道路、出入建筑物以及使用其附属设施、搭乘公共交通运输工具,获取、使用和交流信息,获得社会服务等。这是对人民群众基本生活的全面保障,从无障碍设施到无障碍信息交流,既规范有形的日常生活,又调整无形的生活需求。无障碍环境包括物质环境、信息和交流的无障碍以及享受各类服务的无障碍。立法所规定的无障碍环境建设不仅是残疾人走出家门、参与社会生活的基本条件,也是方便老年人、妇女、儿童和其他社会成员的重要条件。随着全社会无障碍理念的提升,无障碍环境在"点""线""面"上逐步联通,最终将为全体社会成员的生产和生活提供便利,让全体社会成员真切地体认获得感和幸福感。

在制度保障上,《无障碍环境建设法》提出应当调动市场主体积极性,引导社会组织和公众广泛参与,推动全社会共建共治共享。鼓励和支持企业事业单位、社会组织、个人等社会力量,通过捐赠、志愿服务等方式参与无障碍环境建设。要求县级以上人民政府将无障碍环境建设纳入国民经济和社会发展规划,将所需经费纳入本级预算,建立稳定的经费保障机制。国家推广通用设计理念,建立健全国家标准、行业标准、地方标准,鼓励发展具有引领性的团体标准、企业标准,加强标准之间的衔接配合,构建无障碍环境建设标准体系。国家建立无障碍环境建设相关领域人才培养机制,鼓励高等学校、中等职业学校等开设无障碍环境建设相关专业和课程,开展无障碍环境建设理论研究、国际交流和实践活动[①]。

在监督保障上,《无障碍环境建设法》要求县级以上人民政府及其有

---

① 在《无障碍环境建设法(草案)》第二次审议后,有关高校就有了积极的反响,新增"无障碍管理"专业(刘凌云,范俏佳. 多所高校扩招、增设新专业,大学招生政策面临哪些调整?[N]. 财新周刊,2023-06-11)。

关主管部门依法对无障碍环境建设进行监督检查，根据工作需要开展联合监督检查。实施无障碍环境建设目标责任制和考核评价制度。县级以上人民政府建立无障碍环境建设信息公示制度，定期发布无障碍环境建设情况。鼓励工程建设单位在新建、改建、扩建建设项目的规划、设计和竣工验收等环节，邀请残疾人、老年人代表以及残疾人联合会、老龄协会等组织，参加意见征询和体验试用等活动。县级以上地方人民政府有关主管部门定期委托第三方机构开展无障碍环境建设评估，并将评估结果向社会公布，接受社会监督。对违反本法规定损害社会公共利益的行为，人民检察院可以提出检察建议或者提起公益诉讼。

在责任保障上，《无障碍环境建设法》实行全规则全责任的立法模式，凡有行为要求的都有责任兜底。工程建设单位、工程设计单位、工程施工单位、工程监理单位都是无障碍环境建设的责任主体，都有各自的无障碍环境建设责任。无障碍设施责任人不履行维护和管理职责，无法保障无障碍设施功能正常和使用安全，设置临时无障碍设施不符合相关规定，擅自改变无障碍设施的用途或者非法占用、损坏无障碍设施，相关主管部门责令限期改正而未改正的，都要承担相应的行政法律责任和民事赔偿责任。不依法履行无障碍信息交流义务的，电信业务经营者不依法提供无障碍信息服务的，负有公共服务职责的部门和单位未依法提供无障碍社会服务的，直接负责的主管人员和其他直接责任人员都要承担相应的法律责任。无障碍环境建设相关主管部门、有关组织的工作人员滥用职权、玩忽职守、徇私舞弊的，依法给予处分。

二、《无障碍环境建设法》的特殊功能——专项保障法

无障碍的概念是在 1974 年联合国残疾人生活环境专家会议上被提出来的，意指通过对社会环境的改造，使残疾人能够独立自主地生活和融入社会生活的各个方面。在联合国大会 1982 年通过的《关于残疾人的世界行动纲领》中，无障碍环境从建筑领域扩展至各种物理、文化和社会领域。1993 年，联合国大会通过《残疾人机会均等标准规则》，将无障碍和反歧视原则相结合，将无障碍环境扩展至物质环境无障碍、信息交流无障

碍和社会服务无障碍全领域，强调人的平等性，提倡个人的社会参与，而不是将残疾人视为一个需要特殊照顾的群体。

《无障碍环境建设法》全面反映了无障碍环境建设的文明成果，继续发展了我国无障碍环境建设的法治成果，自始至终都把我国残疾人的无障碍环境需求作为立法的出发点和目标值。"人是具有社会性的，必须参与社会交往。人们的社会属性取决于在空间中移动、获取信息的能力。人们在参与社会交往的过程中体现生命的意义。"① 立法全面体现了联合国《残疾人权利公约》对无障碍环境的要求。在物理环境中，规范了建筑、道路、交通和其他室内外设施，包括学校、住房、医疗设施和工作场所的无障碍环境。在信息、通信和其他形式交流上，包括了电子服务和应急服务。要求向公众开放或为公众提供设施和服务者，必须在各个方面为残疾人创造无障碍环境。在向公众开放的建筑和其他设施中提供盲文等易读易懂的标志，为服务犬的进入提供方便。在公共设施中，要提供多种形式的现场协助和中介，要有向社会公众开放的建筑和其他无障碍设施，向残疾人提供适当形式的协助和支助，促进残疾人使用新的信息和通信技术与系统。在网络产品的设计、开发、生产、运用中推行无障碍信息和通信技术与系统，以便残疾人能够方便有效地使用这些技术和系统。

与实施了十余年的《无障碍环境建设条例》相比，在对特殊群体的关照上，《无障碍环境建设法》有了显著的变化。《无障碍环境建设条例》第一条单列残疾人为首，阐明立法目的是保障残疾人等社会成员平等参与社会生活；第二条所定义的"无障碍环境建设"，是指为便于残疾人等社会成员自主安全地通行道路、出入相关建筑物、搭乘公共交通工具、交流信息、获得社区服务所进行的建设活动。《无障碍环境建设法》回应当下社会对无障碍环境的理解与需求，尤其是面对信息网络普及，越来越多的残疾人、老年人和其他社会群体在使用网络、智能设备时遇到的障碍，在解决"数字鸿沟"和"社会服务"问题上下足了功夫，力图解决当下的

---

① 潘海啸（同济大学建筑与城市规划教授）。参见覃建行，谭海燕. 无障碍环境升级［N］. 财新周刊，2022-11-28。在同一篇文章中，潘教授还谈道："通行权是人行使其他权利的基础，若人的通行权得不到保障，就很难参与社会交往、实现社会联结，无障碍环境建设立法对保障人权有重要作用。"

社会治理难题。该法第一条阐明立法目的是保障残疾人、老年人平等、充分、便捷地参与和融入社会生活，促进社会全体人员共享经济社会发展成果；第二条中的"无障碍环境"，是指为残疾人、老年人自主安全地通行道路、出入建筑物以及使用其附属设施、搭乘公共交通运输工具，获取、使用和交流信息，获得社会服务等提供便利。这是我国无障碍环境建设立法的重大进步，也是我国无障碍环境建设的重大进步。

第二次全国残疾人抽样调查数据显示，约75%的残疾人是后天获得性因素致残。我国现有残疾人约8500万，截至2021年底60岁及以上的老年人有2.67亿，加上有无障碍需求的孕妇、儿童、伤病人员等，合计有数亿人。他们都是无障碍环境建设的直接受益者。杭州的数据表明，使用无障碍设施的残疾人与老年人等群体的比例达到了1∶8，即1个残疾人受益，就有8个老人和儿童等同时受益。其他人群也会在不同的时间，在特殊的需求中受益。研究预测，从2021年到2030年，中国一级失能老年人将从2139万人上升到2971万人，增加38.90%；二级失能老人将从3742万人上升到4907万人，增加31.13%；三级失能老人将从4650万人上升到5932人，增加27.57%[①]。研究同时发现，老年友好型居住环境会有效降低老年人失能比率。居住环境不具备无障碍功能的老人有更高的照料依赖度。"最担心的是得了病或者生活不能自理，让自己和子孙的生活一夕致贫。"[②] 因此，减少人口老龄化负担已经成为国家的战略性工作，《无障碍环境建设法》的颁布实施将有效地助力国家战略决策的实施和实现[③]。

当前，患者进入医院就像进入迷宫，摸不清方向；医院的智慧型设备

[①] 黄蕙昭. 研究：到2030年，中国将增加1400万重度失能老人[N]. 财新周刊，2022-11-25.

[②] 南开大学卫生经济与医疗保障研究中心主任朱铭来。转引自上文。

[③] 肢体残疾者、老年人等人群组成了迫切需要"无障碍"出行的庞大群体。米歇尔·普特南（Michelle Putnam）和克里斯汀·比格比（Christine Bigby）合著的《残疾老龄化手册》（*Handbook on Ageing with Disability*）称，随着人口老龄化持续加深，残疾老龄化和老龄残疾化两种趋势将会导致残疾人数量不断增加，未来残疾人将以老年人为主，残疾人规模及其占总人口的比重会不断增加，无障碍环境的刚需群体规模会越来越大。参见张梅婷，彭姝婷，糜文清. 坐着轮椅的人乘地铁，要跨越多少道"鸿沟"[N]. 财新周刊，2023-05-21.

也越来越多，很多患者及家属都不会使用，对老年人而言更是如此。2019年北京市医疗机构的外地患者约占三分之一，他们多患有重大疾病，对陌生的医院环境极不熟悉，渴望得到准确的指引。工商登记信息显示，与陪诊相关的注册公司数量达937家，另有大批个体陪诊师分散在抖音、小红书等社交媒体平台。多数陪诊师的主要客源是老年人。四川成都的陪诊师王芳说，如今大批小程序、自助机等智能化设备代替了传统的人工问诊台，连操作手机都费劲的老年人根本不会调出刷卡、挂号等信息，她经常在医院门口、自助机前看到戴着老花镜、急得满头大汗的老人。不少老年患者在医院门口的扫码环节就会被卡住。一些有视力障碍的老人看不清牌子上的字。但是陪诊服务也意味着患者更高的就诊成本，一天数百元支出，完全是医保等支付体系之外的又一重负担①。随着《无障碍环境建设法》的实施，这些现象有望从根本上得到扭转。

三、《无障碍环境建设法》的法治效益——权利实现法

一个由联合国同约克大学合作组织的专家会议审议了作为评估无障碍依据的若干特点，包括：(a) 指导（谁）——你得到你想要的信息了吗？(b) 独立自主（什么）——你可以选择自己想要做的事情吗？(c) 活动（何地）——你去自己想去的地方了吗？(d) 时间的使用（何时）——你是在自己想要参与的时候参与吗？(e) 社会融合（同什么人）——你被别人所接受吗？(f) 经济自给自足（凭借什么）——你拥有自己需要的资源吗？(g) 过渡（变化）——你为变化做好准备了吗？② 这些特点清楚表明，无障碍环境是实现其他权利的基础和前提。无障碍权利不能得到保障，行为人不能无障碍地进出物质环境，使用交通工具，利用信息和通信，包括信息和通信技术与系统，就不会有平等的机会参与相关的社会生活。

《无障碍环境建设法》规定新建、改建、扩建的居住建筑、居住区、

---

① 范俏佳，周信达. 医院里的临时家人 [N]. 财新周刊，2023-06-01.
② 联合国秘书长的报告. 有关提高残疾人地位的问题和新出现的趋势（A/AC.265/2003/1）[R]. 第7段.

公共建筑、公共场所、交通运输设施、城乡道路等应当符合无障碍设施工程建设强制性标准的要求。无障碍设施应当与主体工程同步规划、同步设计、同步施工、同步验收、同步交付使用。新建、改建、扩建的无障碍设施应当与周边既有无障碍设施相衔接。无障碍设施应当设置符合标准的无障碍标识，并纳入周边环境或者建筑物内部的引导标识系统。残疾人集中就业单位应当按照有关标准和要求，建设和改造无障碍设施。国家鼓励和支持用人单位开展就业场所无障碍设施建设和改造，为有无障碍需求的职工提供必要的劳动条件和便利。公共停车场应当按照无障碍设施工程建设强制性标准，设置无障碍停车位，并设置显著标志标识。无障碍停车位优先供肢体残疾人驾驶或者乘坐的机动车使用，在无障碍停车位充足的情况下，其他行动不便的老年人、孕妇、婴幼儿等驾驶或者乘坐的机动车也可以使用。优先使用无障碍停车位的，应当在显著位置放置残疾人车辆专用标志或者提供残疾人证。这些规定，为残疾人、老年人和其他有无障碍需求的群体参与社会生活提供了物理条件，使人们走出家门，走向社会，走到自己要去的地方工作、学习、生产、生活。

《无障碍环境建设法》规定各级人民政府及其有关部门应当为残疾人、老年人获取公共信息提供便利；发布涉及自然灾害、事故灾难、公共卫生事件、社会安全事件等突发事件信息时，条件具备的同步采取语音、大字、盲文、手语等无障碍信息交流方式。国家鼓励公开出版发行的影视类录像制品、网络视频节目加配字幕、手语或者口述音轨。国家鼓励公开出版发行的图书、报刊配备有声、大字、盲文、电子等无障碍格式版本，方便残疾人、老年人阅读。利用财政资金建立的互联网网站、服务平台、移动互联网应用程序，应当逐步符合无障碍网站设计标准和国家信息无障碍标准。国家鼓励新闻资讯、社交通讯、生活购物、医疗健康、金融服务、学习教育、交通出行等领域的互联网网站、移动互联网应用程序，逐步符合无障碍网站设计标准和国家信息无障碍标准。国家鼓励地图导航定位产品逐步完善无障碍设施的标识和无障碍出行路线导航功能。银行、医院、城市轨道交通车站、民用运输机场航站区、客运站、客运码头、大型景区等的自助公共服务终端设备，应当具备语音、大字、盲文等无障碍功能。这些规定为有特殊需要的社会群体融入社会生活、参与公共事务创造了条件。2023年高校残疾人毕业生共有31843人。残疾人毕业生面临比健全人毕业生更困难的就业环境。若从1955年中国盲人福利会开设首期盲人按摩培训班算起，政策扶持下的盲人按摩已经有了近70年的历史，几经发展，按摩已成为盲人的主要就业渠道。根据2016年《中国互联网视障用户基本情况报告》，63%的受访视障者从事推拿按摩工作。长春大学特殊教育学院2012年的研究表明，从事按摩工作的盲人占整个社会盲人从业人员的93%。实际上，"除了针灸推拿，视障还可以做客服、销售、AI数据标注、有声书、无障碍测试等"[①]。在智能化工具高速发展的今天，盲人完全可以依靠耳朵来"阅读"，利用读屏软件朗读屏幕上的文字，就可以操作电脑办公。在《无障碍环境建设法》实施过程中，还应当建立一套完善的制度，用以评估残疾人是否能胜任工作、专业技能与相应工作的匹配程度，以保障残疾人实现多元就业、充分就业。

  《无障碍环境建设法》规定公共服务场所应当配备必要的无障碍设备和辅助器具，标注指引无障碍设施，为残疾人、老年人提供无障碍服务。行政服务机构、社区服务机构以及供水、供电、供气、供热等公共服务机构，应当设置低位服务台或者无障碍服务窗口，配备电子信息显示屏、手写板、语音提示等设备，为残疾人、老年人提供无障碍服务。司法机关、仲裁机构、法律援助机构应当依法为残疾人、老年人参加诉讼、仲裁活动和获得法律援助提供无障碍服务。教育行政部门和教育机构应当加强教育场所的无障碍环境建设，为有残疾的师生、员工提供无障碍服务。医疗卫生机构应当结合所提供的服务内容，为残疾人、老年人就医提供便利。与残疾人、老年人相关的服务机构应当配备无障碍设备，在生活照料、康复护理等方面提供无障碍服务。国家鼓励文化、旅游、体育、金融、邮政、电信、交通、商业、餐饮、住宿、物业管理等服务场所结合所提供的服务内容，为残疾人、老年人提供辅助器具、咨询引导等无障碍服务。国家鼓励邮政、快递企业为行动不便的残疾人、老年人提供上门收寄服务。公共场所经营管理单位、交通运输设施和公共交通运输工具的运营单位应当为残疾人携带导盲犬、导听犬、辅助犬等服务犬提供便利。残疾人携带服务

---

① 李丛汛. 视听障碍者的求职路[N]. 财新周刊，2023-06-10.

犬出入公共场所、使用交通运输设施和公共交通运输工具的，应当遵守国家有关规定，为服务犬佩戴明显识别装备，并采取必要的防护措施。这些规定涉及人民群众生活的方方面面，既包括社会性的普遍需求，也有个性化的特殊需求，为全体社会成员生存和发展提供了方便快捷的法治网格。

（黎建飞，中国人民大学法学院教授）

国际视野下的中国无障碍环境建设立法

张万洪　赵金曦

【摘　要】 无障碍是一项重要人权，也是一个国家和社会文明的标志。我国《无障碍环境建设法》积极呼应残疾人权模式，倡导平等融合精神。在具体的制度设计上，中国立法积极吸收国际经验：在受益主体上，扩宽无障碍环境的受益范围，包括残疾人、老年人在内的全部社会主体均可享受无障碍带来的便利；在治理主体上，主张政府、社会组织、个人的多元共治局面；在标准规范上，强化无障碍标准规范，切实保障无障碍环境建设落实；在提供方式上，规定在无法达到无障碍标准时，采取有效替代性措施。此外，中国立法也对国际无障碍环境建设作出了重要贡献：在建设范围上，将立法重点转向信息、服务无障碍，且专章规定社会服务无障碍；在救济制度上，设置无障碍环境检察公益诉讼，为其他国家提供有益的权利保障经验。

【关键词】 无障碍；残疾人权利公约；无障碍环境建设法；平等；融合

引　言

残疾人状况是人类社会文明进步的重要指标，无障碍是残疾人实现自主生活、平等充分参与社会活动的重要前提条件。在国际社会，无障碍环境建设受到广泛重视，是许多国际文书中的重要内容。《残疾人权利公约》是联合国通过的第一部旨在保障残疾人人权的国际公约。《残疾人权利公约》第三条明确了无障碍是其一般原则，第九条规定了无障碍是残疾人的具体权利，要求缔约国采取适当措施保障残疾人的相关权利。因此，在残疾人权利委员会对各国报告进行审议时，无障碍环境建设状况也是其中的一项重要内容。作为公约缔约国，中国十分重视无障碍环境的建设。早在中国残联刚成立时，无障碍环境建设立法就受到重视[①]。2012 年，国务院颁布《无障碍环境建设条例》，这意味着残疾人保障法律体系进一步完善。2023 年，为回应现实发展需要，《无障碍环境建设法》将法规中行之有效的规定上升为法律，且与时俱进，进一步完善内容，以法律形式切实保障无障碍环境建设质量，实现了无障碍环境建设立法"从有到好"的转变。将《无障碍环境建设法》的起草和出台放在国际残疾人事务的宏大背景中考察，不难发现，中国立法呼应公约精神，在具体制度设计上进一步接轨国际经验和良好实践，也为国际残疾人事务提供了中国智慧和中国方案。

一、贯彻《残疾人权利公约》的宗旨原则

《无障碍环境建设法》秉持国际先进的残疾人权模式，致力于破除残疾人面临的物质、信息和服务等方面的障碍，重申了《残疾人权利公约》中平等、参与、融合等宗旨和原则。

（一）迈向人权模式，高扬人性尊严

国际残疾观念经历了从医学模式到社会模式再到人权模式的转变。医学模式将残疾看作需要被治愈的个人损伤，由于这种观念仅将残疾人看作社会救助的客体，否认残疾人的法律能力，难以有效保障残疾人权利，受到了广泛的批评。社会模式为国际残障运动发展作出了重要贡献，它将残疾看作社会障碍和个人损伤互动的结果，因此尤其注重对社会政策、法律的改善[②]。然而，由于社会模式过于强调外在环境，忽略个人的损伤体验，同时不能解释特定种类诸如智力障碍者遭遇的困境，受到不少批评。人权

---

① 1989 年，建设部、民政部和中国残联就联合颁布了第一部无障碍环境的标准，即《方便残疾人使用的城市道路和建筑物使用规范》，这是我国无障碍相关立法的开端。
② 参见特蕾西娅·德格纳（Theresia Degener）. 残障的人权模式 [A]. 陈博，译. 张万洪主编. 残障权利研究（第 3 卷第 1 期）[C]. 北京：社会科学文献出版社，2016：170—172.

模式在扬弃社会模式的基础上发展而来,不仅承认社会障碍对人的限制,而且将个人损伤看作人类多样性中宝贵的一部分,其核心是尊重残疾人作为人本身的尊严。所以,除了提供残疾的解释之外,人权模式还为残疾政策提供了道德原则和价值基础[1]。《残疾人权利公约》采纳了残疾的人权模式,多次强调反对基于残疾的歧视,重申残疾人作为权利主体的地位,维护其固有尊严。

联合国残疾人权利委员会审议了中国 2018 年提交的国别报告,在其结论性意见中表示,委员会对中国长期存在的残疾医学模式感到关切,并建议中国转向人权模式[2]。实际上,中国政府也在履约报告中指出,残疾医学模式将导致针对残疾人的污名化、歧视等问题,中国政府深刻认识到在《残疾人权利公约》框架下保障残疾人人权的重要性,表示在立法、发展规划、社会政策等方面将积极贯彻权利为本的原则。

在一定程度上,《无障碍环境建设法》拥抱了残疾的人权模式,作出了克服医学模式的努力。首先,《无障碍环境建设法》旨在改造社会环境,承认环境障碍是导致残疾人无法充分参与社会活动的主要原因,表现出了对残疾医学模式的超越。社会空间,无论是物理空间还是虚拟空间,均因某种不适宜残疾人特征的设计而将其排除在外。而无障碍环境建设旨在打破空间隔离,缩小空间距离,降低进入门槛,将更多的社会成员纳入社会空间。《无障碍环境建设法》的位阶不是行政法规而是法律,代表着国家对无障碍环境建设的重视,是向人权模式的进一步靠拢。其次,《无障碍环境建设法》承认无障碍是权利,而不仅是福利。无障碍目前并不是一项独立的可诉性权利,但可以依托其他的法定权利得到救济。残疾人并不是福利的被动接收者,而是权利的享有者、社会建设的参与者、社会成果的共享者。最后,无障碍是所有人的权利,并非残疾人特有的权利。无障碍

---

[1] 参见特蕾西娅·德格纳. 残障的人权模式[A]. 陈博,译. 张万洪主编. 残障权利研究(第 3 卷第 1 期)[C]. 北京:社会科学文献出版社,2016:172.

[2] 残疾人权利委员会《关于中国第二和第三次合并定期报告的结论性意见审议报告》第 20 段:"委员会感到关切的是,残疾医学模式持续存在,倡导承认残疾人是独立和自主的权利所有者的提高认识措施有所不足,由此导致有害的态度和行为,例如针对残疾人的污名化、歧视性语言和家庭暴力。"

的受益主体是所有社会成员,这从某种意义上来说,残疾人与非残疾人在法律上的平等地位得到了承认。可以说,《无障碍环境建设法》已在观念和制度上迈出了走向人权模式的重要一步。

(二) 消除偏见歧视,倡导平等融合

《残疾人权利公约》第一条规定,其宗旨是"促进、保护和确保所有残疾人充分和平等地享有一切人权和基本自由,并促进对残疾人固有尊严的尊重"。可以说,公约的精神就是平等和融合的精神,即实现残疾人与非残疾人同等的人权,反对基于残疾的歧视,维护残疾人的固有尊严和平等法律地位,确保残疾人充分、切实地参与社会生活。无障碍环境是实现平等和融合的重要前提,《残疾人权利公约》第九条指出无障碍的具体目标:一是使残疾人独立生活,二是使残疾人充分参与生活的各个方面。独立生活意味着残疾人在与他人平等的基础上选择居所的位置、同住人员,而不被迫依赖他人;参与社会生活意味着残疾人与他人一样享用社区服务,避免遭到社区隔离。无障碍环境通过尽可能消除残疾人融入社会、独立生活的障碍,并提供必要的辅助措施,帮助残疾人达到这两个目标,自主出行,自主获得信息、服务,依据自己的意志行事。

作为公约缔约国,中国坚决捍卫残疾人的平等地位。《无障碍环境建设条例》就规定了要保障残疾人平等地参与社会生活。此次《无障碍环境建设法》在立法目的中也明确指出要"保障残疾人、老年人平等、充分、便捷地参与和融入社会生活"。即使这一表述与《残疾人权利公约》有所不同,前者的"平等"是无障碍环境建设的结果,后者的"平等"是残疾人参与社会生活的前提[1],但是,二者共同强调了实现平等的重要性。此外,本次立法的具体制度设计也体现出平等的要求。例如,在老旧社区加装电梯,便利残疾人、老年人等出行;在信息传播过程中提供各种无障碍版本,保障平等的信息交流;在司法诉讼服务中提供无障碍服务,保障残疾人平等的诉讼权利等。

---

[1] 厉才茂. 无障碍概念辨析 [J]. 残疾人研究, 2019 (4): 67.

二、反映全球残疾人事业发展的最新成果

除了宗旨、一般原则上的呼应，《无障碍环境建设法》在制度上也与国际接轨。具体而言，新法扩宽了受益主体、责任主体，强化了执行标准，同时也体现了提供合理便利的相关要求。这些都反映了国际残疾人事务发展的最新成果。

（一）扩宽受益主体

尽管作为专门保障残疾人权利的文件，《残疾人权利公约》中的"无障碍"专门指向残疾人的权利，但"无障碍"本身的概念经历了从建筑设计领域到与残疾人生活相关的更加广泛的社会领域、从残疾领域到其他领域的变化[①]，其受益主体现在也已经从残疾人扩展到其他社会成员。例如，2021年国际标准化组织（ISO）发布ISO/TR 22411，这是一份提供设计指南和建议的报告，要求在产品和服务开发中考虑老年人和残障人士的需求，旨在为所有人提供无障碍。《残疾人权利公约》第2号一般性意见（2014）中两处将老年人与残疾人并列，要求为其提供无障碍电信服务，以及适合老年人、残疾人的住房等。

我国的无障碍立法也顺应这一潮流，旨在建设一个人人受益的社会环境。2012年《无障碍环境建设条例》规定的无障碍环境受益主体是残疾人等社会成员[②]，尽管其中的"等"字说明了除残疾人外，其他人也可受益于无障碍环境建设，但条例中并未指明其他社会成员的身份，且难以认为所有社会成员均可受益。《无障碍环境建设法》一审草案在附则中专门

---

① 厉才茂. 无障碍概念辨析［J］. 残疾人研究，2019（4）：65.
② 《无障碍环境建设条例》第二条规定："本条例所称无障碍环境建设，是指为便于残疾人等社会成员自主安全地通行道路、出入相关建筑物、搭乘公共交通工具、交流信息、获得社区服务所进行的建设活动。"

解释了有无障碍需求者的范围[①]，不仅包括残疾人、老年人、儿童、孕妇、病人、意外受伤者、负重者等，还包括其陪护人员，受益主体大大扩展。在一审草案公布之后，有的意见认为立法应当突出重点受益人群，在表述上强调残疾人、老年人的核心地位，同时关照其他人的受益地位[②]。终稿采纳了这种意见。

观念及政策的演进，正是由于人们逐渐认识到这一事实：人人都曾是、正是或将是障碍者。每个人都会面临障碍，只是种类、时间、程度有所不同。左拉提出的残疾普同模式正是对这一理念的阐释[③]。最初的需求者联盟发生在残疾人与老年人之间，因为相对于其他社会成员来说，残疾人和老年人的障碍似乎更加明显。我国的《无障碍环境建设法》也着重突出了残疾人、老年人的无障碍需求。扩展无障碍受益主体对于实现平等具有重要意义。首先，默认每个人都可能是障碍者，避免了强化对残疾人的刻板印象[④]，无障碍不是特惠残疾人，而是普惠所有人的措施，有助于观念平等的实现。其次，基于社会资源的有限性，扩宽受益主体能够提供更强的理由，让社会资源更容易向无障碍环境建设倾斜，最终便利所有人。

（二）多元主体共治

无障碍环境建设不是某一部门或单一主体的责任，而是需要建立并完善多元主体共建共治共享的机制。尽管《残疾人权利公约》没有对各国负责无障碍建设的主体作出具体规定，但可从其他国际文书中找到相关规定。作为联合国的专门机构之一，世界卫生组织（WHO）通过其相关文

[①]《无障碍环境建设法（草案）》第七十一条："本法所称有无障碍需求的社会成员，是指因残疾、年老、年幼、生育、疾病、意外伤害、负重等原因，致使身体功能永久或者短暂地丧失或者缺乏，面临行动、感知或者表达障碍的人员及其同行的陪护人员。"

[②] 参见《关于〈中华人民共和国无障碍环境建设法（草案）〉修改情况的汇报》，https：//npcobserver.com/wp-content/uploads/2023/04/2023-04-26-Public-Consultation-Explanation.pdf.

[③] 杨锃. 残障者的制度与生活：从"个人模式"到"普同模式"[J]. 社会，2015（6）：85—115.

[④] 参见张万洪. 立法如何疏通"无障碍环境"中的"堵点"[N]. 法治日报·法治周末，2023-05-11.

件和倡议，提倡和推动无障碍环境建设。WHO 鼓励各国政府、非政府组织和私营部门共同努力，制定政策、规划和措施，为残疾人提供可访问的环境和服务。《无障碍环境建设法》总结我国无障碍环境建设长期实践经验并借鉴国际成熟理念，对工作体制作出规定。《无障碍环境建设法》第三条规定了全社会共建共治共享的无障碍环境建设机制，即政府主导、社会组织和公众广泛参与①。

《残疾人权利公约》中规定了提供无障碍是缔约国的义务，各国政府首先要对无障碍环境建设负责。《无障碍环境建设法》中多处规定了县级以上人民政府应当统筹、协调、督促相关职能部门履行其职责，专章设置了保障措施，并将一审草案中的"监督保障"一章改为"监督管理"，进一步明确相关主体的职责。其次，残疾人本身的参与是消除障碍的重要途径。对于无障碍环境建设，即便法律规定得再详细严格，如果仅从管理角度落实，而缺少"用户视角"，特别是缺乏让残疾人通过各种渠道表达需求、反馈体验、救济损害，具备主张和实现平等交通权利的可行能力，难免还是会出现各种漏洞②。残疾人权利委员会在审查我国提交的履约报告后，在结论性意见中指出，委员会感到关切的是，除了中国残联之外，"没有独立的残疾人机构和组织系统性地参与《残疾人权利公约》实施过程"，也就是说，委员会表达了对残疾人参与问题的关切。《无障碍环境建设法》第十七条规定，鼓励工程建设单位在开展建设的各个环节，邀请残疾人、老年人代表以及残疾人联合会、老龄协会等组织，参加意见征询和体验试用等活动，设立了沟通协商的良好框架。第三，其他社会主体的参与对于无障碍环境的建设也至关重要。企业、非营利组织等不仅能够为无障碍环境建设提供资金支持，而且能够从不同视角提供有益建议。国际经验也表明，残疾人权利的争取离不开社会组织的运动。总之，无障碍环境建设人人受益，也需要人人参与，构建多元主体共治的局面。

---

① 《无障碍环境建设法》第三条规定："发挥政府主导作用，调动市场主体积极性，引导社会组织和公众广泛参与，推动全社会共建共治共享。"

② 参见张万洪. 立法如何疏通"无障碍环境"中的"堵点"[N]. 法治日报·法治周末，2023-05-11.

（三）强化标准规范

《残疾人权利公约》要求缔约国"拟订和公布无障碍使用向公众开放或提供的设施和服务的最低标准和导则，并监测其实施情况"。制定规范，规定提供无障碍的最低标准、落实无障碍环境建设法律责任，是缔约国的具体义务。各国向《残疾人权利公约》负责的方式是提交履约报告、接受委员会的审议以及回应审议。这种柔性负责方式不具有强制执行力。然而，各国的国内立法却必须规定法律责任，规定强制性的标准规范。这是因为法律责任不明确，将导致法律条文悬置，最终使违法行为成为普遍现象，不仅损害法律权威，而且无法达到立法目的。

《无障碍环境建设法》相较于《无障碍环境建设条例》进一步强化了标准规范，仅仅"强制性标准"一词，在草案中就出现了15次。这一举措体现出我国增强《无障碍环境建设法》实施强制力的决心。在新法中，这一表述有所变化，"强制性标准"的表述修改为了"标准"。但新法将草案中"监督保障"一章改为"监督管理"，并增加了"保障措施"一章。这一方面旨在加大无障碍环境建设的保障力度，另一方面旨在强化政府的管理职责，以保障该法高质量、高品质、高效能实施。在法律责任方面，《无障碍环境建设法》规定了两种责任，即行政处罚和行政处分。对于没有履行相关强制性责任的主体，科以行政处罚，而对于没有履行职能的单位，则对其负责人科以行政处分。对法律责任的明确设置，也体现出本法具有强制性。

此外，《无障碍环境建设法》还为当事人主张无障碍相关权利提供了更直接的依据，规定任何组织和个人都有权向主管部门提出加强和改进无障碍环境建设的意见、建议，对于违法行为进行投诉、举报。主管部门接到投诉、举报，应当及时处理，一系列监督和责任条款让人们知道"可以向谁主张什么"[1]，通过个人监督推动政府监督，形成有效的监督合力，致力于共同推进无障碍环境建设的落实。

---

[1] 参见张万洪. 立法如何疏通"无障碍环境"中的"堵点"[N]. 法治日报·法治周末，2023-05-11.

（四）规定合理便利

合理便利是《残疾人权利公约》中规定的一项缔约国义务，也是国际社会保障残疾人权利的重要措施。《残疾人权利公约》要求，"为促进平等和消除歧视，缔约国应当采取一切适当步骤，确保提供合理便利"。什么是合理便利？合理便利与无障碍环境建设可视作特殊与一般、个别与普遍、事后与事前的关系。《残疾人权利公约》第二条对合理便利作出了明确的定义：第一，其目的是实现残疾人、老年人等平等参与的需求；第二，合理便利是一种个性化的替代措施；第三，提供便利以合理为限，不造成过度或不当负担[①]。无障碍环境建设可看作缔约国的一项长期目标，面向所有人；而合理便利则是在尚未达到无障碍要求时，为特定人提供的变通措施。在教育、就业领域，《残疾人权利公约》都明确规定了需要为残疾人提供合理便利。

残疾人权利委员会在给中国第二、第三次合并履约报告的结论性意见第12段中提出，"拒绝提供合理便利仅在教育、就业和交通等部门的法律法规中被定为一种歧视残疾人的形式，并且没有与之配套的关于执行和有效法律补救的指南"，建议中国扩宽合理便利的适用范围，以便在更广泛的领域全面保障残疾人的无障碍相关权利。

中国的《无障碍环境建设法》重视合理便利的重要补充作用，第十八条规定"不具备无障碍设施改造条件的，责任人应当采取必要的替代性措施"。此外还规定，在临时占用无障碍设施的情况下，主管部门也应当提供必要的替代措施。此次立法并未明确提出"合理便利"的概念，而是规定了"有效替代性措施"，同样也是采取一种特殊的补救措施，以实现无障碍的目的，推进残疾人等的社会融合。"有效替代性措施"可以看作"合理便利"的中国表达，合理便利是无障碍的有效补充，如此规定，明确了义务承担者渐进的无障碍建设义务和即刻的合理便利义务，增强了可

[①] 《残疾人权利公约》第二条规定："'合理便利'是指根据具体需要，在不造成过度或不当负担的情况下，进行必要和适当的修改和调整，以确保残疾人在与其他人平等的基础上享有或行使一切人权和基本自由。"

实现性①。

三、中国无障碍环境建设立法的国际贡献

在吸收国际有益经验的同时，中国立法也为其他国家提供了借鉴，作出了无障碍环境建设领域的国际贡献。首先，《无障碍环境建设法》的立法重点转向信息无障碍与服务无障碍，并以专章形式规定了服务无障碍，为其他国家提供了可借鉴的立法范式。其次，本次立法中规定了无障碍环境建设检察公益诉讼，为落实《无障碍环境建设法》提供了可行方案。

（一）立法重点转向信息和服务无障碍

传统的无障碍更多指向物质环境，如今，信息无障碍和服务无障碍越来越受到关注。《残疾人权利公约》要求缔约国采取适当的方式保障无障碍不仅运用于物质场合，也适用于信息、通信和其他服务②。

信息无障碍是指在获取、传递信息以及信息交流中，根据不同人的特点，采取适当措施，破除信息障碍。在信息无障碍方面，残疾人权利委员会关切地注意到，残疾人特别是视力障碍者无法获得媒体以及信息和通信技术服务。因此，建议中国进一步采取措施，分配充足资金，用于开发、推行和使用无障碍沟通方式，例如盲文、聋盲口译、手语、易读、浅白语言、音频描述、视频转录、字幕以及触觉、辅助和替代通信手段。在司法中，听障人士、智力障碍者等面临障碍，委员会也建议中国与申请人商谈便利条件，例如提供盲文、易读文本、视频、音频等，在法庭使用手语翻译等。服务无障碍发生在接受公共服务的场合中，一个易懂的例子是司法领域的无障碍。例如，在诉讼过程中，为视力障碍者提供盲文版本的起诉

---

① 张万洪.立法如何疏通"无障碍环境"中的"堵点"［N］.法治日报·法治周末，2023-05-11.

② 《残疾人权利公约》第九条规定："这些措施应当包括查明和消除阻碍实现无障碍环境的因素，并除其他外，应当适用于：（一）建筑、道路、交通和其他室内外设施，包括学校、住房、医疗设施和工作场所；（二）信息、通信和其他服务，包括电子服务和应急服务。"

状,或者为听力障碍者提供手语翻译,等等,这一系列操作都可进一步保障诉讼参与人的程序性权利。此外,在政务服务及医疗、教育等公共服务场合,都有可能出现服务无障碍的需求。《残疾人权利公约》并未专门规定服务无障碍,而是原则性地指出,无障碍也应当运用于各种服务领域。

早在2012年,除无障碍设施建设之外,《无障碍环境建设条例》就已专章规定了无障碍信息交流和无障碍社区服务。但是,条例中的信息无障碍规定比较笼统,涉及范围比较广泛。此次立法细化了对于信息无障碍的规定,一是细化了提供信息无障碍的主体,二是应对时代发展,对互联网、文娱活动等信息无障碍进行了明确的规定,三是对药品等外包装配置作出了无障碍的要求,最后将使用通用手语和通用盲文的要求上升为法律。

《无障碍环境建设法》中专章规定了"无障碍社会服务",相比条例中的"无障碍社区服务"发生了质的转变。此前立法仅强调社区范围内的服务,而现在的立法扩展到社会生活中方方面面的服务,这是中国对国际无障碍环境建设法治事业作出的原创性贡献。具体而言,公共服务场所均有义务配备必要的无障碍设备和辅助器具,标注指引无障碍设施,提供无障碍服务。《无障碍环境建设法》规定,在政治生活、公共服务、司法诉讼、交通、教育、医疗、文化旅游、商业、应急等领域,相关主体均应当完善无障碍服务,可谓社会全领域无障碍。此外,《无障碍环境建设法》还规定"保留现场指导、人工办理"的传统服务方式,为一些暂时无法跨越技术鸿沟的人群提供更加适宜、方便的服务,显示出灵活变通的立法智慧。

(二)无障碍环境建设检察公益诉讼

对个人而言,目前无障碍环境权利在中国并非独立的诉权,不过,这一权利可依托其他的法定实体权利得到救济。例如,在参加考试过程中,主管部门拒不提供合理便利,当事人可通过主张受教育权或劳动权而使无障碍环境相关权利得到救济,达到有效参与考试的目的。然而,在现实中,无障碍环境建设诉讼若由个人提起,往往面临维权费时费力、难以搜集证据的问题,同时无障碍环境建设状况又广泛影响多数人的利益,因此，检察公益诉讼是一个有益尝试。中国关于检察公益诉讼的规定，也可以为其他国家提供借鉴。

中国积极推进《无障碍环境建设法》的落实。2021年，最高人民检察院会同中国残联发布了十大无障碍环境建设检察公益诉讼典型案例，其中涵盖了交通、信息等领域的多种类型无障碍，切实保障残疾人、老年人等的无障碍相关权利，为我国未来公益诉讼以及国际社会都提供了有益经验。此次《无障碍环境建设法》也规定了"对违反本法规定损害社会公共利益的行为，人民检察院可以提出检察建议或者提起公益诉讼"。尽管只有一个原则性规定，但在法律中规定无障碍环境检察公益诉讼，已经展现出中国为落实《无障碍环境建设法》的积极探索，为法律的实施提供了有力保障。未来，这一经验还可以继续走向成熟，完善中国的残疾人权利保障机制，也可供其他国家借鉴。

结　语

《无障碍环境建设法》共有8章72条，相对于之前的《无障碍环境建设条例》而言，无论在形式还是内容上，都回应了人民群众对美好生活的需要和向往。同时，《无障碍环境建设法》也回应了国际公约的要求和国际社会的期盼，对残疾人权利委员会的一些建议作出了积极跟进，其中一些制度创新为其他国家提供了有益的借鉴。这意味着中国对无障碍的理解越来越深入，残疾人等特定群体权利保障制度越来越完善。我们看到，中国始终以负责任的态度，采取务实行动，积极参与国际无障碍环境建设领域的交流与合作，推动残疾人权利保障法律体系的健全与完善，也向国际社会贡献了中国经验。以国际眼光来看，这些措施都将创造有利环境，使残疾人在参与自身事务以及更广泛的社会经济和环境发展时，成为平等和积极的行动者，也将促进残疾人全面发展，最终实现人类更加团结和美好的未来。

（张万洪，武汉大学法学院教授，国家人权教育与培训基地武汉大学人权研究院院长，残疾人事业发展研究会副会长；赵金曦，武汉大学法学院博士研究生）

人口老龄化背景下
《无障碍环境建设法》实施的内涵与意义

陈 功 康 宁 梁晓璇 刘尚君 李 洋

【摘 要】《无障碍环境建设法》的颁布，是坚持以人民为中心、尊重和保障人权的重要体现，也是积极应对人口老龄化、切实保障无障碍环境建设、形成无障碍环境建设合力的必然要求。在人口老龄化背景下阐释《无障碍环境建设法》：一是立法原则和立法理念充分坚持人民至上的原则和全社会共同参与保障机制，体现普惠-综合-全面的目标导向以及便利安全的基本要求，理念则重在尊重人的权利、提倡适老化观察、重视管理和监督以及宣传教育；二是立法内容特别关注老年人群及其特殊需求，包括响应当前我国老龄化现状和趋势、注重老年人平等参与和保障、关注老年人特殊需求、强调多方参与和保障人才队伍建设等。本文提出《无障碍环境建设法》实施应以需求导向为基础，进一步完善标准，提高建设质量与水平；打造多元主体合作体系，搭建无障碍环境合作平台；开展广泛的普法、释法宣传活动，倡导"青银共建"理念，促进无障碍人才培养和队伍建设，推进社会包容性和可持续发展。

【关键词】 无障碍环境；适老化；人口老龄化；社会包容

一、立法背景

习近平总书记指出："满足数量庞大的老年群众多方面需求、妥善解决人口老龄化带来的社会问题，事关国家发展全局，事关百姓福祉，需要我们下大气力来应对。"第七次全国人口普查数据表明，我国60岁及以上人口有2.64亿人，占总人口的比重为18.7%，人口老龄化已成为今后一段时期我国的基本国情，具有规模大、程度深、速度快等特征。随着人口老龄化持续加深，残疾老龄化和老龄残疾化的现象越来越明显。根据第二次全国残疾人抽样调查数据推算，我国60岁及以上的残疾人为4416万人，占总残疾人口53.24%[①]，老年残疾率是总人口残疾率的3.85倍[②]。国际经验表明，世界各国在积极应对人口老龄化的过程中，特别注重无障碍环境建设，它是老年友好社会建设的重要内容。无障碍环境是满足人们美好生活需要、平等参与社会生活、共享社会发展成果和独立生活的必备基础和前提条件。加快无障碍环境建设具有强烈的现实需求和巨大的社会价值。长期以来，我国社会运行发展的基础是年轻型社会，社区中的各种建筑、公共设施等，从规划、设计到使用，以及周边的公共服务供给，基本上是按照年轻人及身体机能健全人的行动标准和生活需求来配置的。大量社区存在缺少无障碍设施和服务的问题，不能满足老年人、残疾人及其他有无障碍需求的群体居住、生活、出行、活动、社交等需求，不利于全体社会成员平等参与社会生活、共享改革发展成果。

　　无障碍环境建设是残疾人、老年人等群体权益保障的重要内容，对促进社会融合和人的全面发展具有重要价值。习近平总书记明确指出，无障碍设施建设问题是一个国家和社会文明的标志，我们要高度重视。近年来，伴随着经济社会的迅速发展，各级政府以及住房和城乡建设、铁道、交通运输、工业和信息化、旅游、残联等部门从促进经济社会协调发展、提高城乡现代化水平、保障民生、尊重残疾人与老年人权利、推动社会文明进步的角度，对无障碍建设予以推进，加大了对无障碍建设的资源投入，社会各界也对无障碍建设给予有力支持，无障碍建设得到快速发展，取得显著成效。特别是《无障碍环境建设条例》实施十年来，在党和国家的高度重视下，在政府部门、残联组织的大力推进和社会各界大力支持下，我国无障碍环境建设法规政策和标准体系不断完善，无障碍设施、无障碍信息、无障碍服务建设水平不断提高，为残疾人、老年人等社会成员

---

① http://www.stats.gov.cn/tjsj/ndsj/shehui/2006/html/fu3.htm.
② 杜鹏，杨慧. 中国老年残疾人口状况与康复需求[J]. 首都医科大学学报，2008(03)：262—265.

参与社会生活、共享改革发展成果发挥了重要作用。但无障碍环境建设的法治保障仍需完善，已有法律中关于无障碍的规定缺乏衔接，呈零散、碎片化状态，内容重叠交叉；且《无障碍环境建设条例》作为无障碍环境建设的专门法规，原则性、倡导性要求较多，缺乏无障碍设施建设强制性规定；同时无障碍信息交流方面的规定滞后，未系统提出无障碍社会服务软环境建设要求，监督管理机制存在短板。在此形势下，迫切需要出台无障碍环境建设的专门法律，对相关工作进行集中规范，《无障碍环境建设法》正得其时。

《无障碍环境建设法》的颁布，是坚持以人民为中心、尊重和保障人权的重要体现，也是积极应对人口老龄化、切实保障无障碍环境建设、形成无障碍环境建设合力的必然要求。一方面，无障碍服务人群规模巨大。我国现有残疾人约8500万，截至2021年底60岁及以上老年人数量高达2.67亿，加上可能有无障碍需求的孕妇、儿童和伤病人员等，满足这部分人群参与和尊严需求，是以人为本、保障人权的内在要求。另一方面，无障碍环境建设是积极应对人口老龄化的应有之义。建设老龄友好型社会是积极应对人口老龄化国家战略的重点工作之一，打造老年宜居环境是着力构建老年友好型社会的重要组成，要将无障碍环境建设和适老化改造纳入城市更新、城镇老旧小区改造、农村危房改造、农村人居环境整治提升统筹推进，以促进老年人安全方便参与社会活动。此外，系统衔接的无障碍环境建设法治保障有助于提高无障碍环境建设质量。在继续解决"有没有"问题的同时，更好解决"好不好""管不管用"的问题，推动无障碍环境建设实现科学合理、绿色节约、创新融合的高质量发展，全方位打造连续贯通、安全便捷、健康舒适、多元包容的无障碍环境。

二、人口老龄化背景下《无障碍环境建设法》的立法原则与立法理念

（一）立法原则

1. 坚持人民至上，注重人的需求和感受

无障碍环境建设的目的是方便老年人、残疾人等特殊人群的生活和移

动，因此，以人为本是无障碍环境建设的重要原则之一。《无障碍环境建设法》所依据的第一条原则是"坚持人民至上"。这一原则是指该法律的立法目的是满足人的需求，尤其是残疾人和老年人的需求。在《无障碍环境建设法》中，人的需求和感受被放在了优先考虑的位置，这有助于确保建立的无障碍环境能够真正满足特殊人群的需求。在此原则的指导下，该法律强调为老年人和残疾人提供无障碍环境，以便他们融入社会，实现权利平等。

2. 以社会责任、权利观念、可持续性为导向，建立全社会共同参与的保障机制

面对人口老龄化的挑战，保障老年人的生活和权益是全社会的责任。在立法过程中，《无障碍环境建设法》强调了全社会多元主体共同参与的保障机制。这一原则旨在让每个人都意识到自己应该承担的社会责任，积极参与无障碍环境建设工作，共同营造一个无障碍的环境。《无障碍环境建设法》的制定依照的另一个原则是"权利观念"。这一原则的中心是要切实保障残疾人和老年人的权益，使他们享有同等的权利和机会，免受歧视。

无障碍环境建设是一个长期而艰巨的工程，必须具备可持续性。这就需要在建设过程中充分考虑资源的利用和环境的保护，以确保无障碍环境建设的可持续性，为老年人和残疾人等特殊人群提供长期而稳定的服务。

3. 以普惠性、综合性、全面性为目标，保障公共场所无障碍设施覆盖率

无障碍环境建设的最终目的是普惠性，即让每一个人都能够享受到方便的服务和设施。因此，《无障碍环境建设法》强调保障公共场所无障碍通道和设施的覆盖率，确保无障碍环境建设能够覆盖到更多的人群，不仅是老年人和残疾人，也包括孕妇、儿童和普通人等。同时综合性亦是考量目标之一，《无障碍环境建设法》依据一个综合的原则来进行规划和设计，这一原则体现了全面系统的考虑，包括不同身体需求和个性、建筑构造、设施以及环境风貌，从而使无障碍环境更好地适应各种不同的特定需求。《无障碍环境建设法》从多个角度保证无障碍环境的建设，其中一个重要原则是全面性。全面性的原则包括在每个环节和层面提供无障碍的条件，从交通、建筑、公共设施到互联网以及其他各种设施和服务，都应当考虑到无障碍的因素。

4. 以便利性、安全性为指南，统筹推进无障碍环境建设系统发展

无障碍环境建设的首要目的是方便老年人和残疾人等特殊人群的生活和移动，因此便利性是无障碍环境建设的重要理念之一。在建设过程中，需要考虑无障碍设施、信息交流、社会服务的便利性等多个方面。与此同时，无障碍环境建设必须保障用户的安全。安全性是无障碍环境建设的基础，对于老年人和残疾人等弱势人群来说，安全性尤其重要。因此，在建设过程中必须时刻关注安全问题，确保无障碍环境能够真正保障使用者的安全。

（二）立法理念

1. 尊重人的权利，明确无障碍环境建设的必要性

《无障碍环境建设法》的颁布引起了广泛关注，这是因为该法将满足人们的生活需求和尊重人的权利作为无障碍环境建设的基本原则，明确无障碍环境建设对于保障人民权益、促进社会融合、推动社会和谐的重要作用。无障碍环境建设必须把人放在中心，瞄准群体需求，为所有人提供平等的生活和社会参与的机会，实行包容性、无障碍性、可持续性的城市开发。

随着社会的不断发展和进步，人们对于生活的期望和要求愈发高涨。特别是在老年人和残疾人这两个群体中，无障碍环境建设对于满足他们的基本生活需求和尊重他们的权利至关重要。政府和社会各界都应该把无障碍环境建设放在优先级的位置，加大对无障碍环境建设的投入和支持，推动其全面发展，为残疾人、老年人等特殊群体提供高质量的无障碍生活环境。

2. 以适老化为观察角度，提倡适应生理和心理需求的设计

适老化是指以老年人的身体、心理特点和生活习惯为基础，通过适当的建筑和设备设计，来满足老年人在生活、运动、娱乐、社交等方面的需求。随着《无障碍环境建设法》的出台，适老化成了一个重要的建设要求。

适老化设施的建立不仅能够满足老年人的生理和心理需求，有助于减轻老人在日常生活中的身体和心理负担，更能提高老年人的生活质量，促进老年人身心健康。适老化建筑和设备的设计原则是应尝试保障老年人行动自如、安全方便，同时尊重他们的人格尊严和自主选择。

3. 注重法律法规的落实，加强行政管理和社会监管

加强行政管理与社会监管是有必要的。通过无障碍环境建设法律法规的落实，进一步提高法律形式化、规范化的程度，规范办事流程，避免职能定位模糊和不一致的问题。同时，各级政府担负着无障碍环境建设的行政管理职能，应加强对无障碍环境建设的监管工作。在推进无障碍环境建设的过程中，还应加强社会方面的监管，提高公民的监管意识和监管能力，打造共建共治共享的社会治理格局。

4. 加强宣传教育，提高公众无障碍环境建设的意识和认识

公众意识的提高，是无障碍环境建设的重要前提。为此，应加强无障碍环境建设的宣传教育工作，提高公众对无障碍环境建设的理解和认识，增强公众的无障碍环境建设意识，促进公民的积极参与和社会共治。推动无障碍环境建设理念走进千家万户，增强无障碍环境建设的社会影响力，提高全民无障碍环境建设参与度和认识度。

三、适老化视角下《无障碍环境建设法》的立法进步

（一）立足老龄化现状与发展趋势

从保障范围来看，立法保障人群从残疾人群向老年人群、全人群扩展，这是基于人口老龄化现状与发展趋势对无障碍建设需求的考量作出的。我国居民人均预期寿命不断延长，从新中国成立之初的35岁提升至2021年的78.2岁，老龄化程度也随之持续加深，2000年我国正式步入老龄化社会，至2020年65岁及以上老年人口占比13.5%，20年间65岁及以上人口数量增长超过一倍，约有1.9亿人。目前，我国人口老龄化程度仍处于加速提升的阶段，老龄形式复杂且严峻。由于老年人生理机能随着增龄而衰退和下降、预期寿命延长的背景下致残风险提高以及医疗卫生技术发展使得残疾生存年延长等原因，老龄化与残疾化问题深度交织。目前

我国残疾人口中有超过 1/2 的人口为老年人，而老龄残疾人口中有 2/3 是在进入老年期之后出现的残疾，老龄残疾化和残疾老龄化问题突出。

从生命历程的视角来看，在老龄社会老残一体化的背景下，"人人都会老，人人都可能会残"，老年人和残疾人可能遇到的障碍情景将深度交织。为此，《无障碍环境建设法》第四条明确提出"无障碍环境建设应当与适老化改造相结合"。随着社会经济的快速发展和无障碍建设的广泛实践，无障碍理念的内涵持续深化，无障碍环境建设作为保障广大人民美好生活的重要组成部分，在积极应对人口老龄化的战略目标下，未来无障碍建设也将成为老龄化社会的刚需和标配。为此，《无障碍环境建设法》将保障范围从主要聚焦于残疾人群，拓展到对于无障碍环境同样有较深依赖和需求的老年人甚至全人群，保障范围尽可能涵盖和满足有无障碍需求人群的特定需要。目前我国处于高质量发展的新阶段，《无障碍环境建设法》能够保障和促进以老年人、残疾人为重点人群的全体成员共享经济社会发展成果。

（二）注重老年人平等参与的权利保障

立法的思路和理念充分借鉴、吸收国际先进经验，以平等参与为原则，关注重点从倡导关怀向权利保障转变。因此总则的第一条就提出《无障碍环境建设法》是"为了加强无障碍环境建设，保障残疾人、老年人平等、充分、便捷地参与和融入社会生活，促进社会全体人员共享经济社会发展成果，弘扬社会主义核心价值观"。能够平等地参与政治、经济、文化和社会生活是老年人权利保障的应有之义，而老年人群体由于其独特的身心特征在社会参与方面存在多方面的障碍需求，因此出于特别保护，需要立法保障无障碍环境建设，以法治推动平等参与理念，引领、促进、赋能老年人自主参与社会生活，保障老年期的生活尊严。另外，平等参与也体现了老龄理念的转变——从关注"老有所养"，到"老有所为""老有所乐""老有所学"，老年人的需求从生存型向发展型转变，让老年人能够共享发展成果，不断提升老年人的幸福感和获得感，这也体现和践行了积极老龄观、健康老龄化融入经济社会发展全过程的理念。

我国既有的无障碍环境建设相关条例和规定主要体现在残疾人的福利

关怀方面，多以倡议为导向，呼吁关注残疾人的无障碍需求，而非权利本位的法律约束。随着无障碍理念的逐步深入人心，在把握我国人口发展大趋势和老龄化规律的前提下，《无障碍环境建设法》以立法的形式，明确无障碍环境建设的保障措施、监督管理和主体的法律责任，这种从福利关怀向法律保障的转变即是保障老年人、残疾人等平等参与、共建、共享、共治，有效融入社会的法律基石，是积极应对人口老龄化的重要体现，也是贯彻以人民为中心的发展思想的内在需求。同时，为保障法律的贯彻执行，《无障碍环境建设法》规定建立通行标准，如第五十一条明确规定要"建立健全国家标准、行业标准、地方标准""构建无障碍环境建设标准体系"，以此明确政府的监督管理责任，并通过罚款等形式规定责任人法律责任，这对《无障碍环境建设法》的法律效力起到了强化作用。

另外，在工作理念方面，《无障碍环境建设法》在把握中国特色和老龄化现状的基础上，充分吸收、借鉴国际先进经验，由此发展和完善法律保障体系。整体注重与我国现实国情和经济社会发展水平相适应，既严格重视技术标准，也注重无障碍改造的鼓励与表彰；既明确政府、企业、部门责任，也鼓励捐赠和志愿服务。并且重视发挥我国传统社会文化优势，如第二十二条表明"弘扬中华民族与邻为善、守望相助等传统美德"。同时吸收日本、美国、英国等国家的先进经验，不仅注重无障碍硬环境的建设，更加注重老年人通信、出行、参政议政等软环境的建设，充分尊重老年人等有无障碍需求人群的本位诉求[①]，如第九条明确规定"制定或者修改涉及无障碍环境建设的法律、法规、规章、规划和其他规范性文件，应当征求残疾人、老年人代表以及残疾人联合会、老龄协会等组织的意见"。

（三）关注以老年人特殊需求配套无障碍建设

从立法工作开展的视角来看，一方面是基于老年人的需求特点，力求

---

① 章品，赵媛. 美国信息无障碍法律法规研究 [J]. 情报理论与实践，2010，33（5）：116—119.

闫蕊. 美国的无障碍环境建设 [J]. 社会保障研究（北京），2007（1）：199—208.

贾巍杨，王小荣. 中美日无障碍设计法规发展比较研究 [J]. 现代城市研究，2014（4）：116—120.

无障碍环境建设与之相配套，尽可能通过环境支持消除老年人可能面对的困境，提升老年人的自主生活能力，由此保障老年人的有效参与；另一方面是老年人等具有无障碍需求的人群通过无障碍环境建设能够自主、有效地参与社会生活。这一视角充分体现并尊重老年人的主观能动性，提升老年人积极主动参与社会生活的意愿，帮助老年人克服情景性障碍，保障他们有尊严地生活、主动地融入社会。

例如在信息无障碍方面，基于老年人存在"数字鸿沟"和无障碍服务存在"服务赤字"等客观问题，第二十九条规定"各级人民政府及其有关部门应当为残疾人、老年人获取公共信息提供便利；发布涉及自然灾害、事故灾难、公共卫生事件、社会安全事件等突发事件信息时，条件具备的同步采取语音、大字、盲文、手语等无障碍信息交流方式"，第三十六条也指出"提供公共文化服务的图书馆、博物馆、文化馆、科技馆等应当考虑残疾人、老年人的特点，积极创造条件，提供适合其需要的文献信息、无障碍设施设备和服务等"。这体现出一方面要通过信息无障碍平台的建设，针对老年人识字率较低、视力下降等问题进行配套，以满足老年人的特殊需求，服务老年人参与、融入社会生活；另一方面则从老年人自身出发，发挥其主观能动性，将"老有所为"和"老有所学"结合起来，通过提供信息化指导与教学，帮助老年人跨越"数字鸿沟"。

（四）强调统筹协调多方资源保障

从《无障碍环境建设法》的工作机制来看，着重强调多部门统筹协调、多项目联动推进以整合多方资源保障立法的有效实施。首先，总体坚持以政府为主导，多部门共同协调推进无障碍环境建设。"总则"中提到，"县级以上人民政府住房和城乡建设、民政、工业和信息化、交通运输、自然资源、文化和旅游、教育、卫生健康等部门应当在各自职责范围内，开展无障碍环境建设工作"。无障碍环境需要系统、包容、完整地建设，涉及各方面的公共服务和主体责任，为此需要各部门共同努力，发挥各自职责，联手推进。

比如教育部可依托老年教育网络，发挥组织优势，针对老年人广泛展开信息无障碍培训，帮助他们认识到运用智能技术的重要性，跨越"数字鸿沟"。工信部办公厅为助力老年人和残疾人平等、便捷地获得互联网应用信息，在 2020 年发布《互联网应用适老化及无障碍改造专项行动方案》，强调要通过适老化和无障碍改造，依照通用规范和相关技术要求对移动互联网应用和互联网网站进行升级更新。文化和旅游部与交通运输部可着力于推动城市客运无障碍设施的更新改造，打造敬老爱老公交线，扩大出行无障碍服务覆盖面，为老年人、残疾人提供便捷、可操作的客运预约服务。另外，从产业经济的新增长点来看，让老年人与年轻人一样能够享受到丰富的文旅体验，是拓展"银发市场"、激活"银发经济"的关键发力点，文化和旅游部可在打造适老无障碍生态方面重点发力。

从工作方式来看，《无障碍环境建设法》强调要多项目统筹推动，调动多方资源共同保障，防止盲目重建。第五十七条提出"文明城市、文明村镇、文明单位、文明社区、文明校园等创建活动，应当将无障碍环境建设情况作为重要内容"。多项目的有机结合，既避免了一哄而上的重复建设，又能够协调整合人才队伍和资金，高效、经济地解决多方需求。如社区加装电梯和老年友好社区建设可参考无障碍改造标准实施，这样既可以满足适老化建设需求，也能为残疾人、老年人等有无障碍需求的人群提供便利。

（五）加强多学科专业人才队伍建设

无障碍环境建设是一项综合性任务，需要考虑不同人群的需求和特殊情况，综合体系建设也涉及多个领域。从队伍建设来看，要注重残疾、老龄、建筑等相关学科人才队伍的建设。例如，建筑设计需要考虑到空间的灵活适变、居家无障碍设施改造等，计算机科学与技术需要关注无障碍技术和无障碍软件的开发等。而不同人群的无障碍需求需要专业的、有针对性的设计和解决方案，往往需要借助多学科的知识和专长，集合人才队伍提供不同领域的专业和技能，以全面满足无障碍环境建设的需求。为此，第五十五条提出"国家建立无障碍环境建设相关领域人才培养机制"，"建筑、交通运输、计算机科学与技术等相关学科专业应当增加无障碍环境建设的教学和实践内容，相关领域职业资格、继续教育以及其他培训的考试内容应当包括无障碍环境建设知识"。

四、《无障碍环境建设法》实施建议及展望

（一）建议法律实施以需求导向为基础，为增强社会包容性扫除障碍

《无障碍环境建设法》中明确了立法目的是保障残疾人、老年人等所有群体平等、充分、便捷地参与和融入社会生活，促进社会全体人员共享经济社会发展成果。在人口老龄化的背景下，《无障碍环境建设法》充分考虑了老年人的特殊需求，在建设无障碍环境的同时创建老龄友好的社会，注重全面友好、全龄友好。世界银行在2013年就发布了《包容性至关重要》专题报告，呼吁社会发展从业者通过关注包容性以增加全球福祉。包容性社会发展是指通过制定政策、法律和措施，确保社会各个层面对所有人都开放和包容。这意味着任何人都应该有平等的权利、机会和资源，并能够参与社会、经济和政治生活。包容性社会发展强调人的多样性和平等对待，尊重并满足每个人的需求和权益。无障碍环境建设与包容性社会发展密切相关，通过创造无障碍的环境，可以消除社会中存在的不平等和歧视，使每个人都能够参与社会和经济活动。

在人口老龄化背景下，《无障碍环境建设法》的实施应围绕老年人实际需求展开，通过提供援助性服务和支持性环境，对老年人的生理和心理健康衰退作出补偿，让老年人能在日常生活中达到可能的最佳活动状态和参与水平。同时，需要以各年龄群体及特殊群体的多层次需求为导向，将包容互助和柔性关爱渗透到城市规划、建设、治理、运行的各个环节，实现社会全体人员共享经济社会发展成果的目标，促进社会的包容性和可持续发展。

（二）建议进一步完善无障碍环境建设标准，提高建设质量与水平

《无障碍环境建设法》中明确规定，无障碍环境建设应当与适老化改造相结合，遵循安全便利、实用易行、广泛受益的原则。目前，无障碍环

境建设标准和适老化改造标准存在脱节、并行等问题。因此，在《无障碍环境建设法》实施过程中，应将无障碍环境建设标准与适老化建设标准有机结合，建立统一、科学的新标准，确保无障碍环境既满足残疾人群的需要，也适应老年人的需求，使老年人能够更加便捷地参与社会生活，享受社会福利和服务。建设标准的完善和统一可以进一步提高无障碍环境建设的质量和覆盖范围，避免为满足不同标准而重复建设或修改已有的设施造成的资源浪费。

同时，在制定标准过程中，也应广泛征求各方的意见和建议，包括残疾人组织、老年人组织、专家学者、设计师等，确保标准具有广泛的共识性和代表性，能够最大化地满足残疾人、老年人及其他群体的无障碍需求。此外，应加强执法监督机制，确保无障碍环境建设标准的有效实施。相关部门应加大执法力度，对不符合标准的建筑和设施进行处罚，并加强监督检查，定期对公共场所进行无障碍环境合规性评估。通过强有力的监督机制，确保标准落地执行，使《无障碍环境建设法》得以真正实施。

（三）建议采取"时间银行"志愿模式，开展广泛的普法、释法宣传活动

开展普法、释法宣传活动是《无障碍环境建设法》实施过程中的重要任务。可采取"时间银行"志愿模式，激励老年人参与普法志愿服务。通过"时间银行"的组织形式对老年人进行无障碍环境建设培训，让老年人成为普法和释法的对象，开发老年志愿者岗位，建立较为专业的志愿服务队伍。采取"时间银行"志愿模式，不仅能够吸引更多的老年人参与《无障碍环境建设法》的普法工作，还能扩大普法活动的影响力和覆盖范围。老年志愿者们以互助的方式共同参与，形成社会共识，进而推动《无障碍环境建设法》的普及和实施，实现社会的共同参与和融合。同时，普法宣传能够形成更加广泛的社会共识，使无障碍环境建设成为社会各界共同关注和参与的事项，这也将为《无障碍环境建设法》的实施提供更大的合力和支持。

（四）建议打造多元主体合作体系，搭建无障碍环境合作平台

政府部门作为无障碍环境建设的"掌舵者"，应积极搭建合作平台，

建立合作机制，引导和鼓励社会组织、志愿者、企业等不同利益主体共同参与无障碍环境建设，为残疾人、老年人和其他有无障碍需求的群体提供更好的社会环境和服务。通过多元共建的合作机制，可以实现资源共享、经验互补，推动无障碍环境建设的全面发展。同时，也应加强执法机构与相关政府部门之间的合作与沟通，共享信息和资源，形成推动《无障碍环境建设法》实施的合力。建立信息共享平台，广泛传播和共享无障碍环境建设经验，促进各地区和项目之间的交流与合作，提高无障碍环境建设的质量和效率。平台也将会为相关领域的从业人员、研究者和政策制定者提供便捷的共享资源、沟通交流渠道，推动《无障碍环境建设法》的全面实施和落地。

（五）建议倡导"青银共建"理念，促进无障碍人才培养和队伍建设

青年人和老年人共同参与，可以充分发挥各自的优势和特长，共同推进《无障碍环境建设法》的普及和实施工作。青年人具有活力、创新和技术能力，可以为无障碍环境建设提供新思路和创意解决方案；老年人具有丰富的经验和社会阅历，可以通过分享其自身需求和体验，为《无障碍环境建设法》提供珍贵的实践经验和指导。建立"青银共建"纽带，可以将两代人的力量和资源有机整合，实现优势互补，推动《无障碍环境建设法》的全面实施。同时，在法律实施过程中，应将"青银共建"作为一种长期合作机制，使老年人的经验和智慧得到传承，培养青年人对《无障碍环境建设法》的关注和参与意识，推动他们在未来成为无障碍环境建设的中坚力量，将《无障碍环境建设法》的理念和实践传承下去。

（陈功，北京大学人口研究所所长、教授、博士生导师；康宁，北京大学人口研究所博士后；梁晓璇，北京大学人口研究所博士研究生；刘尚君，北京大学人口研究所博士后；李洋，北京大学人口研究所博士研究生）

《无障碍环境建设法》
检察公益诉讼条款理解与适用

邱景辉

【摘　要】《无障碍环境建设法》将检察公益诉讼作为监督管理的兜底保障措施，是公益司法保护制度创新在人权保障领域生动实践的标志性成果。检察机关立足法律监督，坚持"双赢多赢共赢"理念与"共建共治共享"格局，优化检察建议前置程序，优先开展行政公益诉讼，更好更快将制度优势转化为治理效能特别是预防功能。依法能动履职，整体推进无障碍设施、信息、服务环境建设。严格监管责任与主体责任，规范管理使用。关联耦合生态环境保护、国有财产保护以及残疾人、老年人、妇女儿童等特定群体权益保障，系统监督无障碍环境建设相关法律统一正确实施，在保障人民安居乐业的文明进步中彰显良法善治。

【关键词】无障碍环境建设；检察公益诉讼；法律监督；人权保障

《无障碍环境建设法》第六十三条规定："对违反本法规定损害社会公共利益的行为，人民检察院可以提出检察建议或者提起公益诉讼。"这是检察公益诉讼"4+N"案件范围的第 10 个法定新领域[①]。总结实践经验，

---

① 截至 2023 年 6 月，依据现行法律，明确授权检察机关开展公益诉讼的法定领域包括《民事诉讼法》《行政诉讼法》规定的 4 个传统领域，即生态环境和资源保护、食品药品安全、国有财产保护、国有土地使用权出让，以及制定、修订相关单行法拓展的 10 个新领域，即英雄烈士保护、未成年人保护、军人地位和权益保障、安全生产、个人信息保护、反垄断、反电信网络诈骗、农产品质量安全、妇女权益保障、无障碍环境建设，统称"4+10"领域。

结合典型案例,正确理解适用《无障碍环境建设法》的检察公益诉讼条款,有助于解读宣传这部科学立法、民主立法、依法立法和"小切口"立法典范,并监督保障这部良好的法律得以普遍实施和有效执行①。

一、无障碍环境建设为什么需要检察公益诉讼

检察机关提起公益诉讼制度,简称检察公益诉讼,是习近平法治思想在公益保护领域的生动实践和原创性成果,是一项在中国式现代化,特别是全面深化改革、推进国家治理体系和治理能力现代化进程中应运而生的公共产品。

从党的十八届四中全会决定"探索建立检察机关提起公益诉讼制度",到党的十九届四中全会决定"拓展公益诉讼案件范围",再到党的二十大决定"完善公益诉讼制度",检察公益诉讼制度发展始终坚持党的领导、人民当家作主、依法治国有机统一,充分发挥党的绝对领导的政治优势,自觉把坚定拥护"两个确立"、坚决做到"两个维护"作为鲜明政治底色,努力让高质效办好每一个案件成为检察履职办案基本价值追求,充分彰显中国特色社会主义检察制度鲜明的政治性、彻底的人民性、显著的优越性、巨大的创造性。检察机关敢于直面国家治理难题、人民急难愁盼问题,善于以能动履职、诉源治理主动服务大局,以"双赢多赢共赢"等司法理念、"把诉前实现公益保护作为最佳司法状态"等检察政策和一系列公益诉讼典型案例推动法治进步,更好将检察公益诉讼制度优势转化为现代化治理效能②,从高速发展向高质量发展转型迈进,走出一条中国特色公益司法保护之路③。

---

① 邱景辉. 无障碍环境建设公益诉讼——在保障安居乐业的文明进步中彰显良法善治[N]. 检察日报,2023-06-30(3).
② 最高人民检察院应勇检察长在2023年7月19—21日召开的"大检察官研讨班"上对新时代新征程的检察工作现代化作出专门论述。
③ 邱景辉. 走出一条中国特色公益司法保护之路[N]. 人民日报(海外版),2022-07-11(5).

回顾2019年以来不断拓展深化的无障碍环境建设检察公益诉讼[1]，最高检协同中国残联采取联合调研、共同交办督办案件、发布典型案例以及推动专门立法等方式，促成无障碍环境建设检察公益诉讼在全国全面推开，并向信息无障碍、服务无障碍等领域不断深化拓展，为解决无障碍环境建设中的突出问题提供了一种行之有效的路径[2]，社会各界广泛认同并寄予更高期望。可以说，"这部温暖亿万人的法律，检察公益诉讼写入其中"，作为监督管理的兜底保障措施，是实践引领、水到渠成、众望所归的立法授权，是公益司法保护制度创新在人权保障领域生动实践的标志性成果[3]。

2021年6月15日出台的《中共中央关于加强新时代检察机关法律监督工作的意见》强调："人民检察院是国家的法律监督机关，是保障国家法律统一正确实施的司法机关，是保护国家利益和社会公共利益的重要力量，是国家监督体系的重要组成部分，在推进全面依法治国、建设社会主义法治国家中发挥着重要作用。"正是立足这一新时代新职能定位，基于检察机关近年来在全国范围内开展的无障碍环境建设检察公益诉讼探索实践，最高检作为无障碍环境建设立法工作领导小组成员单位之一[4]，成为科学立法的参与者、严格执法的促进者、公正司法的实践者、全民守法的推动者。

（一）监督保障《无障碍环境建设法》统一正确实施

《中共中央关于坚持和完善中国特色社会主义制度　推进国家治理体系和治理能力现代化若干重大问题的决定》在"坚持和完善中国特色社会

---

[1] 邱景辉．无障碍环境建设检察公益诉讼回顾与展望［A］．中国无障碍环境发展报告（2022）［C］．北京：社会科学文献出版社，2022：227—244．

[2] 赵晓明．让他们无障碍地共享美好生活——最高检第八检察厅负责人就发挥检察公益诉讼职能服务保障无障碍环境建设答记者问［N］．检察日报，2023-07-17（4）．

[3] 周蔚．为亿万个你我［N］．检察日报，2023-07-10（5）．

[4] 2022年3月，全国人大社会建设委员会启动牵头起草无障碍环境建设立法工作，商中央网信办、全国人大常委会法工委、住房和城乡建设部、工业和信息化部、交通运输部、民政部、教育部、公安部、国家卫生健康委、文化旅游部、最高人民检察院、中国残联等12家单位成立无障碍环境建设立法工作领导小组。

主义法治体系，提高党依法治国、依法执政能力"专章中将"拓展公益诉讼案件范围"作为"加强对法律实施的监督"的具体举措进行重点部署。据此，无障碍环境建设纳入拓展公益诉讼案件范围的新法定领域，检察公益诉讼监督保障《无障碍环境建设法》统一正确实施更是法定职责、法治担当。

以《无障碍环境建设条例》为主干的相关法律规定，在贯彻执行中存在执法不（失）严、违法不（难）究等问题，一些诸如消除"数字鸿沟"等新的执法司法需求无法可依。对此，检察机关在监督保障无障碍环境建设法律法规统一正确实施过程中[①]，依托生态环境保护、安全生产、国有财产保护、个人信息保护、妇女权益保障等法定领域开展无障碍环境建设检察公益诉讼，对照相关强制性规定，或者依据有关法律原则性规定，结合相应的政策措施要求，及时发现、督促纠正严重损害公共利益的违法行为，办理了6000余起相关案件。

通过在办案中监督、在监督中办案，检察机关将公益诉讼的保护对象、受益群体，从残障人士扩大到老年人、孕妇、婴幼儿、伤病人员及其陪护人员乃至有不时之需者等全体社会成员；将监督纠正的违法情形，从盲道被损毁侵占、无障碍停车位不达标等显而易见的既成事实，延伸到标准、认证、规划、设计、施工、监理、验收、管理、维护、使用等全流程各环节容易因麻痹大意被忽视的安全隐患；将案件范围，从依托相关法定领域进行拓展，向专门系统性的无障碍环境建设领域发展。检察公益诉讼进一步暴露法律实施中存在的突出问题，凝聚补强法律供给的共识，为验证无障碍环境建设立法的必要性、可行性与紧迫性，提供了司法实践依据，贡献了检察智慧和检察力量。与此同时，检察机关在拓展公益诉讼案件范围过程中，针对新制定、新修订的法律在理解适用中存在的难点、重点、热点问题[②]，依法能动开展系统治理、源头治理，不断积累监督保障

---

① 邱景辉. 检察公益诉讼监督保障无障碍环境建设法律法规统一正确实施[J]. 残疾人研究，2022（S1）.

② 邱景辉. 校准野生动物保护检察公益诉讼靶向[N]. 检察日报，2023-04-13（7）.

国家法律统一正确实施的经验[1]。

为了让法律"长出牙齿"、更好更快落地落实,《无障碍环境建设法》在第六章"监督管理"中专门设置检察公益诉讼条款,并与第七章"法律责任"中的"无障碍环境建设相关主管部门、有关组织的工作人员滥用职权、玩忽职守、徇私舞弊的,依法给予处分""违反本法规定,造成人身损害、财产损失的,依法承担民事责任;构成犯罪的,依法追究刑事责任"配套衔接,为刑事检察、民事检察、行政检察、公益诉讼检察"四大检察"全面协调充分履职加持[2]。由此,检察机关依法针对县级以上人民政府及其住房和城乡建设、民政、工业和信息化、交通运输、文化和旅游、教育、卫生健康等部门,乡政府、街道办,残联和老龄协会等组织开展督促履职;针对工程建设、设计、施工、监理单位,无障碍设施责任人,电信业务经营者,负有公共服务职责的部门和单位,考试举办者、组织者等无障碍环境建设相关民事主体的违法行为加强惩治预防;针对涉嫌职务犯罪、刑事犯罪的进行刑事追诉,将成为常态,并不断增强合力。

(二) 促进无障碍环境建设实现良法善治

2017 年 9 月 11 日,习近平主席在致第二十二届国际检察官联合会年会暨会员代表大会的贺信中指出:"检察官作为公共利益的代表,肩负着重要责任。""中国检察机关是国家的法律监督机关,承担惩治和预防犯罪、对诉讼活动进行监督等职责,是保护国家利益和社会公共利益的一支重要力量。中国在发挥检察官公益保护作用、推进法治建设中积累了不少经验,也愿积极借鉴世界有关法治文明成果。"[3]

无障碍环境事关每个社会成员、每个家庭。享受无障碍环境便利并非弱者或者特定群体的福利,而是公民基本权利,是标志国家和社会文明进步的重大公共利益。高质量建设无障碍环境,是推进国家治理体系和治理

---

[1] 邱景辉. 监督保障青藏高原生态保护法统一正确实施 [N]. 检察日报, 2023-05-04 (7).

[2] 邱景辉. 充分发挥公益诉讼检察的聚合作用 [J]. 人民检察, 2019 (20).

[3] 新华社. 习近平致信祝贺第二十二届国际检察官联合会年会暨会员代表大会召开, 2017-09-11.

能力现代化的应有之义，是提升人民获得感、幸福感、安全感和突发事件应对水平的基础设施、标准配置、民心工程。用法治思维和法治方式在法治轨道上全面加强相关立法、执法、司法、守法各环节工作，是建设中国式现代化无障碍环境的必由之路。作为专门为维护公共利益创设的检察制度、新增的检察职能，检察公益诉讼肩负着重要责任。

科学立法方面。《无障碍环境建设法》作为专门立法、综合立法，与相关法律法规中的无障碍环境建设规定以及无障碍环境（城市）建设地方立法、"两高"相关司法解释等，需要配套衔接、关联耦合，形成完备的无障碍环境建设法律体系。检察机关开展无障碍环境建设检察公益诉讼，在维护具体公共利益的基础上，还应当充分发挥检察一体化体制优势，把推动完善无障碍环境建设法律体系的"立法贡献度"作为重要的质效标准。

严格执法方面。《无障碍环境建设法》的法律责任中"依照相关法律法规的规定进行处罚"以及依法进行政务处分，追究民事、刑事责任，需要激活《残疾人保障法》《老年人权益保障法》《道路交通安全法》《防震减灾法》《公共文化服务保障法》以及近年来新制定、修订的《民法典》《职业教育法》《体育法》《法律援助法》等法律中的无障碍环境建设条款。检察公益诉讼应当督促协同行政机关在相关法律规定执行中努力做到有法必依、执法必严、违法必究。

公正司法方面。对于无障碍环境建设中的多元化纠纷解决机制来说，司法是最后防线和终结程序，也可以依法能动发挥主导作用和确认功能。从司法对立法的补充作用上看，"两高"相关指导性案例对于统一正确实施《无障碍环境建设法》具有重要指导意义。从监督法律实施的效果上看，"一个案例胜过一打文件"，"两院"发布或者会同相关职能部门联合发布典型案例应当进一步增强时效性、针对性。从司法对执法的监督制约上看，"一份起诉书（判决书）胜过一打检察建议"，对于一些具有示范引领意义的案件，诉前检察建议解决不了问题，要敢于以"诉"的确认体现司法价值引领，推动类案治理、诉源治理、法治进步。从节约化解矛盾纠纷的司法执法资源成本上看，有必要加强检察建议与司法建议的衔接协同，并通过公正听证、人民监督员程序等增强检察公益诉讼诉前程序的司法属性。

全民守法方面。从无障碍环境建设违法行为人的主观故意或者过失上看，要真正做到反歧视和感同身受，对违法行为同仇敌忾，对无障碍改造众心所向，需要包括检察机关在内的各地各部门各方面大力开展无障碍环境理念的宣传教育，通过公益广告、志愿服务等方式普及无障碍环境知识，体验式、沉浸式传播无障碍环境文化，融合社会主义核心价值观，借助正反两方面典型案事例释法说理，持续提升全社会的无障碍环境意识。检察公益诉讼可以结合监督办案，积极推动国家标准、行业标准、地方标准、团体标准、企业标准建设，通过标准化提升强制性。无障碍环境建设检察公益诉讼监督办案情况，可以提供给文明城市、文明村镇、文明单位、文明社区、文明校园等创建活动纳入评审内容。

（三）在无障碍环境建设中践行全过程人民民主

公共利益，归根到底就是人民群众最关心、最直接、最现实的利益。检察机关作为无障碍环境建设工作格局中的法治保障主体之一，坚持以人民为中心，坚持人民主体地位，尊重人民首创精神，立足法律监督职能，综合运用磋商、提出检察建议、督促和支持起诉、提起公益诉讼等方式，发现并纠正行政机关违法行使职权或者不作为，惩治和预防对公共利益造成侵害或有侵害危险的违法行为，协同共治，推动解决国家治理难题，特别是困扰人民群众美好生活突出问题，始终把发展为了人民、发展依靠人民、发展成果由人民共享，落实到监督办案全过程。

广大全国人大代表、全国政协委员的监督、支持和参与，贯穿检察公益诉讼制度"先改革后立法"—"边改革边立法"—"完善专门立法全面深化改革"的全过程，共同塑造"基层探索经顶层确认后复制推广，顶层设计交基层检验后推动立法"的检察一体化双向联动模式。特别是，在基层实践中探索形成、经全国人大常委会和最高检总结推广的"代表建议、政协提案与公益诉讼检察建议双向衔接转化机制"[①]，可以实现代表委

---

① 李元泽. 代表委员建议提案与检察建议双向衔接转化：1+1>2［N］. 检察日报，2022-05-23（7）.

员履职与检察监督同频共振、同向发力，把人民当家作主具体地、现实地体现到党治国理政的政策措施上来，落实到国家政治生活和社会生活之中，让做优做实人民群众可感受、能体验、得实惠的检察为民成为最鲜明的职业品格。

截至2023年7月，全国已有超过10万人成为最高检倡导发起的"益心为公"志愿者。通过专用的检察云平台，来自社会各界的注册志愿者可以提报公益诉讼案件线索，受邀参加案件咨询、听证、跟踪观察、评估办案成效等①。随着无障碍环境建设纳入检察公益诉讼法定领域，会有越来越多的志愿者特别是残疾人、老年人代表，残疾人联合会、老龄协会等组织工作人员，以及相关领域专家学者全过程参与、监督、支持检察机关依法履职，并及时传播辐射获得感、成就感，有效推动无障碍环境包括法治环境的共建共治共享。

二、如何精准、规范开展无障碍环境建设检察公益诉讼

依据《无障碍环境建设法》第六十三条，启动检察公益诉讼的条件，一是违反《无障碍环境建设法》，二是损害社会公共利益。行使检察权的方式，一是提出检察建议，二是提起公益诉讼。准确理解与适用该条款，精准、规范开展无障碍环境建设检察公益诉讼，应当正确把握违法性、可诉性、能动性，区分轻重缓急，坚持循序渐进，尽力而为，量力而行。

（一）对照强制性规定突出监督重点

无障碍设施建设方面。一是监督保障事关出行安全便利且广泛受益的公共无障碍设施符合国家强制标准。推动新建、改建、扩建的公共建筑、公共场所、交通运输设施，城市主干路、主要商业区、大型居住区的人行天桥和人行地下通道等，标准化配置无障碍设施及标识，确保能用、好用。二是积极开展事前事中预防性监督。落实无障碍设施与主体工程同步

---

① 邱景辉. 中国检察公益诉讼助残志愿服务报告（2022）[A].《中国助残志愿服务发展报告（2022）[C]. 北京：社会科学文献出版社，2022：151—178.

规划、同步设计、同步施工、同步验收、同步交付使用，并与周边的无障碍设施有效衔接、实现贯通，防止补做、返工、重建，浪费国有财产。三是积极改善残疾人集中就业就读无障碍环境。确保残疾人集中就业单位标准建设和改造无障碍设施，在无障碍需求比较集中区域的人行道设置标准盲道，在城市中心区、残疾人集中就业单位和集中就读学校周边的人行横道的交通信号设施安装过街音响提示装置。四是持续整治无障碍设施被改变用途、非法占用、损坏问题。五是督促依法采取必要的替代性措施、设置临时无障碍设施。

无障碍信息交流方面。一是切实保障应急信息双向交流无障碍。一方面，督促各级政府及其有关部门确保残疾人、老年人便利获取涉及自然灾害、事故灾难、公共卫生事件、社会安全事件等突发事件等公共信息。另一方面，推动政务服务便民热线和报警求助、消防应急、交通事故、医疗急救等紧急呼叫系统实现语音、大字、盲文、一键呼叫等无障碍功能。二是推动国有信息服务提供者率先达标。督促利用财政资金设立的电视台、互联网网站、服务平台、移动互联网应用程序，依法配备同步字幕，尽快达到国家信息无障碍标准。三是确保大众常用自助公共服务终端信息交流无障碍。重点推动银行、医院、城市轨道交通车站、民用运输机场航站区、客运站、客运码头、大型景区等的自助公共服务终端设备配套标准无障碍功能。四是消除智能手机带来的"数字鸿沟"。督促电信业务经营者提供基础电信服务时为残疾人、老年人提供必要的语音、大字信息服务或者人工服务。五是坚守保障生命健康的用药安全底线。督促国务院有关部门完善药品标签、说明书的管理规范，要求药品生产经营者提供语音、大字、盲文、电子等无障碍格式版本的标签、说明书。

无障碍社会服务方面。一是重点关注公共服务场所、机构。督促公共服务场所、机构配备必要的无障碍设备和辅助器具，标注指引无障碍设施，为残疾人、老年人提供诉讼、仲裁、法律援助等各种无障碍服务。二是尊重人工与智能方式的选择权。督促医疗健康、社会保障、金融业务、生活缴费等公共服务事项保留现场指导、人工办理等传统服务方式。三是完善无障碍交通出行的特殊关爱服务。督促交通运输运营单位落实残疾人、老年人无障碍服务窗口、专用等候区域、绿色通道和优先坐席，提供辅助器具、咨询引导、字幕报站、语音提示、预约定制,以及为残疾人携带导盲犬、导听犬、辅助犬等服务犬提供便利等无障碍服务。四是加强教育场所无障碍环境建设,确保国家举办和各类学校组织的统一考试为有残疾的考生提供便利服务。五是督促医疗卫生、康复养老机构在为残疾人、老年人就医、生活照料、康复护理等方面提供无障碍服务。

(二)厘清监管责任与主体责任

《无障碍环境建设法》专章规定了法律责任。鉴于无障碍环境建设需要环环相扣的全链条系统治理,检察公益诉讼精准、规范监督,需要厘清所有权人或管理人主体责任、行业主管责任、执法监管责任。以新建工程不符合无障碍设施工程建设标准为例。主体责任方面,需要调查核实工程建设单位是否明示或者暗示设计、施工单位违反无障碍设施工程建设标准,是否擅自将未经验收或者验收不合格的无障碍设施交付使用。并倒查工程设计单位是否按照标准进行设计;施工图审查机构是否按照法律、法规和标准对设计内容进行审查,是否违规通过审查;工程施工、监理单位是否按照施工图设计文件以及相关标准进行施工和监理。在监管责任方面,需要查明住房和城乡建设等主管部门对未按照法律、法规和标准开展验收或者验收不合格的,是否不予办理竣工验收备案手续;对工程建设、设计、施工、监理单位未依法进行建设、设计、施工、监理的,住房和城乡建设、民政、交通运输等相关主管部门是否依法责令限期改正,逾期未改正的是否依照相关法律法规的规定进行处罚。

检察公益诉讼是督促之诉、协同之诉。检察机关尊重行政机关在无障碍环境建设监督管理中的主责地位、主力作用,发现损害社会公共利益的违法行为,锁定监督对象后,优先启动行政公益诉讼,即督促负有监督管理职责的行政机关履职尽责,对违法的民事主体责令限期改正,逾期未改正或者拒不改正的,依法作出行政处罚或者处分。对于行政机关穷尽法定监管职能,仍然无法修复受损害的公共利益的,检察机关可以依法对民事违法主体提起民事公益诉讼,诉请人民法院责令被告停止侵害、排除妨碍、消除危险、恢复原状、赔偿损失、赔礼道歉等。行政机关拒不纠正违法行为或不履行法定职责,社会公共利益仍处于受侵害状态的,检察机关可以提起行政公益诉讼,向人民法院提出撤销违法行政行为、在一定期限内履行法定职责、确认行政行为违法或无效的诉讼请求。

(三)统筹协调公益诉讼检察建议与社会治理检察建议

与《妇女权益保障法》第七十七条中的检察建议相同,《无障碍环境建设法》第六十三条中的检察建议,既包括公益诉讼检察建议,也包括社会治理检察建议①。"可以提出检察建议或者提起公益诉讼"中的"或者",既有递进关系,又有并列关系,还有选择关系。递进关系,指行政公益诉讼诉前检察建议与提起行政公益诉讼,在程序上跟进衔接;并列关系,指行政检察中的行政违法行为监督检察建议,与公益诉讼检察中的提起行政公益诉讼,可以双管齐下;选择关系,指行政公益诉讼诉前检察建议等非诉方式与不经公告直接提起民事公益诉讼,可以根据监督办案实际需要选择适用。

检察机关在行政公益诉讼立案后可以及时与被监督机关就法定监管职责、履职尽责标准、整改落实方案等问题进行磋商,争取形成共识。同时涉及多个行政机关的,可以以事立案,并通过圆桌会议共同磋商。经磋商未能解决的,可以向行政机关提出检察建议。行政机关不依法履行职责的,检察机关可以提起行政公益诉讼。对于网络平台等具有一定公共管理职能的民事主体,存在重大事故隐患或者其他公益侵害危险,确实需要应急处置的;侵害公益的违法事实显而易见或者不存在争议,能够及时有效整改的,可以探索通过民事公益诉讼检察建议的方式,劝诫、督促停止侵权违法行为,及时采取公益保护措施。被建议单位如不整改,可依据相关法律对其提起民事公益诉讼②。这就是公益诉讼检察建议的可诉性,也是其与社会治理检察建议的本质区别。

最高检提出要推动办理检察建议从"办理"向"办复"转变,让检察建议在督促纠正违法和推动社会治理、诉源治理等方面的作用更充分地释放出来,把党和人民对检察机关运用法治力量维护稳定、促进发展、保

---

① 邱景辉. 妇女权益保障检察公益诉讼的制度优势与衔接协同 [J]. 人民检察,2023(10): 57—58.

② 同上注。

障善治的要求落得更实①。这就需要无障碍环境建设检察公益诉讼继续坚持把诉前实现公益保护作为最佳司法状态，同时增强"四大检察"治理效能综合履职，对同一问题、同一对象，优先适用诉前检察建议，并附带提出社会治理建议，避免重复建议、多头建议。

对于《无障碍环境建设法》中的倡导性规定，因可诉性不足，可以通过社会治理检察建议推动贯彻落实。检察机关应当充分依据相关党内法规、政策措施，结合法治政府建设和文明创建活动等考核评价机制，增强社会治理检察建议的刚性。

在社会治理检察建议中，可以建议将无障碍纳入安全评价、环境影响评价以及认证体系、守信联合激励和失信联合惩戒制度，增加违法成本，防控损害风险。

《无障碍环境建设法》正式施行后，相关投诉、诉讼可能明显增多。对于有具体受害人或者行政相对人的私益诉讼，如果背后隐藏或者关联着众多不特定群体的公益损害，可以通过法检"两院"的协作机制，转化为公益诉讼。对于涉及家庭、小区等特定当事人，权利义务关系明确，可以通过民事诉讼、行政诉讼定分止争的，检察公益诉讼应当保持谦抑性。必要时，通过民事检察、行政检察支持维权、化解争议。对于新法实施之初的磨合期、相关配套措施的空白期，认定主体责任、监管责任等存在明显争议的，检察机关可以更多地通过提起公益诉讼的方式，交由人民法院依法审判裁决，进行司法确认，为正确理解适用法律提供判例。

（邱景辉，最高人民检察院第八检察厅副厅长、二级高级检察官）

---

① 检察日报评论员.让坚定拥护"两个确立"、坚决做到"两个维护"成为鲜明政治底色［N］.检察日报，2023-07-24（1）.

《无障碍环境建设法》：十六个视角的解读

王向前　王辰元坤

【摘　要】《无障碍环境建设法》是一项打造无障碍社会的高质量立法，其实施将对我国社会产生巨大、广泛而深远的影响。《无障碍环境建设法》有着明确的价值追求，即无障碍环境。《无障碍环境建设法》并没有定义"障碍""无障碍""无障碍环境"这些基本术语，但这种不定义恰恰给《无障碍环境建设法》不断扩大其适用范围留下了可行性。无障碍环境的作用是为残疾人、老年人等生活不便者提供便利，保障其能够平等、充分、便捷、自主、安全地获取和利用环境资源。《无障碍环境建设法》很好地贯彻了全过程人民民主的思想，有利于保障无障碍环境建设反映人民的愿望和利益。《无障碍环境建设法》是延续性和发展性、时代性的统一体，也是强制性和灵活性的统一体。无障碍环境建设领域的广泛化和无障碍方式的多样化，使《无障碍环境建设法》呈现出条文不多、内容简洁但却浓缩海量信息、蕴含巨大空间的特点。《无障碍环境建设法》构建了一套自身特有的机制，来保障其规定的无障碍环境建设义务性条款和导向性政策能够切实发挥作用。

【关键词】 无障碍；无障碍环境；无障碍环境建设法

本文严格依据《无障碍环境建设法》的规定，从十六个视角对刚刚诞生的《无障碍环境建设法》进行解读，以助《无障碍环境建设法》之学习、宣贯、实施和研究。

一、保障性

《无障碍环境建设法》是一部关于社会成员个体和群体日常生活的法律，与每一个人的生存、生活密切相关。《无障碍环境建设法》第一条说明了"加强无障碍环境建设"的目的是保障残疾人、老年人平等、充分、便捷地"参与和融入社会生活"，促进社会全体人员"共享经济社会发展成果"。第二条说明了"国家采取措施推进无障碍环境建设"的目的是为残疾人、老年人"自主安全地通行道路、出入建筑物以及使用其附属设施、搭乘公共交通运输工具，获取、使用和交流信息，获得社会服务等"提供便利。总而言之，《无障碍环境建设法》推进、加强无障碍环境建设的目的就是保障残疾人、老年人等全体社会成员能够自主、安全地利用外部资源，平等、充分、便捷地参与社会生活、融入社会生活，从而实现个人的生存和全面发展。这里的"社会生活"是一个集合性概念，是所有社会成员的个人生活的总和，每个人的生活都在其中，每个人都无法与社会生活隔离开而独立生活。另外，对于社会成员个体而言，这种生活是广义的，是指社会成员个体所从事的一切合法的活动，包括衣食住行，也包括学习、就业、创业、旅游等等。可见，《无障碍环境建设法》是一部社会成员生活保障法，对于残疾人、老年人等特殊群体尤其重要，这使得《无障碍环境建设法》具有了浓厚的残疾人权益保障和老年人权益保障的色彩。

二、便利性

《无障碍环境建设法》大量使用了"提供便利"的说法，但并没有采用《残疾人权利公约》中的"合理便利"一词。仔细分析《无障碍环境建设法》关于"（提供）便利"的规定，可以认定《无障碍环境建设法》的"（提供）便利"与"合理便利"不是同一概念，而是包含关系，即《无障碍环境建设法》的"（提供）便利"包含"合理便利"，并且《无障碍环境建设法》中的"便利"是指无障碍环境带来的整体上的实际功效。

根据《残疾人权利公约》第二条,"'合理便利'是指根据具体需要,在不造成过度或不当负担的情况下,进行必要和适当的修改和调整,以确保残疾人在与其他人平等的基础上享有或行使一切人权和基本自由"。而《无障碍环境建设法》第二条规定,国家采取措施"推进无障碍环境建设",为残疾人、老年人自主安全地通行道路、出入建筑物以及使用其附属设施、搭乘公共交通运输工具,获取、使用和交流信息,获得社会服务等"提供便利";残疾人、老年人之外的其他人有"无障碍需求"的,可以享受"无障碍环境便利"。可见,在《无障碍环境建设法》中,无障碍环境的作用就是为残疾人、老年人等生活不便者提供便利,保障其能够平等、充分、便捷地参与和融入社会生活,自主、安全地获取和使用外部环境资源,共享经济社会发展成果。从这个意义上来说,《无障碍环境建设法》实际上就是一部生活便利保障法,《无障碍环境建设法》中的"提供便利"其实就是提供无障碍功能或无障碍方式以获得便利之效果。从"提供便利"这一动宾词组在《无障碍环境建设法》中规定的各种具体场景下运用的实际情况来看,《无障碍环境建设法》一般是在抽象地、原则性地规定有关主体在某方面的无障碍环境建设义务或者为了明确某方面的无障碍环境建设要达到的实际功效时使用"提供便利"这一表述方式。例如,《无障碍环境建设法》第二十九条规定,各级人民政府及其有关部门应当为残疾人、老年人获取公共信息"提供便利";第四十三条规定,国家举办的教育考试、职业资格考试、技术技能考试、招录招聘考试以及各类学校组织的统一考试,应当为有残疾的考生"提供便利服务";第四十四条规定,医疗卫生机构应当结合所提供的服务内容,为残疾人、老年人就医"提供便利";第四十六条规定,公共场所经营管理单位、交通运输设施和公共交通运输工具的运营单位应当为残疾人携带导盲犬、导听犬、辅助犬等服务犬"提供便利";第四十八条规定,组织选举的部门和单位应当采取措施,为残疾人、老年人选民参加投票"提供便利"和必要协助;第二十条规定,国家鼓励和支持用人单位开展就业场所无障碍设施建设和改造,为残疾人职工"提供"必要的劳动条件和"便利";第二十二条规定,国家支持城镇老旧小区既有多层住宅加装电梯或者其他无障碍设施,为残疾人、老年人"提供便利"。

三、共享性

虽然《无障碍环境建设法》将残疾人、老年人设定为无障碍环境建设的重点服务对象，但是无障碍环境整体上具有共享性甚至公共性，可以为其他社会成员所共享。因此，《无障碍环境建设法》不仅没有将无障碍环境划定为残疾人、老年人的专用品，而且还明确规定无障碍环境向所有社会成员开放，所有社会成员都可以利用无障碍环境所提供的无障碍资源。《无障碍环境建设法》第一条明确的"加强无障碍环境建设"的目的，就包括促进"社会全体人员共享"经济社会发展成果；第二条更是明确无误地规定，"残疾人、老年人之外的其他人"有无障碍需求的，可以享受无障碍环境便利；第三条规定，无障碍环境建设应当引导社会组织和公众广泛参与，推动"全社会"共建共治"共享"；第四条规定无障碍环境建设应当遵循安全便利、实用易行、"广泛受益"的原则——这里将社会成员的"广泛受益"确定为无障碍环境建设的基本原则之一；第五十一条规定，国家推广"通用设计"理念，建立健全国家标准、行业标准、地方标准——所谓"通用设计"，根据《残疾人权利公约》第二条的解释，就是指"尽最大可能让所有人可以使用"而无须另行作出调整或特别设计的产品、环境、方案和服务设计。可见，在《无障碍环境建设法》中，就无障碍环境资源的利用来说，其他社会成员与残疾人、老年人的地位、权利原则上是平等的。当然，《无障碍环境建设法》在极个别情形下对特定群体规定了倾斜性保障，如第二十四条规定，无障碍停车位"优先供肢体残疾人"驾驶或者乘坐的机动车使用——但是，即便如此，第二十四条第三款也补充规定：在无障碍停车位充足的情况下，"其他行动不便的残疾人、老年人、孕妇、婴幼儿等"驾驶或者乘坐的机动车也可以使用——这体现了立法者努力维护无障碍环境资源的共享性的良苦用心。

四、民主性

社会主义法治的根本目的是保障人民权益。要很好地保障人民权益，就必须实行全过程人民民主，保障人民群众对相关事务的全链条参与。《无障碍环境建设法》第九条规定，"制定或者修改涉及无障碍环境建设的法律、法规、规章、规划和其他规范性文件，应当征求残疾人、老年人代表以及残疾人联合会、老龄协会等组织的意见"。第五十二条规定，"制定或者修改涉及无障碍环境建设的标准，应当征求残疾人、老年人代表以及残疾人联合会、老龄协会等组织的意见。残疾人联合会、老龄协会等组织可以依法提出制定或者修改无障碍环境建设标准的建议"。第十七条规定，"国家鼓励工程建设单位在新建、改建、扩建建设项目的规划、设计和竣工验收等环节，邀请残疾人、老年人代表以及残疾人联合会、老龄协会等组织，参加意见征询和体验试用等活动"。第六十条规定，"县级以上地方人民政府有关主管部门定期委托第三方机构开展无障碍环境建设评估，并将评估结果向社会公布，接受社会监督"。第六十二条规定，"任何组织和个人有权向政府有关主管部门提出加强和改进无障碍环境建设的意见和建议，对违反本法规定的行为进行投诉、举报。县级以上人民政府有关主管部门接到涉及无障碍环境建设的投诉和举报，应当及时处理并予以答复。残疾人联合会、老龄协会等组织根据需要，可以聘请残疾人、老年人代表以及具有相关专业知识的人员，对无障碍环境建设情况进行监督"。这些规定充分证明，《无障碍环境建设法》非常好地贯彻了全过程人民民主的思想，有利于保障无障碍环境建设反映人民愿望、体现人民利益、增进人民福祉。当然，我们也可以发现，对于无障碍环境建设事业的民主参与，《无障碍环境建设法》是把残疾人代表、老年人代表、残疾人联合会、老龄协会当作最重要的参与者的，甚至在一些重大事务上让他们作为所有无障碍需求者的代表——这有其合理性，因为残疾人、老年人本来就是最主要的、最典型的无障碍环境需求群体，而其他无障碍需求者属于无障碍环境资源的共享者。

五、延续性

《无障碍环境建设法》是一部新法，而且已经成为我国无障碍环境建设的基本法，但它并非零起步，并非平地起高楼，而是充分借鉴、继承了我国此前已经积累的大量立法资源，这使得《无障碍环境建设法》跟以前的立法相比在内容上呈现出一定程度的延续性。这些立法资源，首先是1990年12月28日通过并两次修订的《残疾人保障法》第六章"无障碍环境"、1996年8月29日通过并四次修订的《老年人权益保障法》第六章"宜居环境"、2012年6月28日颁布的《无障碍环境建设条例》等。其次，我国许多省、自治区、直辖市也根据《残疾人保障法》《老年人权益保障法》《无障碍环境建设条例》制定了实施性的地方性法规（或规章），这些实施性地方性法规多有精细化规定和创新性规定，因此也成为一笔丰厚的立法资源。这些立法中的很多条文的合理内容被《无障碍环境建设法》所吸收。譬如，《残疾人保障法》第五十四条第四款"国家举办的各类升学考试、职业资格考试和任职考试，有盲人参加的，应当为盲人提供盲文试卷、电子试卷或者由专门工作人员予以协助"的主要内容被吸收进《无障碍环境建设法》第四十三条中："教育行政部门和教育机构应当加强教育场所的无障碍环境建设，为有残疾的师生、员工提供无障碍服务。国家举办的教育考试、职业资格考试、技术技能考试、招录招聘考试以及各类学校组织的统一考试，应当为有残疾的考生提供便利服务。"《老年人权益保障法》第六十四条第一款"国家制定无障碍设施工程建设标准。新建、改建和扩建道路、公共交通设施、建筑物、居住区等，应当符合国家无障碍设施工程建设标准"的主要内容被吸收进《无障碍环境建设法》第十二条第一款："新建、改建、扩建的居住建筑、居住区、公共建筑、公共场所、交通运输设施、城乡道路等，应当符合无障碍设施工程建设标准。"再如，《无障碍环境建设条例》第十条"无障碍设施工程应当与主体工程同步设计、同步施工、同步验收投入使用。新建的无障碍设施应当与周边的无障碍设施相衔接"的主要内容被吸收进《无障碍环境建设法》第十二条第二款："无障碍设施应当与主体工程同步规划、同步设计、同步施工、同步验收、同步交付使用，并与周边的无障碍设施有效衔接、实现贯通。"

六、发展性

《无障碍环境建设法》，一方面具有延续性，另一方面也具有发展性，是延续性和发展性的统一体。对比《无障碍环境建设法》与原有立法的相关内容，其实很难在原有立法中找到被原封不动地移植到《无障碍环境建设法》中的条文，被《无障碍环境建设法》吸纳的法律规范一般都经过了改造。例如：《残疾人保障法》第五十四条第四款："国家举办的各类升学考试、职业资格考试和任职考试，有盲人参加的，应当为盲人提供盲文试卷、电子试卷或者由专门工作人员予以协助。"

《无障碍环境建设法》第四十三条："教育行政部门和教育机构应当加强教育场所的无障碍环境建设，为有残疾的师生、员工提供无障碍服务。国家举办的教育考试、职业资格考试、技术技能考试、招录招聘考试以及各类学校组织的统一考试，应当为有残疾的考生提供便利服务。"

对比一下上述规定，可以发现《无障碍环境建设法》对《残疾人保障法》的发展在于：第一，不再仅要求在考试中、在考场上为盲人考生提供无障碍服务，而是要求在所有的教育场所，不仅为盲人考生而且也要为教师、学校员工以及其他残疾人提供无障碍服务，大大地扩展了提供无障碍服务的场所和对象；第二，关于应当提供便利服务的考试，也增加了"技术技能考试"，并将"国家举办的各类升学考试"扩大到"国家举办的（所有）教育考试"，另外还增加了"各类学校组织的统一考试"，可见要求提供便利服务的考试的范围也大大扩宽了。

再如：《无障碍环境建设条例》第十条："无障碍设施工程应当与主体工程同步设计、同步施工、同步验收投入使用。新建的无障碍设施应当与周边的无障碍设施相衔接。"

《无障碍环境建设法》第十二条第二款："无障碍设施应当与主体工程同步规划、同步设计、同步施工、同步验收、同步交付使用，并与周边的无障碍设施有效衔接、实现贯通。"

对比一下上述规定，可以发现《无障碍环境建设法》对《无障碍环境建设条例》的发展在于：第一，将"三同步"拆分、扩大成了"五同步"，增加了一个最初环节"同步规划"，要求从规划开始就要同步；第二，不仅仅是新建的无障碍设施，改建的、扩建的无障碍设施也应当与周边的无障碍设施相衔接，而且应当"有效衔接、实现贯通"，对衔接效果的要求更明确了。

从这两个体现发展性的例子可以看出，《无障碍环境建设法》跟以前的无障碍立法相比，有了巨大的进步和提升。

七、科技性

《无障碍环境建设法》既具有历史的延续性，也是时代的产物，具有时代的特色。当前的时代，是信息时代、数字时代、人工智能时代，各方面的新技术、新产品层出不穷，而且更新迭代越来越快。这些新技术、新产品为无障碍环境建设提供了越来越多、越来越高级的科技手段，因而《无障碍环境建设法》对新技术在无障碍环境建设中的应用采取了积极推动的态度，这使得关于当代科技成果的规定大量反映在《无障碍环境建设法》的发展性内容中，也使得《无障碍环境建设法》的"科技含量"大大提升，呈现出新时代的科技特色、数字特色。譬如，《无障碍环境建设法》第十三条规定，"国家鼓励工程建设、设计、施工等单位采用先进的理念和技术，建设人性化、系统化、智能化并与周边环境相协调的无障碍设施"，明确规定国家鼓励建设智能化的无障碍设施；第五十四条则规定了国家如何鼓励"工程建设、设计、施工等单位采用先进的理念和技术"，以及如何"鼓励无障碍技术、产品和服务的研发、生产、应用和推广，支持无障碍设施、信息和服务的融合发展"，即"国家通过经费支持、政府采购、税收优惠等方式"。无疑，这些支持方式是非常有力度的。

八、多样性

《无障碍环境建设法》规定的无障碍环境建设领域和无障碍方式呈现出广覆盖、多样化的特点。譬如，《无障碍环境建设法》第四十五条第一款规定，"国家鼓励文化、旅游、体育、金融、邮政、电信、交通、商业、餐饮、住宿、物业管理等服务场所结合所提供的服务内容，为残疾人、老年人提供辅助器具、咨询引导等无障碍服务"，这一款就覆盖了11个领域的服务场所。再如，第四十二条规定，"交通运输设施和公共交通运输工具的运营单位应当根据各类运输方式的服务特点，结合设施设备条件和所提供的服务内容，为残疾人、老年人设置无障碍服务窗口、专用等候区域、绿色通道和优先坐席，提供辅助器具、咨询引导、字幕报站、语音提示、预约定制等无障碍服务"，这一条，仅仅为交通运输服务就规定了采用9种无障碍方式的义务。无障碍环境建设领域的广泛化和无障碍方式的多样化，使得《无障碍环境建设法》呈现出条文不多、内容简洁但却浓缩海量信息、蕴含巨大空间的特点。

九、强制性

《无障碍环境建设法》当中有大量的强制性条款，体现了它的强制性。这些强制性条款，表示的是法律为当事人设定的法律义务，大多使用了"应当""不得""不予"这些表示义务的标志词。例如，《无障碍环境建设法》第十四条规定："工程建设单位应当将无障碍设施建设经费纳入工程建设项目概预算。工程建设单位不得明示或者暗示设计、施工单位违反无障碍设施工程建设标准，不得擅自将未经验收或者验收不合格的无障碍设施交付使用。"第十五条第二款规定："依法需要进行施工图设计文件审查的，施工图审查机构应当按照法律、法规和无障碍设施工程建设标准，对无障碍设施设计内容进行审查；不符合有关规定的，不予审查通过。"《无障碍环境建设法》中有一些条款并没有使用这些表示义务的标志词，但依其性质仍然属于强制性条款。例如，第十八条第二款规定："无障碍设施改造由所有权人或者管理人负责。所有权人、管理人和使用人之间约定改造责任的，由约定的责任人负责。"显然，这也是一个强制性条款。据统计，《无障碍环境建设法》中共使用"应当"这个标志词66次、"不得"这个标志词4次、"不予"这个词2次，所以《无障碍环境建设法》规定的强制性法律规范在72个以上。这些表示法律义务的标志词每出现一次，都表明《无障碍环境建设法》规定了一个强制性法律规范。强制性法律规范是必须遵守的，如果不遵守，就要承担法律责任，因此法律责任能够突出体现强制性条款的强制性。《无障碍环境建设法》第六十二条规定，"任何组织和个人有权……对违反本法规定的行为进行投诉、举报。县级以上人民政府有关主管部门接到涉及无障碍环境建设的投诉和举报，应当及时处理并予以答复"。根据《无障碍环境建设法》第七章"法律责任"的规定，县级以上人民政府有关主管部门对于违反《无障碍环境建设法》强制性条款的行为，一般是责令限期改正；逾期未改正的，则根据法律法规的规定处以罚款、通报批评等行政处罚，或者对有关人员给予处分。此外，《无障碍环境建设法》第七十一条规定："违反本法规定，造成人身损害、财产损失的，依法承担民事责任；构成犯罪的，依法追究刑事责任。"第六十三条规定："对违反本法规定损害社会公共利益的行为，人民检察院可以提出检察建议或者提起公益诉讼。"总而言之，这些规定明确了违反《无障碍环境建设法》的强制性条款时追究法律责任的程序以及违法者应当承担的法律责任。

十、灵活性

跟道德、善良风俗等其他具有正当性的行为规范相比，法律的突出优势在于具有国家强制性，可以凭借国家的强制力予以实施，因此法律条文大多数都属于强制性规范，《无障碍环境建设法》也不例外。但是，一方面，无障碍环境建设其实是一个没有止境的事业，没有最好，只有更好；另一方面，无障碍环境建设也是需要投入一定资源的，客观上要受到各种资源条件的限制。因此，把一切高标性追求都规定为必须以最理想方式立即全部履行到位的强制性条款，是不现实的。尽管如此，《无障碍环境建设法》仍然运用各种高超的立法技术,作出各种既有强制性又有灵活性的规定,千方百计地推动无障碍环境建设在现实可及的情况下向前推进。这些强制性和灵活性相结合的规定主要采用了如下立法技术:

第一,在履行义务的时间上,不强求把无障碍环境建设义务立即履行到位,只要求逐步实现无障碍环境建设目标。例如,《无障碍环境建设法》第三十五条规定,政务服务便民热线和报警求助、消防应急、交通事故、医疗急救等紧急呼叫系统,"应当逐步具备"语音、大字、盲文、一键呼叫等无障碍功能。据统计,《无障碍环境建设法》中共有九处这种"逐步性"规定。

第二,在履行义务的条件上,为特定的无障碍环境建设义务设定一定的条件,使之成为附条件义务,只要求条件具备时履行该义务,条件不具备时不必履行该义务。例如,《无障碍环境建设法》第二十九条规定,各级人民政府及其有关部门应当为残疾人、老年人获取公共信息提供便利;发布涉及自然灾害、事故灾难、公共卫生事件、社会安全事件等突发事件信息时,"条件具备的"同步采取语音、大字、盲文、手语等无障碍信息交流方式。这里的"条件具备",是指客观上具备了"同步采取语音、大字、盲文、手语等无障碍信息交流方式"的条件,而不是指可以随心所欲。

第三,在履行义务的数量上,不强求全部履行特定的无障碍环境建设义务,只要求达到一定比例。例如,《无障碍环境建设法》第二十五条规定:新投入运营的民用航空器、客运列车、客运船舶、公共汽电车、城市轨道交通车辆等公共交通运输工具,应当"确保一定比例"符合无障碍标准;既有公共交通运输工具"具备改造条件的",应当进行无障碍改造,"逐步符合"无障碍标准的要求;不具备改造条件的,公共交通运输工具的运营单位应当采取"必要的替代性措施";县级以上地方人民政府根据当地情况,"逐步建立"城市无障碍公交导乘系统,规划配置"适量的"无障碍出租汽车。这一条是《无障碍环境建设法》中最具灵活性的一个强制性条文,灵活性规定有六处之多,体现了立法者的高度灵活性。

第四,在履行义务的方式上,不强求全都以最理想方式履行特定的无障碍环境建设义务,而是允许在特定情形下采用替代性措施。例如,《无障碍环境建设法》第十八条规定,对既有的不符合无障碍设施工程建设标准的居住建筑、居住区、公共建筑、公共场所、交通运输设施、城乡道路等,县级以上人民政府应当根据实际情况,制定有针对性的无障碍设施改造计划并组织实施;不具备无障碍设施改造条件的,责任人应当"采取必要的替代性措施"。

第五,在履行义务的效果上,不强求一定达到特定理想目标,只要求积极努力去推进。例如,《无障碍环境建设法》第三十六条规定,提供公共文化服务的图书馆、博物馆、文化馆、科技馆等应当考虑残疾人、老年人的特点,"积极创造条件",提供适合其需要的文献信息、无障碍设施设备和服务等。

十一、导向性

基于各种实际因素,许多高标性追求现阶段尚不宜或者不能规定为强制性的无障碍环境建设义务,即使作出灵活性的强制性规定也有困难。在这种情况下,《无障碍环境建设法》往往采用"鼓励性规定"的方式宣示国家的政策导向,鼓励大家积极地向着更高的目标去奋斗。据统计,《无障碍环境建设法》有18处使用了"鼓励"一词。譬如,《无障碍环境建设法》第三十一条规定,国家鼓励公开出版发行的图书、报刊配备有声、大字、盲文、电子等无障碍格式版本,方便残疾人、老年人阅读。第三十二条规定,国家鼓励新闻资讯、社交通讯、生活购物、医疗健康、金融服务、学习教育、交通出行等领域的互联网网站、移动互联网应用程序,逐步符合无障碍网站设计标准和国家信息无障碍标准。第四十一条规定,国家鼓励律师事务所、公证机构、司法鉴定机构、基层法律服务所等法律服务机构,结合所提供的服务内容提供无障碍服务。未来,时机成熟时,鼓励性规定是可以转化为强制性规定的。即使在目前,这些鼓励性规定对于推进无障碍环境建设的高质量发展也有巨大的推动作用。首先,有一部分市场主体会受到这些导向性政策的引导而积极采取行动;其次,根据《无障碍环境建设法》第五十四条的规定,各级人民政府或其有关部门可以基于《无障碍环境建设法》的这些导向性政策出台具体的支持办法,通过经费支持、政府采购、税收优惠等方式鼓励这些导向性规定中所包含的无障碍技术、产品和服务的研发、生产、应用和推广；再次，《无障碍环境建设法》第五十九条规定，国家实施无障碍环境建设目标责任制和考核评价制度，因此时机成熟时各级人民政府及其有关部门有权将这些导向性政策列入"无障碍环境建设目标"和考核评价范围，从而推动这些导向性政策的落实。

十二、协调性

《无障碍环境建设法》是在一个超级领土大国和超级人口大国实施的法律，各地、各行业的发展具有不平衡性，各群体的利益诉求也有差异性，短期利益和长期利益也会不一致。因此，《无障碍环境建设法》在法律规范的设计上努力协调、平衡各方面的利益关系，体现最大公约数。例如，《无障碍环境建设法》第二条规定，"残疾人、老年人之外的其他人有无障碍需求的，可以享受无障碍环境便利"，这是在协调、平衡残疾人、老年人与其他社会群体之间的关系；第二十四条规定，"无障碍停车位优先供肢体残疾人驾驶或者乘坐的机动车使用。优先使用无障碍停车位的，应当在显著位置放置残疾人车辆专用标志或者提供残疾人证。在无障碍停车位充足的情况下，其他行动不便的残疾人、老年人、孕妇、婴幼儿等驾驶或者乘坐的机动车也可以使用"，这是在协调肢体残疾人与其他残疾人、老年人、孕妇、婴幼儿之间的关系；第四十六条规定，"公共场所经营管理单位、交通运输设施和公共交通运输工具的运营单位应当为残疾人携带导盲犬、导听犬、辅助犬等服务犬提供便利。残疾人携带服务犬出入公共场所、使用交通运输设施和公共交通运输工具的，应当遵守国家有关规定，为服务犬佩戴明显识别装备，并采取必要的防护措施"，这是在协调携带服务犬的残疾人与社会公众的关系。其实，强制性规定中的灵活性规定以及导向性规定也都是在以特定的方式协调、平衡某些利益关系。只有协调好各方面的关系，《无障碍环境建设法》才能获得广泛的社会认同，获得立法机关的通过，并为其实施奠定坚实的社会基础。

十三、实施性

任何法律都需要实施，抽象的法律条文只有落实到现实生活中才能发挥其实际作用。但是，许多法律恰恰是因为不能得到有力的落实而无法充分发挥其作用。因此，立法必须关注自身设计的法律规范的实施问题，一般都自带实施保障机制。《无障碍环境建设法》是一部特别重视落实的法律，它构建了一套自身特有的机制来保障其规定的无障碍环境建设义务得到履行，也保障其规定的大量导向性政策能够切实发挥引领作用。这套机制包括四个环节：首先，规定工程建设者、信息提供者、服务提供者的无障碍环境建设义务（见《无障碍环境建设法》第二、第三、第四章）；其次，规定国家为这些义务主体履行无障碍环境建设义务提供基础性、支撑性、综合性的保障措施（见《无障碍环境建设法》第五章）；再次，规定政府主导的多元化监管机制，对无障碍环境建设进行监督、管理，督促、推动各相关义务主体履行无障碍环境建设义务（见《无障碍环境建设法》第六章）；最后，规定不履行无障碍环境建设义务的违法行为人应当承担的法律责任，确保能够依法追究其行政责任、民事责任、刑事责任（见《无障碍环境建设法》第七章）。为了保障法律规范的实施，法律一般都会规定"法律责任"这一章，少数法律会规定"监督管理"（监督检查）这一章，只有极个别法律会规定"保障措施"这一章，像《无障碍环境建设法》这样"法律责任""监督管理""保障措施"三件套"全副武装"的法律十分罕见。作为对比，可以发现，无论是《残疾人保障法》《老年人权益保障法》还是《无障碍环境建设条例》，都是只有"法律责任"这一章而没有"监督管理"和"保障措施"这两章。因此，《无障碍环境建设法》在法律实施保障机制的构建上进行了一次重大创新——至少是一次重大尝试，对于完善我国的法律实施保障机制具有重大的探索意义。当然，《无障碍环境建设法》实际包含的创新可能远不止这一点。

十四、价值性

《无障碍环境建设法》有明确的价值追求，即无障碍环境，也可简称为无障碍。无障碍，是一种理念，是一种意识，也是一种价值取向。《无障碍环境建设法》第一条表述的立法宗旨包括"弘扬社会主义核心价值观"。党的十八大提出的社会主义核心价值观为：富强、民主、文明、和谐，自由、平等、公正、法治，爱国、敬业、诚信、友善。无障碍，作为一种价值取向，高度体现了弘扬社会主义核心价值观的精神，尤其是体现了文明、和谐、自由、平等、友善这五种价值追求。

（一）文明：2020年9月17日，习近平总书记在湖南基层座谈时强调："无障碍设施建设问题，是一个国家和社会文明的标志，我们要高度重视。"《无障碍环境建设法》第五十七条规定："文明城市、文明村镇、文明单位、文明社区、文明校园等创建活动，应当将无障碍环境建设情况作为重要内容。"这说明，《无障碍环境建设法》已经将"无障碍"认定为"文明"的要素。

（二）平等、和谐：无障碍环境保障残疾人、老年人"平等"、充分、便捷地参与和融入社会生活，促进社会全体人员共享经济社会发展成果（《无障碍环境建设法》第一条），这必然有助于实现社会平等、实现社会和谐。

（三）自由：无障碍环境为残疾人、老年人"自主安全地"通行道路、出入建筑物以及使用其附属设施、搭乘公共交通运输工具，"自主安全地"获取、使用和交流信息，"自主安全地"获得社会服务等提供便利（《无障碍环境建设法》第二条），这必然有助于保障社会成员的各种自由的实现，"自主"本来就意味着"自由"。

（五）友善：无障碍环境扶老助残、帮助弱者，体现了友善的精神。《无障碍环境建设法》第二十二条也规定，房屋所有权人应当弘扬中华民族与邻为善、守望相助等传统美德，加强沟通协商，依法配合既有多层住宅加装电梯或者其他无障碍设施。

《无障碍环境建设法》第五十条规定："国家开展无障碍环境理念的宣

传教育，普及无障碍环境知识，传播无障碍环境文化，提升全社会的无障碍环境意识。新闻媒体应当积极开展无障碍环境建设方面的公益宣传。"这说明，《无障碍环境建设法》已经以无障碍环境建设基本法的形式将无障碍认定为社会主流价值和文明新风尚。

十五、国际性

《无障碍环境建设法》是我国的国内法，但是具有国际性因素。比如，《无障碍环境建设法》第十条规定："国家支持开展无障碍环境建设工作的国际交流与合作。"第五十五条规定："国家鼓励高等学校、中等职业学校等开设无障碍环境建设相关专业和课程，开展无障碍环境建设理论研究、国际交流和实践活动。"这些规定确定了我国在无障碍环境建设领域的国际交流与合作政策，该政策对于我国研究吸取各国在无障碍环境建设领域的经验、教训和研究成果、实践成果具有保障作用。

此外，我国是《残疾人权利公约》的批准国，而《残疾人权利公约》第九条规定的是"无障碍"。因此，我国制定《无障碍环境建设法》也是履行《残疾人权利公约》的重大行动。《残疾人权利公约》第九条"无障碍"是这样规定的：

一、为了使残疾人能够独立生活和充分参与生活的各个方面，缔约国应当采取适当措施，确保残疾人在与其他人平等的基础上，无障碍地进出物质环境，使用交通工具，利用信息和通信，包括信息和通信技术和系统，以及享用在城市和农村地区向公众开放或提供的其他设施和服务。这些措施应当包括查明和消除阻碍实现无障碍环境的因素，并除其他外，应当适用于：

（一）建筑、道路、交通和其他室内外设施，包括学校、住房、医疗设施和工作场所；

（二）信息、通信和其他服务，包括电子服务和应急服务。

二、缔约国还应当采取措施，以便：

（一）拟订和公布无障碍使用向公众开放或提供的设施和服务的最低标准和导则，并监测其实施情况；

（二）确保向公众开放或为公众提供设施和服务的私营实体在各个方面考虑为残疾人创造无障碍环境；

（三）就残疾人面临的无障碍问题向各有关方面提供培训；

（四）在向公众开放的建筑和其他设施中提供盲文标志及易读易懂的标志；

（五）提供各种形式的现场协助和中介，包括提供向导、朗读员和专业手语译员，以利向公众开放的建筑和其他设施的无障碍；

（六）促进向残疾人提供其他适当形式的协助和支助，以确保残疾人获得信息；

（七）促使残疾人有机会使用新的信息和通信技术和系统，包括因特网；

（八）促进在早期阶段设计、开发、生产、推行无障碍信息和通信技术和系统，以便能以最低成本使用这些技术和系统无障碍。

对比可见，我国《无障碍环境建设法》的规定不但体现了《残疾人权利公约》的上述精神，而且在总体上已经大大超越了《残疾人权利公约》的上述规定。

十六、开放性

《无障碍环境建设法》并没有定义"障碍""无障碍""无障碍环境"这三个词，但这种不定义恰恰给这几个词的外延的不断扩大留下了无限的空间，使《无障碍环境建设法》成为开放性的法律规范体系。换言之，我们可以根据社会的发展和人民的更高追求不断地将更多的"障碍"和"无障碍"放进"无障碍环境"和"无障碍环境建设"的篮子里，使之获得适用《无障碍环境建设法》及其下位法的机会，从而得到无障碍环境建设法律规范体系的有力支持。因此，在这个问题上"此时无声胜有声"。

根据以上分析和解读，可以得出一个初步的结论：《无障碍环境建设法》是一部高质量的立法，其实施将对中国社会产生巨大、广泛而深远的影响，一个令人憧憬的更便利、更自由、更安全、更舒适的"无障碍社会"将向我们款款走来。

（王向前，中国精协副主席；王辰元坤，北京市京悦律师事务所律师助理）

无障碍环境建设的研究成果、法治进程与优化挑战

徐 爽 徐万佳

【摘　要】 我国无障碍环境建设始于20世纪80年代，经历了建设领域从设施到信息、服务的不断扩展，无障碍标准从"有"到"好"的快速提升，以及政策法律体系逐渐完善的过程。无障碍环境研究与之同步，及时反映了无障碍环境建设成就及问题。在理论与实践推广近四十年后，我国于2023年6月通过了《无障碍环境建设法》，将无障碍环境建设推向了全面法治化的新阶段。随着该法的施行，无障碍环境的受益人由过去的残疾人、老年人群体扩展至更广泛的适需人群；政府主导的行政给付和保护行政作为强制性义务，保证了无障碍环境这一公共产品及服务的高品质供给。未来，强化无障碍环境的监督管理将成为提升无障碍环境质量的关键和工作重点。

【关键词】 无障碍环境；法治化；行政给付；保护行政；无障碍建设监督

无障碍地融入社会生活是每一个社会成员的共同期许，无障碍环境正是为了给每一个社会成员创造平等参与社会活动、行使权利、享有自由并且承担相应义务的条件而存在的社会环境[1]。党和国家一向重视无障碍环境的建设，《国民经济和社会发展第十四个五年规划和2035年远景目标》第五十章第四节提出，要"完善无障碍环境建设和维护政策体系"；《国家

---

[1] 相自成. 权益保护的中国模式——残疾人权益保障问题研究[M]. 北京：华夏出版社，2011：4.

人权行动计划（2021—2025 年）》提出要把"全面推进无障碍环境建设"作为保障残疾人权益的重要支点①，无障碍环境已被提升至我国人权事业的战略发展高度。

2023 年 6 月，第十四届全国人大常委会第三次会议通过了《无障碍环境建设法》，我国首部无障碍环境立法诞生，这标志着由《无障碍环境建设条例》所开启的无障碍环境建设法治化进程进入新的历史阶段。十余年来，我国逐步建立起由政府主导的无障碍环境建设体系，建成了较为完善的无障碍物质环境、信息交流和社区服务，基本完成覆盖城市公共区域和残疾人家庭的无障碍改造，"有爱无障"的蓝图正在逐步变为现实；与此同时，从无到有、从有到好的无障碍环境标准又提出了新的要求：现有体系不断优化，提质增效。

本文梳理近年来我国无障碍环境研究成果，以此反映无障碍环境建设的进展与成就；总结无障碍环境建设的法治化进程，回顾无障碍环境不断升级走过的来时路；梳理未来进一步发展所面临的挑战，以期为《无障碍环境建设法》的施行完善提供智识参考与支持。

一、国内研究现状与成果

我国无障碍环境研究始于 20 世纪 80 年代②，与无障碍环境建设同步，以下就无障碍环境研究和与之同步的无障碍环境建设法治化进程做一简要综述：

（一）起步阶段（20 世纪 80 年代—20 世纪末）

这一时期的无障碍建设研究以城市建设和残疾人社会保障为支点。1985 年，北京召开"残疾人与社会环境讨论会"，首次发出"为残疾人创

---

① 国家人权行动计划（2021—2025 年）[EB/OL]．中国政府新闻网，2021 - 09 - 09. http://www.gov.cn/xinwen/2021 - 09/09/content_ 5636384. htm.

② 张东旺．中国无障碍环境建设发展研究——基于残疾人社会融入的视角 [M]．北京：华夏出版社，2015：3.

造便利的社会生活环境的倡议"①。1998 年，促进无障碍环境北京试点项目第三次研讨会提出"由于亚太地区老年人数量到 2025 年将会增长到 6.23 亿人，故无障碍改造必须同时关注残疾人和老年人的利益"②。但比较遗憾的是，在这个时期我国对无障碍环境的认识深受传统社会残障观的影响，基于以往的福利模式，无障碍环境亦被作为与困难残疾人生活救济相类的物质帮助福利③；彼时我国经济发展尚未成熟、物质条件不够，也使得政府能够开展的无障碍环境建设范围较为有限，无障碍环境建设活动集中于物质环境，用以满足生活困难者的基本家庭生活需要。

(二) 法制化阶段和拓展阶段 (21 世纪初—2012 年)

进入新世纪，无障碍环境建设开启了自身的立法进程。这一时期的立法以国家部门标准和地方性法规规章为主要形式，政府部门开始重视对无障碍设施建设的监管，如 2001 年公布并实施的《城市道路和建筑物无障碍设计规范》(JGJ50-2001) 规定人行道路附属盲道坡道、人行天桥地道的无障碍设计等 24 个条款属于强制性规范，并由建设部（现住建部）负责监管建设主体，反映出此时无障碍建设制度在福利性民生政策的基础上，开始凸显出强制性法律义务属性。地方性法规规章以无障碍领域扩展的保障机制的建立为主要内容，具有代表性的地方性法规有《北京市无障碍设施建设和管理条例》(2004)、《深圳市无障碍环境建设条例》(2010) 和《甘肃省无障碍建设条例》(2011)。无障碍建设的内容逐渐从物质环境的设施扩展到信息环境的交流，无障碍需求群体的精神需求受到立法者的重视，无障碍建设除了保障其通行外，也开始满足其通信、办事和学习等非物质层面的交流。上述法律文件还确立了监督保障制度，通过规定建筑建设者违法不设置或者改造无障碍设施、所有者或管理者不履行维护义务等非法建设行为的责任和主管部门及其工作人员的监管不力的责任，填补了无障碍建设监督保障部分的法律空白。

---

① 残疾人与社会环境讨论会在京举行并发出倡议 [J]. 建筑学报, 1985 (9).
② 中建. 国际关注北京无障碍 [J]. 中国残疾人, 1988 (7).
③ 余向东. 渊源与价值：我国传统残疾人社会保障的历史反思 [J]. 学术界, 2011 (3).

表1 北京市、深圳市和甘肃省无障碍环境地方性法规比较

	北京市无障碍设施建设和管理条例（2004）	深圳市无障碍环境建设条例（2010）	甘肃省无障碍建设条例（2011）
无障碍环境的范围定义	1. 主体：残疾人、老年人、儿童和其他行动不便者 2. 对象：物质环境	1. 主体：残疾人和其他有需要者 2. 对象：物质环境和信息交流环境	1. 主体：残疾人、老年人、儿童和其他有需要者 2. 对象：设施建设、信息交流建设
监督保障机制	一、责任类型 1. 未履行无障碍设施建设责任 2. 妨害设施使用的责任 3. 行政机关监管失职责任 二、法律后果 责令改正、罚款、行政处分、刑事责任 三、监督主体 相关领域主管部门及其上级机关、行政监察部门	一、责任类型 1. 妨害设施使用的责任 2. 未配置无障碍交流方式和设施的责任 3. 行政机关监管失职责任 二、法律后果 罚款、责令改正、行政处分、刑事责任 三、监督主体 相关领域主管部门及其上级机关	一、责任类型 1. 未履行无障碍设施建设责任 2. 妨害设施使用的责任 3. 行政机关监管失职责任 4. 所有人和管理人对无障碍设施的维护责任 二、法律后果 责令（限期）改正、罚款、赔偿责任、行政处分、刑事责任 三、监督主体 相关主管部门、上级机关

这一时期的无障碍环境研究呈现出由单一的建筑领域向多元领域扩张的趋势：在无障碍建设制度的探究上，李炜冰（2010）对政府在无障碍建设中的核心地位进行了深入探究，认为无障碍环境具有公共物品性，私人资本由于逐利性本质缺乏投资建设动力，必须由政府承担建设无障碍环境的主要责任，政府是相关的义务主体；提出对政府责任的监督是无障碍建

设监督机制中的关键部分,尤其是政府主体的法律责任明晰化才能为司法监督的有效运行奠定基础①。

(三)全面立法和完善监督保障阶段(2012年《无障碍环境建设条例》生效以后)

2012年我国颁布了《无障碍环境建设条例》,这是首部无障碍建设行政法规,我国无障碍环境建设开始走上全面法治化轨道。在此基础上构建的无障碍建设制度全面强化了行政机关的给付和保护义务,如《无障碍环境建设条例》第十六条首次规定导盲犬进入公共场所时,其工作人员应当提供无障碍服务;第三十一、第三十二条规定了住建部门、交警部门有权对阻碍无障碍设施使用的行为予以行政处罚,强制性的法律义务融入了整个无障碍建设领域。随着法律法规政策与硬件设施的完善,无障碍环境研究重点也逐渐从无障碍环境"有没有"的基本问题转向"好不好"的进阶问题。在这个过程中,无障碍建设面临着管理和监督上的诸多问题,一是行政机关自身在无障碍建设中的管理问题,张东旺(2014)阐述我国无障碍建设在完善技术标准、推广建设经验和推进法律法规实施方面均有重要突破,但是无障碍环境从社会意识到实践质量方面仍有较多欠缺,个中原因多是监管不足,为此应当加强部门的监管责任。张东旺还特别提到无障碍建设涉及市政、交通、社区服务等多个领域,不仅仅是建设行政部门的责任,还是民政、教育、公安等不同部门的责任,相关监督机制应当考虑部门责任的交叉重叠情况、协调不同部门的建设责任②。徐巧仙(2015)在分析我国无障碍建设困境时,提出了当前无障碍建设的问题主要来源于政府没有切实履行无障碍建设责任,表现为地方制定无障碍专门性法规的积极性不足、经费保障机制匮乏、缺少相应组织机构负责实施,且无障碍认识也存在误区,认为无障碍设施只服务于少数群体的利益,缺乏共同维

---

① 李炜冰. 无障碍环境建设中的政府责任 [J]. 苏州大学学报(哲学社会科学版), 2010(2).

② 张东旺. 中国无障碍环境建设现状、问题及发展对策 [J]. 河北学刊, 2014(1).

护无障碍环境的良好理念①。二是对行政机关建设无障碍环境之职责的监督问题,唐小然、熊和平(2022)以海南省地方的无障碍建设效果为例,指出现在无障碍建设中的无障碍设施未能与主体设施同步建设、无障碍环境的城乡差距大等无障碍环境不平衡、不充分的问题,主要来自负责无障碍建设的政府部门监管不力,如住建部门对建筑工程规划和施工过程中的无障碍建设部分的监管疏忽,而自身又缺乏有效的内部监督,因此需要加强绩效考核等行政监督、人大代表组织参与的立法监督和公众共建共治的社会监督②。黎建飞、窦征、施婧葳、李丹(2021)提出无障碍建设主体法律责任不够明晰导致监督保障制度实施乏力,需要进一步明晰不同建设主体的职责、强化司法和社会监督,并且进一步提出在司法实践中推广无障碍建设公益诉讼③。马卉指出我国由政府主导的无障碍建设监督机制不协调、不统一,各监督主体没有发挥出应有的作用,而杭州、广州等地区无障碍环境公益诉讼取得了诸多成功经验,保障了无障碍需求的社会成员之利益,因而在无障碍建设监督中推广检察公益诉讼势在必行④。

综上,我国无障碍环境概念、外延、立法问题研究已经成果丰硕,物质环境到信息交流环境的无障碍研究丰富多彩,无障碍法律体系的剖析、道路选择与完善思路也颇有建树,无障碍环境"有没有"的问题已基本解决,但是对无障碍建设监督的研究较少,尤其是针对作为无障碍建设主体的行政机关的监督研究较为缺乏。

---

① 徐巧芯. 破解无障碍环境建设困境:以社会治理理论为视角[J]. 河海大学学报(哲学社会科学版),2015(6).

② 唐小然,熊和平. 海南无障碍环境建设的实践与思考[J]. 残疾人研究,2022(S1).

③ 黎建飞,窦征,施婧葳,李丹. 我国无障碍立法与构想[J]. 残疾人研究,2021(1).

④ 马卉. 无障碍环境建设立法中应注意的几个问题[J]. 残疾人研究,2022(S1).

二、政府主导的无障碍建设体系

无障碍环境是指在社会生活中为身心障碍者提供一个通行无阻且易于接近的理想环境，以保障身心障碍者能够像健全人一样平等地参与社会生活。我国经历了近四十年无障碍环境理论研究与实践推广后，形成了对无障碍环境特征的稳定认知：广泛受益、合理便利和领域包容。传统观点认为享受无障碍环境的主体只包括残疾人，因为残疾人的身心残疾给他们造成了参与社会生活的障碍，因此无障碍环境是专为残疾人而设的；但是随着社会进步，发现无障碍环境的需求者不仅仅是残疾人，老年人、儿童、妇女等，乃至一个身心健全的成年人都可能在某些条件下成为无障碍环境的需求者，因而无障碍环境不应该被窄化为"少数福利"。

无障碍环境建设制度经历了从单纯的福利政策向给付行政、保护行政的强制性法律义务的转变，无障碍建设成为政府应当履行的法定职责的重要组成部分，如《无障碍环境建设法》第三条直接规定我国无障碍环境建设应当"发挥政府主导作用"，对市场主体、社会组织和公众都采取鼓励参与的态度，因此政府要承担无障碍建设的主体责任，履行主要的无障碍建设法律义务。现阶段我国政府承担了主要的无障碍建设和管理的义务。《无障碍环境建设法》第二章到第四章将给付义务和保护义务规定为政府无障碍建设最主要的组成部分，根据这两种义务类型可以把政府在无障碍建设中的角色分成以下两类主体：

（一）行政机关是给付行为主体

由于市场面对公共物品的提供时，会因为片面追求经济效益而导致市场失灵，于是行政机关直接承担了部分公共物品的提供义务，而其中便包括了作为公共物品的无障碍设施，同时为了让需求群体能够自由地享受公共物品带来的利益，行政主体同时也承担着提供无障碍服务以保障公共物品对需求群体的可及性之义务，这种直接提供无障碍设施或无障碍服务以创设无障碍环境的行为可以归纳为行政主体直接建设无障碍环境的"给付行为"。对于该给付行为的性质，虽然目前的无障碍环境研究尚未涉及，不过可以根据不同类型给付行为的内容、参照行政给付行为的特征,判断它包括有特定对象、具体行政行为、主要依申请行为、给付物质利益或者与物质相关的权益、通常是羁束行政行为五个特征[①],总体上可以分为一般行政给付行为和公共行政给付行为两类。

一般行政给付行为。首先,一部分给付行为有特定对象,如教育考试中提供无障碍格式的试卷或辅助服务,它的给付对象就是特定的有无障碍需求的考生,这类行为还包括服务犬、请求政府以无障碍形式公开政府信息、无障碍选举、无障碍司法服务和获得法律援助等。其次,这类行为由行政机关直接履行无障碍环境建设法律法规规定的无障碍建设行政职责,具有行政行为的性质,同时会对具体的行政相对人产生法律效力,如没有无障碍方式的考试会影响有无障碍需求群体的考生的考试权益,使其无法与其他考生处在同等环境下竞争,自然损害了该特定主体受教育和平等竞争的权利,所以这是一种具体的行政行为,而且它通常需要无障碍需求者的申请或请求,如有无障碍需求的考生向组织考试的单位申请无障碍格式考卷,而通常不是考试单位主动提供。再者,这类行为通常由无障碍环境法律或者无障碍强制性标准统一规定了服务行为的对象、条件等,但实践中部分行政主体会以自身条件不充足为由拒绝提供无障碍服务。如视障学生吴潇在研究生考试中被拒绝提供盲文试卷,而考试组织单位拒绝提供的理由仅是没有适合该学生的研究方向、不具备条件提供便利[②],考试单位在提供无障碍服务过程中行使了裁量权,理由是教育部的文件《普通高等学校招生体检工作指导意见》(教学〔2003〕3号)第三条第5项规定心理学不适宜盲生就读,因此拒绝提供盲文考卷。这种"提供便利"的不确定法律概念在无障碍环境法律中颇为常见,如《无障碍环境建设法》第四十六条规定公共场所对服务犬的进入也是提供便利,虽然这是给予部分缺乏给付能力的给付主体的照顾,但也意味着实践中行政主体对这类行政给付保留了诸多裁量空间,可能使得无障碍需求者的权益处于无保护状态。

公共行政给付行为。没有特定对象的行为,如无障碍设施的建设行

---

① 杜慧,刘璐,黎飞. 行政法学[M]. 延边:延边大学出版社,2016:152.
② 刘倩. 视障考生申请盲文试卷被拒,陕师大心理学院:不具备条件提供便利[N]. 新京报,2020-10-29.

为、广播电台的无障碍信息传播、设置信息网络的无障碍模式等，直接服务于无差别的公共利益，具有全民受益的对象性特征，属于公共行政给付行为[①]。这类行为不是以产生特定行政法律效果为目的，却由行政主体作出，不能依靠申请而是政府自主决策，也不会直接影响到行政相对人的权利义务，效力上没有行政法上的拘束、确定、执行和强制力效果，但它仍然属于行政主体的公共服务职责。这一类公共行政行为没有特定的给付对象，因此完全由行政主体自主决策，而且需要一定成本，受制于财政状况，裁量空间较大。此外，虽然给付公共空间的无障碍环境是一种授益行政行为，但是国家不当或拒绝给付给公民造成的侵害不亚于对财产和自由的损害[②]，比如在没有合格的盲道指引的情况下，视力障碍者很容易遭遇人身安全危险。

表3 无障碍给付行为的类型及包含的具体无障碍建设行为

给付行为的分类	具体包含的种类	羁束行政行为或裁量行政行为
有特定给付对象的行政给付行为	无障碍方式的考试	整体上属于羁束行政行为，但是由于法律规定常用"提供便利"这类不确定法律概念的表达，实践中颇有裁量空间
	无障碍政府信息公开	
	服务犬无障碍通行	
	无障碍司法服务和获得法律援助	
	公共服务保留传统服务方式	

---

① 尹建国，余睿. 公共行政给付行为中的裁量权治理[J]. 环球法律评论，2010(4).

② [德]哈特穆特·毛雷尔. 行政法学总论[M]. 高家伟，译. 北京：法律出版社，2000：113.

续　表

给付行为的分类	具体包含的种类	羁束行政行为或裁量行政行为
无特定给付对象的行政给付行为	无障碍建筑设施建设(坡道、盲道等)	依据行政规划等政策方式确定，属于行政裁量行为
	广播电台无障碍播报	
	政府网站设置无障碍模式	
	政府便民热线和紧急呼叫热线无障碍	
	在公共图书馆设置无障碍阅读条件等	

（二）行政机关是保护行为主体

行政机关对无障碍环境同时负有保护的职责，保护职责分为事前的预防、事中的制止和事后的惩罚。事前的预防在无障碍建设中体现为政府全程管控无障碍建设的主体执行无障碍环境建设法律法规的要求的情况、保证无障碍环境的正常运作，由于公共区域的范围极其广阔，难以都依赖于政府进行无障碍建设的决策（规划）后再按部就班地开展无障碍建设，因而我国的无障碍建设制度采取了"同步原则"，即对于新建、改建或扩建建筑的无障碍设施，要求工程建设单位在建设主体建筑时按照国家强制性标准同步建设无障碍设施，如房产企业在新建居民区时就需要按照《建筑与市政无障碍通用规范》等标准的要求建设合格的无障碍设施，同时要符合《无障碍环境建设法》第十五、第十六条的验收和施工图审查要求，而负责主管该领域的行政机关如住建部门负责最后的竣工验收备案，预防主体建筑缺乏无障碍设施给使用者造成损害。事中的制止和事后的整改就是行政机关针对正在发生的侵犯无障碍环境正常使用的违法行为开展行政执法，如《无障碍环境建设法》第六十五至六十九条规定的针对无障碍建设过程中建设主体的违法行为，行政机关有权作出处罚并责令改正。此外，行政主体负责建设的无障碍设施一般属于国家所有、政府负责管理的公共财产，由行政主体自己负责维护与管理，因此它也具有保护无障碍环境的行为主体的资格，从这个意义上说，行政机关的保护职责其实也起到了给付职责的督促作用，两者互为表里。

（三）行政机关无障碍建设职责的履行实况

无障碍建设中的给付职责的履行状况整体水平稳步提升，但是面临地区、领域、人群的不平衡、不充分问题，且质量有待提升，这在上文已有详细介绍。保护职责的履行方面，行政机关履行状况有待加强，从以"无障碍环境"为名检索到的 146 个行政处罚案例[①]可见，依据《无障碍环境建设条例》作出的处罚为零，目前只有深圳、北京、上海、杭州四地对无障碍环境的维护开展了执法行为，且都是在地方无障碍建设法规生效之后作出的处罚，法律依据都是本地的无障碍法规。再者，从案例的发生时间可见，地方行政机关直到近五年才重视起对无障碍建设的监管和维护，且很多地方政府已经通过了自己的无障碍地方法规规章，可是在实施过程中却未能激活其监管权力，让无障碍建设职责停留在纸面上。执法主体也颇为单一，深圳市完全由交通运输管理部门负责执法，杭州、北京、上海基本交由基层政府或街道办管理，而《无障碍环境建设法》第十六条所指定的主要职责部门住建部门并未参与其中。在维护类型上，无障碍环境领域的行政执法只专注于物质环境方面，对于社会上广泛发生的服务犬被禁入、考试不提供无障碍格式试题等无障碍服务类问题没有开展监管保护，相关的行政主体处于缺位状态；其次是开展无障碍执法的地区是四个主要发达城市，其他的广大省份城市尚没有开展过履行保护职责的痕迹。

---

① 威科先行检索结果，http：//gfgaye7afa817442546f5s995wccp00nw06cnn.fyxg.oca.swupl.edu.cn/administrative-punishment/list? simple=%E6%97%A0%E9%9A%9C%E7%A2%8D%E7%8E%AF%E5%A2%83 C7%81simple：（（%E6%97%A0%E9%9A%9C%E7%A2%8D%E7%8E%AF%E5%A2%83））&fq=jurisdiction%C7%8108350000000%C7%81%C7%82%E6%B5%99%E6%B1%9F%E7%9C%81&tip=%E6%97%A0%E9%9A%9C%E7%A2%8D%E7%8E%AF%E5%A2%83&rdt=1678547687711，2023 年 3 月 5 日访问。

表 4　行政机关对无障碍环境建设的行政执法情况

行政处罚依据	初始案例发生时间	数量	行政处罚主体	数量	行政处罚的领域	具体类别	数量
《无障碍环境建设条例》	无	0	住建部门	无	无障碍物质环境	公共道路及其附属设施	139
《深圳市无障碍环境建设条例》	2017 年	136	交通运输部门	132		其他设施	7
《北京市无障碍环境建设条例》	2022 年	2	基层政府或街道办	2	无障碍信息环境	无	无
《上海市无障碍环境建设条例》	2022 年	7	基层政府或街道办	5	无障碍社会服务	无	无
			城市综合行政执法部门	1			
《杭州市无障碍环境建设和管理办法》	2022 年	6	城市综合行政执法部门	6			

三、无障碍环境建设面临的挑战——提升质量和强化监督

我国虽然建成了无障碍环境建设的基本体系，实现了从无到有的飞跃，但目前无障碍环境仍然是不平衡、不实用的[1]；无障碍环境建设处于

---

[1] 中国残疾人联合会.《无障碍环境建设条例》颁布实施十周年综述，2022 - 08 - 07.

粗放的"重建设、轻监督"阶段，建成设施质量不高、使用率低。这一现状与无障碍建设职责履行状况不佳且缺乏督促履行无障碍建设职责的有力主体有关。对于信息交流和服务无障碍重视不足，也阻碍了无障碍设施的使用。

（一）不平衡、不实用的无障碍建设

我国的无障碍环境发展不平衡，仍然主要关注物质领域的无障碍，轻视高层次的无障碍信息交流和服务。其次是受益人群的不平衡。虽然说残疾人是传统的无障碍需求群体，但如今随着社会发展、人民生活水平提升，其他人群的无障碍需求进一步凸显：老年人面临的"银色数字鸿沟"在现实中变相剥夺了许多老年人对社会进步成果的享受机会乃至会在个别情况下剥夺老年人平等参与的权利，如一些公共服务机构排斥传统服务方式而采用单一的线上服务方式，而线上服务的数字包容性不足，缺乏人本观念和简约操作导向，导致老年人社会参与权益的受损[①]。儿童、育婴者的需求也随着生育政策的宽松化成了社会议题的关注焦点，而现实对其他人群的无障碍环境利益关注过少，甚至还有否定其他人群的无障碍环境利益的现象，如拒绝婴儿车上公交的言论还受到了主流媒体的支持[②]，说明目前无障碍建设的不平衡现象较为严重。

我国虽然建成了庞大的无障碍环境网络，但是无障碍环境的使用率较低，总体上只有40%左右，最高的医疗卫生设施使用率也仅有60%，最低的电商网点、餐饮住宿不到30%[③]，低使用率造成了无障碍建设效果的弱化，乃至沦为一些城市的形象工程。政府和残联都在呼吁加大无障碍设施的维护管理以及协调性[④]，以增强无障碍设施的使用体验，但目前无障碍设施不实用的问题仍然比较常见。

---

① 沈费伟，曹子威．从数字鸿沟到数字包容：老年人参与数字乡村建设的策略选择[J]．西北农林科技大学学报（社会科学版），2023（1）．
② 乔志峰．"公交拒载婴儿车"并无不妥[N]．海东时报，2015-11-06（A08）．
③ 王嘉宁．百城无障碍设施普及率仅40%[N]．新京报，2017-12-17（A07）．
④ 董泽宇．中国残联：推进无障碍环境建设 提高无障碍设施覆盖率[EB/OL]．中国新闻网，2022-03-03．https：//m.chinanews.com/wap/detail/chs/sp/9691605.shtml．

(二) 无障碍建设监督对于无障碍环境质量提升之重要性

无障碍环境监督对于无障碍环境提升的重要性是不可或缺的，但无障碍环境本身的跨领域性导致所涉领域交叉较多，比如轨道车站可能既涉及交通部门又涉及住建部门的职权。而且，我国目前大多数地方没有建立起无障碍环境的台账制度（确定一项具体的无障碍环境建设问题的发现和解决制度）[1]。《成都无障碍旅游报告》指出无障碍环境建设的各部门相互推诿、没有主动作为，大量侵占无障碍设施的违法行为没有被问责[2]。在监督机制失灵的情况下，无障碍环境的违法行为无法被纠正，其实用性和便利性被大大削弱，甚至连安全性都难以保证，社会上发生了多起残疾人使用无障碍设施导致人身财产损失的案例，这也就造成了部分无障碍设施使用率较低，且无障碍服务和信息交流难以被落实，最终影响的是无障碍建设的质量。中国残联在《无障碍环境建设条例》实施十年的总结中也提出，提升无障碍环境质量的下一步任务就是增强无障碍环境的监督管理[3]，督促无障碍环境建设责任主体合法有效地履行其职责，而这需要打造良性运作的无障碍环境建设监督机制。

无障碍建设监督中的结构化问题得不到纠正，会带来更多的社会问题：检察机关怠于履行职责时，社会主体的公共利益得不到维护，在无障碍环境逐渐推进、公民的权利意识日益高涨的社会环境下，很可能会有一部分公民寻求激进的非司法手段主张公共利益，包括频繁的信访缠访、组织群体性事件乃至采取其他"自力型救济"途径[4]。无障碍环境涉及发展型的社会需求，随着无障碍需求群体的增加和无障碍环境意识的上升，维护无障碍环境利益的社会意识逐渐高涨，还关系到无障碍需求群体的人格

---

[1] 易莹莹, 白先春. 中国无障碍环境监测评估报告 [A]. 无障碍环境蓝皮书：中国无障碍环境发展报告 (2021) [C]. 北京：社会科学文献出版社, 2021：323.

[2] 熊红霞, 胥志刚. 成都无障碍旅游报告 [A]. 无障碍环境蓝皮书：中国无障碍环境发展报告 (2021) [C]. 北京：社会科学文献出版社, 2021：348.

[3] 张东旺. 高质量打造无障碍环境. 新华社, 2022-12-07.

[4] 黄圆胜. 从公民推动到国家主导——行政公益诉讼变迁反思 [J]. 烟台大学学报（哲学社会科学版）, 2022（5）.

尊严乃至生命安全问题，监督不当也会触动社会的敏感神经。纵观国际，无障碍建设滞后带来的社会矛盾，从2015年5月巴黎残疾人聚集在爱丽舍宫抗议法国政府轻视无障碍环境建设[①]，到2022年5月韩国残疾人团体组织抗议公共交通与医疗未给残疾人创造安全便利的无障碍环境的群体性事件[②]，已经出现多次具有国际影响力的无障碍环境群体性事件。我们需要以此为鉴，切实加强无障碍环境监督，推进无障碍环境高质量建设与发展。

（徐爽，中国政法大学人权研究院副教授；徐万佳，珠海市高新区管委会综合治理局研究员）

[①] 海闻. 巴黎残疾人"挺尸"抗议 要求更好无障碍设施 [EB/OL]. 海外网，2015-05-28. http：//m. haiwainet. cn/middle/3541640/2015/0528/content_ 28778907_ 1. html.

[②] 李亨淑. 轮椅使用者与被占领的首尔地铁 [EB/OL]. 龚思量，译. 澎湃新闻网，2022-05-01. https：//www. thepaper. cn/newsDetail_ forward_ 17830445.

无障碍环境立法视角下的儿童友好城市建设

苑宁宁　吴则毅

【摘　要】儿童作为具有无障碍需求的群体，构建对儿童平等、包容、安全、便利的无障碍环境是儿童友好城市建设的一系列国际标准与国内标准的一致要求。无障碍环境建设立法在理念原则规定、城市设施与空间建设规定、社会服务规定等方面都体现着儿童友好元素。无障碍环境建设与儿童友好城市建设具有耦合性，以适儿化改造作为二者联结的抓手，在城市建设的多领域推进适儿化改造，与无障碍环境建设立法中突出的广泛受益与保障人权理念相互契合。

【关键词】无障碍环境；儿童友好城市；适儿化改造

绪　论

2023年6月28日，第十四届全国人大常委会第三次会议表决通过《无障碍环境建设法》，并将于9月1日起正式施行。《无障碍环境建设法》以"广泛受益"[①]与"通用设计"[②]为核心理念，旨在促使老年人、残疾

---

① 《无障碍环境法》第二条：国家采取措施推进无障碍环境建设，为残疾人、老年人自主安全地通行道路、出入建筑物以及使用其附属设施、搭乘公共交通运输工具，获取、使用和交流信息，获得社会服务等提供便利。残疾人、老年人之外的其他人有无障碍需求的，可以享受无障碍环境便利。

② 《无障碍环境法》第五十一条：国家推广通用设计理念，建立健全国家标准、行业标准、地方标准，鼓励发展具有引领性的团体标准、企业标准，加强标准之间的衔接配合，构建无障碍环境建设标准体系。地方结合本地实际制定的地方标准不得低于国家标准的相关技术要求。

人平等、充分、便捷地参与和融入社会生活，共享经济社会发展成果。《无障碍环境建设法》在保障特殊群体自主安全地通行道路、出入建筑物以及使用其附属设施、搭乘公共交通运输工具，获取、使用和交流信息以及获得社会服务等方面提供了无障碍的环境场域。除了本法直接服务保障的老人、残疾人，儿童在上述方面同样面临着受益障碍，属于本法规定的"其他有无障碍需求的人员"[①]，全面落实《无障碍环境建设法》，将使儿童在无障碍环境建设中获益，从而完善儿童群体的权利保障。当前，我国正在统筹推进儿童友好城市建设，并将适儿化改造的观念融入城市建设、标准制定的诸多面向；推进儿童友好城市建设，保证儿童无障碍地与社会服务等公共资源交互是首要举措；儿童友好城市建设与无障碍环境建设间、适儿化改造与无障碍环境建设间都具有很强的耦合性，立足这一基点，如何在无障碍环境建设立法的视角下助力儿童友好城市建设，是为本问题缘起。

一、儿童友好城市建设中蕴含着无障碍要求

儿童友好即为儿童的成长发展提供适宜的资源环境，以实现保障儿童的生存权、发展权、受保护权和参与权等关键权利为目的。儿童友好城市（Child Friendly Cities）这一概念最早于 1996 年由联合国儿童基金会（UNICEF，以下简称联合国儿基会）和联合国人居署在第二次联合国人类住区会议上提出。儿童友好城市并非建设一个由儿童人数或儿童意志主导的城市或社区，而是通过一系列政策、法律、规划等综合措施，将儿童的利益和特殊需求纳入城市和社区的设计与更新，满足不同年龄层次儿童的活动需求，提升城市和社区对儿童的友好程度，为儿童打造绿色健康的物质生活空间以及平等、安全、不受歧视的社会生活环境[②]。

自儿童友好城市的建设倡议提出以来，全球已有 45 个国家和地区，

[①] 《无障碍环境法》第二条第 2 款。

[②] 参见 Biggs, Simon, Carr, Ashley. *Age – and Child – Friendly Cities and the Promise of Intergenerational Space* [J]. Journal of Social Work Practiceroutledge Journals, Taylor & Francis Ltd, 2015, 29(1): 99 – 112.

超过3000个城市、社区响应，惠及3000余万儿童和青少年[①]。纵观目前的国内、域外的儿童友好城市建设情况，无论是在加强医疗卫生服务、促进基础教育普及、提升儿童营养水平等基础条件方面发力，还是侧重通过公共政策鼓励儿童积极参与社会生活、改善社会公共环境对儿童的接纳水平等，其建设标准或评估维度中都显现出对"无障碍"元素的注重和要求，"无障碍"是标准所指，同时也成为标准的组成部分。

（一）国际标准

作为致力于维护、增进儿童权利和福祉的代表性国际机构，联合国儿基会是儿童友好城市建设的引领者，联合国儿基会长期以来将儿童的福祉作为衡量健康社区和社会治理的重要指标，其制定的多个儿童友好城市的建设指导性框架与评价工具为儿童友好城市建设搭建了清晰的目标体系，并成为衡量儿童友好城市建设的国际标准的主要渊源。在一系列框架文本中，《儿童友好型城市规划手册》与《构建儿童友好型城市和社区手册》具有典型性，对把握儿童友好城市的建设标准具有重要的指导价值。

《儿童友好型城市规划手册》明确了"投入、住房和土地权、公共服务设施、公共空间、交通系统、水和卫生综合管理系统、粮食系统、废弃物循环系统、能源网络、数据和信息通信技术网络"十项建设原则，形成了城市空间友好、城市系统友好、城市网络友好三大空间要求，便捷进入、方便利用、公平包容的无障碍理念贯穿其中。如在城市空间中，要求提供便于儿童利用、贴合儿童特点的公共服务设施，为儿童进入及参与社会生活提供支持；在城市系统中，要求发展儿童足以独立、安全使用的公共交通系统，使儿童能够获得同等、公平的出行机会与权利；在城市网络中，要求通过整合数据与信息通信技术网络，保障儿童的数据连通性，降低儿童享受信息与通信的使用与学习成本[②]。《构建儿童友好型城市和社区手册》列举了儿童友好城市与社区应为儿童提供的基本保障。在"能获取

---

① 参见 UNICEF. For Every Child, Every Right—The Convention on the Rights of the Child at a Crossroads[EB/OL]. (2019).

② 参见联合国儿童基金会. 儿童友好型城市规划手册［EB/OL］.（2019）［2023-07-16］. https：//www.unicef.cn/media/9166/file/儿童友好型城市规划手册.pdf.

基本服务""能享有优质、全纳、参与式的教育和技能培训""能对影响到其本人的一切事项自由发表意见并影响相关决策""能参与家庭、文化、城市/社区和社会生活"等方面[①],二者都要求城市和社区为儿童提供方便、安全的便利条件,确保有需求的儿童能够舒适、包容地融入各类设施和场所,即不断致力于打造无障碍的环境空间。

(二) 国内标准

我国的儿童友好城市建设兴起于2009年,十余年间相继出台了《中国"儿童友好城市"的创建目标与策略措施》《中国儿童发展纲要》《中国儿童友好示范社区建设指南》《城市儿童友好空间建设导则(试行)》等标准性、纲要性文件[②]。2021年3月公布的《国民经济和社会发展第十四个五年规划和2035年远景目标纲要》(以下简称"十四五"规划),首度在五年规划中使用"儿童友好"的目标用语,并涉及开展儿童友好城市示范、社区儿童之家建设、公共空间适儿化改造和完善儿童公共服务设施等具体要求[③]。同年9月,为落实"十四五"规划,在吸收借鉴国际经验与联合国儿基会的研究成果、总结我国儿童友好城市建设的实践探索的基础上,国家发改委联合国务院妇儿工委办公室、住建部等20余个部门印发了《关于推进儿童友好城市建设的指导意见》,它堪称我国关于儿童友好城市建设的集大成者,也体现着我国儿童友好城市建设的最新认识与最新标准。

该意见在社会政策友好、公共服务友好、权利保障友好、成长空间友好、发展环境友好五个方面提出了24条重点任务举措,这些重点举措中

---

① 参见联合国儿童基金会. 构建儿童友好型城市和社区手册[EB/OL]. (2019)[2023-07-16]. ttps://www.unicef.cn/media/8641/file/构建儿童友好型城市和社区手册.pdf.

② 参见李寅,叶林,刘志等. 儿童友好城市建设研究(笔谈)[J]. 城市观察, 2022(02):52—89+162.

③ 参见新华社. 中华人民共和国国民经济和社会发展第十四个五年规划和2035年远景目标纲要[EB/OL]. (2021-03-13)[2023-07-18]. https://www.gov.cn/xinwen/2021-03/13/content_ 5592681. htm.

大部分体现了无障碍的理念与思路。意见整体以明确坚持儿童优先、体现儿童视角、注重儿童参与为建设的参照原则，不仅建设助力儿童成长的硬件设施，如在公共服务空间设计上适应儿童的身心发展特点，使儿童日常学习生活的发展空间便于儿童使用、体验，而且注重配套保障儿童权利的成长空间，如公共服务促进普惠共享、优质均衡，对特殊困难儿童群体适度倾斜关爱等，令儿童在成长发展中享受无障碍的环境氛围。

（三）结　论

生存权、发展权、受保护权和参与权是《儿童权利公约》与《未成年人保护法》规定的儿童关键权利，囿于儿童身心发展水平的客观条件，儿童的关键权利亟待得到全社会的特别关注与优先保护，儿童友好城市建设的国际、国内标准在保障儿童优先发展、促使儿童获得公平的社会参与机会、提供方便安全的公共设施与服务等方面具有诸多共通之处。总体而言，儿童友好的国内外标准基本从政策方针、设施空间、公共服务这三个层面展开。

随着社会经济发展水平的不断提高，儿童友好的理念内涵正从关注儿童健康向关注儿童独立安全与关注儿童更高需求的阶段递进，儿童的生存、发展、参与动机使儿童在拥有必要的生存条件与发展资源的基础上，不断生发出对无障碍环境的殷切需要，其宝贵而易受侵蚀的权利现状与特殊且具有弱势的身心条件两相结合，促使儿童成为具有突出无障碍需求的社会群体。而为了确保有需求的儿童能够安全、方便地使用各种设施和空间，并在这种包容、便捷的环境空间中共同参与社会生活、共同分享发展红利，儿童友好城市建设中便必须考虑无障碍环境的构建，必须将无障碍作为发展依循的底层逻辑，儿童友好的元素之一便是无障碍。

二、无障碍环境建设立法中体现着儿童友好元素

《无障碍环境建设法》是提升无障碍环境建设质量、提高人民生活品质的有力保障，对于促进社会融合和人的全面发展具有重要意义。作为对先前《无障碍环境建设条例》的续造与更新，《无障碍环境建设法》虽然

大体是以残疾人、老年人两类特殊人群为最主要抓手的"小切口"立法，但它在理念原则、系统建设、社会服务等方面，较为全面地对无障碍环境建设的主要制度机制作出规定，对在城市社区的建设与规划之中延伸无障碍元素具有良好的启发价值。《无障碍环境建设法》在诸多方面与儿童友好城市建设的标准、要求具有相契合的规则内质，纵然"儿童友好"不以明文载于规范条文之内，但其与"无障碍"或"无障碍环境"相呼应的理念气质已是跃然纸上。

（一）理念与原则规定体现儿童友好元素

共享发展是《无障碍环境建设法》的重要理念，本法第一条的立法目的便予以揭示："为了加强无障碍环境建设，保障残疾人、老年人平等、充分、便捷地参与和融入社会生活，促进社会全体人员共享经济社会发展成果。"广泛受益是《无障碍环境建设法》的核心原则，本法第二条第2款"残疾人、老年人之外的其他人有无障碍需求的，可以享受无障碍环境便利"予以规定。共享发展与广泛受益同样是儿童友好的要求。在儿童友好城市建设中，儿童参与是十分重要的环节，广泛而深入地参与社会事务有助于培养儿童主动思考、合作协调的能力，还将在提升儿童社会责任感的同时促进儿童公民意识的成熟[1]，而共享发展无疑是对儿童群体个体性的承认与尊重，这一理念将儿童视为共同建设公共社会的正式成员，认真考虑儿童群体的生存感受与诉求观点，真诚供给儿童群体探索与感受的公平机会和可用工具。无障碍环境建设通过满足特殊需要，弥补群体客观条件的短板，并以此实现"享受无障碍环境便利"的目标。

儿童友好城市的建设不仅局限于为儿童提供社会服务和保护，更在于赋予儿童进入城市塑造进程的资格与能力，其"公益普惠"的追求与《无障碍环境建设法》中"享受便利"的语义内涵是一致的。

通用设计是《无障碍环境建设法》的另一重要理念。通用设计就是在最大程度上设计所有人可用的产品、环境、项目和服务，而无需改装或特

---

[1] 参见邱红．探索中国特色儿童友好社区建设路径［N］．中国社会科学报，2022－01－12（005）．

别设计。通用设计时常与无障碍环境和残障人士联系在一起，但其实它涵盖了适用于所有人的设计。这意味着，通用设计致力于建设对所有人都有用、可用的建筑、工具、空间、学习和通信系统。通用设计倡导安全、便于使用的设计，并适用于不同文化程度的使用者，包括儿童。通用设计有七项子要求，分别是公平使用、灵活使用、简单而直观、感应信息可及、容错降至最低、低体力消耗、适宜尺寸与空间。应用通用设计原则，可以让设计被残疾人和无残疾人士、儿童和成年人平等、不受限制地使用。通用设计理念和儿童友好的要求具有天然的一致性。

（二）城市设施与空间建设规定体现儿童友好元素

《无障碍环境建设法》对公共建筑、公共场所、交通运输设施以及居住区的公共服务设施等的规划设计、新建施工、改造优化提出了明确要求，即应自觉遵循、适用无障碍设施工程建设标准，在社会公共空间加快、加大无障碍设施的落地与推广。规定无障碍设施应当与主体工程同步规划、同步设计、同步施工、同步验收、同步交付使用，并与周边的无障碍设施有效衔接、实现贯通；且对建设单位、设计单位、施工单位、监理单位等在无障碍设施建设中的职责作出明确规定。将以往无障碍设施的"选配""选装"作为"规定动作"与"必选套路"。"新建、改建、扩建公共建筑、公共场所、交通运输设施以及居住区的公共服务设施，应当按照无障碍设施工程建设标准，配套建设无障碍设施；既有的上述建筑、场所和设施不符合无障碍设施工程建设标准的，应当进行必要的改造。"将严格审核"增量"入口与积极转化"存量"储备相结合，使新建设与新投用的城市空间设施符合无障碍标准，并不断压缩缺乏无障碍设施的场所环境。与此同时，《无障碍环境建设法》还重点关注了城市中心区、主要商业区、公共交通系统等无障碍需求较为集中的空间场域。如明确要求残疾人集中就业单位、居住区公共服务设施、部分地区的人行道路系统、停车场等应当配套建设相应的无障碍设施。

无独有偶，住建部《城市儿童友好空间建设导则（试行）》在多个层面对儿童友好城市建设中的无障碍环境建设的要求具有相近思路。在城市规划层面，儿童使用频率较高的公共服务设施和公共空间的建设与改造应符合《建筑与市政工程无障碍通用规范》（GB 55019－2021）和《无障碍设计规范》（GB 50763－2012）的相关规定；在所有公共服务设施层面，尚未设置无障碍电梯的公共服务设施，应通过改造在电梯中设置低位按钮，自动扶梯与地面连接处存在高差时，应设置适合婴儿车推行的坡道；在交通出行层面，儿童过街应以平面过街设施为主，设置立体过街设施时宜设置电梯，满足无障碍通行的要求；儿童主要活动场所周边道路空间应增设无障碍设施，轨道交通车站应配置无障碍直梯以及方便儿童推车、轮椅推行的无障碍坡道，并配置清晰醒目的引导标识，在儿童推车通行空间存在高差的地方应设置无障碍坡道；城市公交换乘路径及指示标识应统筹考虑儿童出行和识别需要，营造连续、便捷的儿童出行换乘路径，提供清晰、无障碍、实时的公交到达时间和服务公告，公交车和轨道交通车辆应配备无障碍踏板，方便低龄儿童和轮椅上下车等。

《无障碍环境建设法》在城市基础设施与公共服务供给建设上，从特殊障碍人群的实际困难出发，争取让特殊障碍人群的日常生活环境实现无障碍化，这与坚持从儿童视角出发，按龄、按需推进的儿童友好空间建设十分近似，都是确保有需求的人群能够安全、方便、舒适地利用公共设施与资源。

（三）社会服务规定体现儿童友好元素

《无障碍环境建设法》对无障碍的要求是"软""硬"兼具的。除"可见"的基础设施应采用无障碍建设外，还要求（包括在虚拟环境中的[①]）各类信息资源无障碍"可得"[②]。如明确政府及其有关部门应当为残疾人、老年人获取公共信息提供便利，应采取无障碍信息交流方式发布突发事件信息，要求药品生产经营者提供无障碍格式版本的标签、说明书，以及对利用财政资金设立的电视台、网站、移动应用程序以及图书馆、博物馆、电信业务经营者等提供无障碍信息的义务作出规定，并鼓励、支持其他商品和服务经营者、供应商积极开发、提供无障碍形式的产品和服

---

① 参见任天宇，姚登峰，叶毓睿等. 智能时代下虚拟环境无障碍的概念界定与实现路径——以元宇宙为例［J］. 残疾人研究，2023（02）：4—14.
② 参见池丽萍. 城市社区中儿童友好环境的营造［J］. 人权，2019（06）：41—57.

务。此外,《无障碍环境建设法》积极扩展了无障碍社会服务的范围,规定公共服务场所提供无障碍服务的要求,对涉及医疗健康、社会保障等服务事项的,明确要求保留现场指导、人工办理等传统服务方式;并在与社会生活密切相关的公共服务、司法诉讼与仲裁、公共交通、教育考试、医疗卫生、文旅体育等方面的无障碍服务分别作出针对性的规定。

儿童友好城市的建设要求中具有"发展环境友好"这一维度,通过聚焦儿童日常学习生活场景,为塑造儿童健康文明向上的人文氛围提供无障碍的外部环境支持。如在儿童友好城市建设中提倡的融合教育模式,打造配备有无障碍设施的特殊教育资源教室,资源教室在作为为随班就读学生、普通教师和特殊儿童家长提供特殊教育的专业物理空间或背景的同时具有社会性,构成一种多成员人际关系交织的社会空间[1],通过消解特殊儿童接触社会的障碍,促成相互融合的成长文化环境。

信息与社会服务的无障碍是资源流通的无障碍,是环境融入的无障碍,是文化交际的无障碍,意味着无障碍环境是物理环境与社会环境的统合,是对特殊障碍人群的物质需要与精神需要的双向满足,《无障碍环境建设法》在实现儿童友好之发展环境友好的宏伟愿景的道路上迈出了稳健一步。

三、适儿化改造是无障碍环境与儿童友好城市建设的结合点

《无障碍环境建设法》第四条指出,无障碍环境建设应当与适老化改造相结合,这意味着适老化改造是贯穿无障碍环境建设的线索;在儿童友好城市建设中,儿童友好与无障碍是相互耦合的关系,儿童友好城市建设中蕴含着无障碍的要求,无障碍环境立法中体现着儿童友好元素,二者的联结点便是适儿化改造,无障碍环境在适儿化改造中落成,城市经由适儿化改造实现儿童友好。

---

[1] 参见袁银娟,汪文娟. 融合教育理念下普通学校资源教室环境的创设[J]. 绥化学院学报,2022,42(04):25—28.

（一）适儿化改造的概念内涵

适儿化改造并非空穴来风的概念术语，它在既往的儿童友好城市建设的文件中多次出现，"十四五"规划指出，要"开展100个儿童友好城市示范，加强校外活动场所、社区儿童之家建设和公共空间适儿化改造，完善儿童公共服务设施"；《关于推进儿童友好城市建设的指导意见》在推进成长空间友好方面提出，"推进城市公共空间适儿化改造。加强城市街区、社区、道路以及学校、医院、公园、公共图书馆、体育场所、绿地、公共交通等各类服务设施和场地适儿化改造"；国家发展改革委员会《关于推动生活性服务业补短板上水平提高人民生活品质的若干意见》指出，"推进城乡公共服务设施和公共空间适老化、适儿化改造……开展儿童友好城市示范，加强校外活动场所、社区儿童之家建设，发展家庭托育点"；住房和城乡建设部发布的《城市儿童友好空间建设导则（试行）》提出，"儿童友好空间建设应在城市、街区、社区三个层级统筹推进，重点工作内容包括公共服务设施、道路空间、公园绿地的适儿化改造和校外活动场所、休憩设施建设"。

综合上述文件的表述，适儿化标志着一类设计标准或规划理念，意味着适应儿童的设计。适儿化改造将有助于推进既有城乡社区规划中单一的成人视角设计理念的实质性改变[1]，它是自儿童的视角出发，符合儿童生理和心理特点及需求的基础设施与空间环境，为儿童的日常生活提供便利与保障，帮助儿童接触世界、认知世界，让儿童能够在城市社区中安全、健康、自由地生存与发展，满足儿童成长多方面的需求[2]。适儿化改造便是以"适儿"为基准，对城市中儿童使用频率较高的服务设施和空间环境进行一系列更新改造的行动。

---

[1] 参见沈瑶，刘晓艳，云华杰等. 走向儿童友好的住区空间——中国城市化语境下儿童友好社区空间设计理论解析 [J]. 城市建筑，2018（34）：40—43.

[2] 参见李辰辰. 社区儿童教育资源开发与儿童友好型社区建设探索 [J]. 少年儿童研究，2019（01）：32—40.

（二）适儿化改造的领域内涵

对城市公共空间进行适儿化改造，主要体现在加强各类公共服务设施和空间场地的适儿化改造上[1]。结合儿童特征和成长需求，尤其是优先考虑对儿童使用频率较高的托育、教育、医疗卫生、儿童福利、图书阅览、展示与艺术表演、体育活动等公共服务设施，以及学径空间、儿童主要活动场所周边道路及候车空间和公园绿地进行适儿化改造[2]，打造对儿童发展友好的"发展小生境"[3]。例如：

1. 公共服务设施适儿化改造

各类公共服务设施应在环境安全、母婴室、家庭卫生间以及具体设施方面体现适儿化的一般要求。在环境安全方面，应在重点区域设置视频监控装置和紧急报警装置，儿童活动场地设计应避免遮挡儿童陪护人的看护视线，室内建设材料、设施设备材料、家具材料应符合国家相关质量标准和环保要求，地面铺装宜采用柔性材料和满足防滑要求，尽量使用窗户护栏、窗口限位器等防护用品和具有儿童保护功能的家用电器。在母婴室与家庭卫生间方面，大型交通枢纽、商业中心、医院、旅游景区及游览娱乐等公共场所应设置独立母婴室和家庭卫生间，并配备基本设施，火车等移动空间可在卫生间内设置折叠的婴儿整理台，在无障碍洗手间或车厢等适当位置灵活安排哺乳空间。在其他具体设施方面，儿童高频使用的设施宜设置低位服务台、儿童专用桌椅和婴儿车存放和停留空间以及适合婴儿车

---

[1] 参见曹现强，马明欢．儿童友好型城市治理的路径分析与实践逻辑——基于10个国家治理实践的文本分析 [J]．山东大学学报（哲学社会科学版），2022（01）：119—130.

[2] 参见万晓冉．建设"儿童友好城市"软环境要同硬实力双管齐下 [J]．中华建设，2022（06）：3—4.

[3] 发展小生境理论即指每一物种都有适合其生长的、区别于其他物种的独特小生境；当小生境遭到破坏，物种将难以生存。儿童日常高度接触的社区、学校、托育机构等物理与人文环境将显著影响儿童接受抚养和教育的习惯、父母的心理特征等，并综合形成了儿童发展所依赖的小生境。参见 C. M. Super and S. Harkness. *The Development Niche*: *A Conceptualization at the Interface of Child and Culture* [J]. International Journal of Behavioral Development, No. 9 (1986): 545–569.

推行的坡道等。

除这些一般要求外，对不同类别的具体服务设施还应具有有所侧重的特殊要求。如针对儿童教育设施的适儿化改造，应围绕儿童课内教育和课后实践活动需求，形成安全、舒适、友好的校园环境。首先，教育设施内室外活动场地的适儿化改造应重点增强教育引导功能，室内空间的适儿化改造应重点拓展儿童感兴趣的空间场景。其次，应提升教育设施无障碍建设水平，满足适龄特殊儿童参与融合教育的需求。

如针对医疗卫生服务机构的适儿化改造，相关机构的医疗卫生设施应围绕便捷就诊和人性化服务需求，推进既有医疗卫生设施的适儿化改造，打造安全舒适、便捷专业、趣味多样的空间环境。首先，应设置儿童、看护人与医生互动空间和室内儿童活动场地，配备儿童座椅、读物、玩具、饮水机等，缓解儿童就医紧张情绪。其次，儿科门诊、候诊区、就诊室、儿科病房的设计和装饰应有利于儿童患者的生理心理健康，鼓励融入儿童创意设计元素，采用多元化的色彩表达。最后，宜增设信息化设施设备，可设置儿童专用电梯或快速通道，提升便捷就医能力，有条件的可增设线上儿科诊室。

在儿童使用的公共文体设施建设上，城市公共图书馆和街区儿童活动中心内设的儿童阅览区、社区儿童之家内设的儿童图书角、社会力量建设的公益性儿童图书馆等图书阅览设施应围绕培养阅读习惯、体验阅读乐趣、引导探索知识等目标，采取分区设置阅览区、提供图书展示架、引入盲文阅读素材等推进适儿化改造；面向儿童开放的综合博物馆、科技馆、公共美术馆、展览馆、公共剧场、音乐厅以及儿童博物馆等展示与艺术表演设施应围绕培育科学和艺术兴趣、激发探究和创新能力、提高鉴赏能力和综合素养等目标，配备符合儿童行为尺度的展陈设施并探索展教结合的沉浸式、体验式儿童交互模式，设置便于儿童理解的参观引导标识、无障碍标识、无障碍坐席等；面向儿童开放的体育场馆、训练基地、群众性体育运动场所等体育设施应围绕增强健康体魄、促进茁壮成长、开展体育运动和竞技、传授体育运动知识和技能等目标，配置易于儿童理解的使用说明标识，针对不同年龄段儿童的身体特征设计、布置运动场地和体育运动设施，并设置看护人陪护和休憩场地。

2. 道路空间适儿化改造

道路空间应在道路横断面、人行空间、过街设施、无障碍设施、街道照明等方面体现适儿化的一般要求。在道路横断面方面，护栏不宜采用儿童容易攀爬的栅格形式，道路交叉口、人行横道及道路沿线机动车出入口视距三角形范围内不得设置任何超过儿童身高的物体，以保障儿童安全。在人行空间方面，林荫道建设与改造应充分考虑儿童及看护人遮阴纳凉的需要，同时设置自行车道。在过街设施方面，儿童过街应以平面过街设施为主，设置立体过街设施时宜设置电梯，满足无障碍通行的要求。在无障碍设施方面，儿童推车通行空间存在高差的地方应设置无障碍坡道，人行道的各种路口、出入口位置及人行横道两端应设置缘石坡道，人行道及临近区域设置休息座椅时宜为儿童推车和轮椅设置停放空间。在街道照明方面，应保证儿童和自行车夜间通行的安全性和方便性，并宜采用高光效光源和高效率灯具。

此外，对学径空间、儿童主要活动场所周边道路及候车空间、标识系统进行适儿化改造还应当符合特殊要求，保障儿童能够安全便利到达各类儿童服务设施和活动场地。如应结合儿童上学及日常生活轨迹，借助城市人行道和自行车道、绿道等慢行系统，因地制宜打造不同类型的学径；应在邻近幼儿园、中小学校周边道路设置"学校区域"警示标识，学校门前应施划黄色网格禁停标线，建设完善的校园周边安全设施，全覆盖设置视频监控系统；应围绕提升儿童使用公共交通的便捷性和舒适性，推进候车空间的适儿化改造，配置清晰醒目的引导标识，配备无障碍踏板，设置爱心专座[①]；应按照功能性、规范性、安全性、人性化原则推进标识系统适儿化改造等。

3. 公园绿地适儿化改造

公园绿地是儿童户外休闲游乐活动的重要场所，应根据儿童身心特点，对儿童使用频率较高的城市郊野型公园、综合公园、专类公园、社区公园、口袋公园、广场等进行差异化适儿化改造，保障儿童游戏权利，为

---

① 参见谢淑鑫，李星智，宋丽姝等．城市公交系统中儿童乘员无障碍设计研究[J]．美与时代（城市版），2018（09）：121—123．

儿童提供安全而有包容性的绿色公共空间，突出儿童户外活动的安全性、场地塑造的趣味性、儿童形态的亲自然性[①]。在公园绿地的适儿化改造中应遵循一定的改造要求，如公园绿地中儿童活动场地的地形设计应保证环境安全、无视线盲区、坡度适宜；公园绿地内自然驳岸临水处应作防滑设计，避免儿童落水；水深较深的水景区域应设置安全护栏，岸边儿童活动场地应设置防护措施；儿童活动场地内应避免选用易对儿童身心健康造成危害的植物，植物空间设计宜避免过于郁闭，应合理进行修剪，便于看护人对儿童进行看护；附属服务建筑入口应设置无障碍通道，外观设计可采用吸引儿童的色彩图案；城市综合公园、专类公园宜实现广播和对讲机全覆盖，并保持畅通有效，提供免费急、难、险事救助服务。针对郊野型公园、综合公园、专类公园及广场社区公园、游园和口袋公园等具体类型的绿地公园还应在因地制宜的基础上作出部分特殊的无障碍设计调整。

4. 家庭及教育适儿化改造

在家庭教育之中，隔代教育指父母由于各种原因不能亲自抚育子女，而是交由祖辈代劳的教育模式。在实际的隔代教育过程中，尤其是处身城市中的老年人其实并不轻松。这个时期的幼儿正处在快速成长期，针对他们的启蒙和教育需要有人与物的共同作用。儿童用品市场的勃发让年轻父母们带着"科学育儿"及"解放"的希望不断购置新式育儿工具，老人对网络化、科技化产品相对陌生，这些工具的出现让老人需要再次学习和适应。高品质的城市生活及物化环境对老人提出了高要求，面对五花八门的育儿产品，老年人由于教育观念、文化水平、行为能力的限制，往往在使用上受挫，这也成了城市隔代教育中容易被忽视的矛盾点。这种背景下，代际无障碍设置呼之欲出。代际无障碍即为清除代与代之间的行为、情感的交互障碍，综合考虑儿童与老人的行为互动、意识与动作反应，尽

[①] 吴艳艳. 让城市回归儿童——创建儿童友好型城市评估框架［A］. 中国城市规划学会，杭州市人民政府. 共享与品质——2018 中国城市规划年会论文集（14：规划实施与管理）［C］. 北京：中国建筑工业出版社，2018：8.

量为双方使用者提供最大便利①。对此，建议致力于优化一切隔代关系中所用的物与环境，推行代际无障碍设计，通过设计来消除让双方使用者感到困惑、困难的"障碍"，提升儿童与老人双方的产品体验：功能要素方面加强引导，降低学习成本；人机要素方面遵从主用户，细节通用设计；情感要素方面注重互动式情感化设计。

（三）适儿化改造联通无障碍环境与儿童友好城市

1986年，原建设部、民政部、中国残疾人福利基金会共同编制的《方便残疾人使用的城市道路和建筑物设计规范（试行）》指出，"无障碍设计服务的人群主要是残疾人"。而彼时社会大众对残疾人的定义理解更多是源于医学领域的功能丧失。2010年美国修订的《残疾人法案》规定，只要有功能性障碍就为残障，残障存在与否及其程度，要看社会角色和活动在多大程度上受到限制，而不是简单地观察其生理或心理状态如何，它极大地扩展了美国无障碍环境建设的服务对象和领域。日本也结合日本养老机制，依托于专项介护保险，对无障碍人群进行了更加广义的描述，聚焦高龄者、残疾人，从而解决人口老龄化带来的社会医疗和护理问题。由此可见，美日等发达国家的无障碍需求人群和服务对象是根据人对空间的使用能力来进行界定、评价的②，在这种语境下，存在障碍的特殊群体包括老年人、残疾人和患病者等。

2012年我国对无障碍环境服务对象的范围又进行了重新界定。《无障碍设计规范》（GB 50763-2012）"总则"第1条便明确指出："无障碍环境的建设，为行为障碍者以及所有需要使用无障碍设施的人们提供了必要的基本保障。"它将存在特殊障碍的群体概述为"所有需要的人们"，这一说法可以指代残疾人、老人、妇女、儿童以及带行李出行的人。这意味着我国对无障碍环境建设的认识已实现了从特定群体的福利关怀迈向了对更

---

① 参见周冰洁. 城市隔代教育背景下的代际无障碍设计[J]. 设计，2022，35（06）：134—136.

② 参见吕世明. 我国无障碍环境建设现状及发展思考[J]. 残疾人研究，2013（02）：3—8.

多数人群的权利保障[①]，保障范围正从"特定"向"不特定"延展，无障碍环境正逐渐成为促进、促成不同类型、不同背景、不同需求的人群进行社会交流、构建社会信任、进行社会融合的基本要件。无障碍环境无疑是残疾人、老年人参与社会生活的基本条件，但同样也是妇女、儿童以至全社会成员平等参与社会生活、投入实践活动的基础措施，更是拓展城市功能、提升城市水平、反映城市文明程度不可或缺的关键元素。这与联合国《2030年可持续发展议程》框架下对无障碍环境的定义类似，即无障碍环境指虚拟或实体的灵活的设施和环境，以满足每个用户的需求和偏好。改变对无障碍环境庇护群体的狭隘性的判断是无障碍环境建设过程中的重大突破，也是面向未来一段时期的国际性发展趋势。

因而，《无障碍环境建设法》是关于无障碍设施建设的立法，也是关于普及、弘扬无障碍理念的立法。推动结构设计、场地塑造、功能规划等物理空间要素上的无障碍与人际网络、睦邻关系、情感互动等社会交往要素上的无障碍的交互融合[②]，令有需要的人都能享受无障碍融入环境的便利，是无障碍建设的最终标准。无障碍环境建设是保障特殊群体权益、推动我国人权事业发展进步的内在要求，通过适儿化改造而落成的儿童友好城市正彰显着无障碍环境建设理念的进一步细化与深化。

小　结

多角度、多层次地体现人文关怀，为社会之中不同年龄、不同性别、不同阶层、不同生理心理境遇的人群平等而便利地参与社会生活提供多元化保障，是当前无障碍环境建设理念的应有之义，也是最新的无障碍环境立法所延续与坚持的。在无障碍环境建设中，适儿化的考量不可或缺，力主推进包容普惠的无障碍环境建设的适儿化改造正成为儿童友好城市建设的明确抓手。无论是立法规范还是技术标准抑或是服务准则，均应以满足

[①] 参见吴振东，汪洋，叶静漪. 社会融合视角下我国无障碍环境建设立法构建[J]. 残疾人研究，2022（S1）：21—28.

[②] 参见周望，阳姗姗，陈问天. 迈向儿童友好社区：解析框架、典型案例与施策路径［J］. 人权，2021（03）：148—165.

全龄友好的人性化和通用性为指引，厚植"服务于所有公民，一个都不能少"的理念，围绕无障碍的要求，在儿童友好城市建设中精细体现适儿化元素。

（苑宁宁，中国政法大学法学院副教授、硕士生导师；吴则毅，中国政法大学法学院硕士研究生）

《无障碍环境建设法》实施建议

薛 峰 凌苏扬 李叔洵

【摘 要】《无障碍环境建设法》的表决通过，标志着我国在无障碍立法方面里程碑式的进步。建议实施《无障碍环境建设法》时，在政策机制方面，注重融合机制、协同机制、共建机制的建立；在实施方法方面，注重设计引领、标准支撑、精益实施；在环境建设方面，保证城市、社区、居家环境建设；在社区服务方面，注重和谐共建、服务需求和智慧生活。

【关键词】 无障碍环境建设；机制保障；实施方法

前 言

过去几十年中，我国在无障碍环境建设方面已取得了长足发展。2023年6月28日第十四届全国人大常委会第三次会议表决通过《无障碍环境建设法》，这是中国首次就无障碍环境建设制定专门性法律，标志着我国在无障碍立法方面里程碑式的进步。

无障碍环境建设与改造以满足全体人群对宜居环境的需求为核心，从全龄友好型城市社区环境品质提升出发，统筹营造城市、社区和居家的系统性无障碍环境，建立社区生活圈多维度、全人群、全要素的城市社区居家无障碍改造体系构架，从物理空间、社会空间、信息空间、美学感知、健康感知等多维度，将全体无障碍需求者个性与通用需求全要素进行统筹整合，消除一切场所中存在的障碍，为全体人群提供人性化服务，营造高标准、高质量、高品质的无障碍环境。

现就《无障碍环境建设法》具体条文的实施提出以下几方面的建议。

《无障碍环境建设法》实施建议 | 127

全龄友好无障碍环境服务人群图解

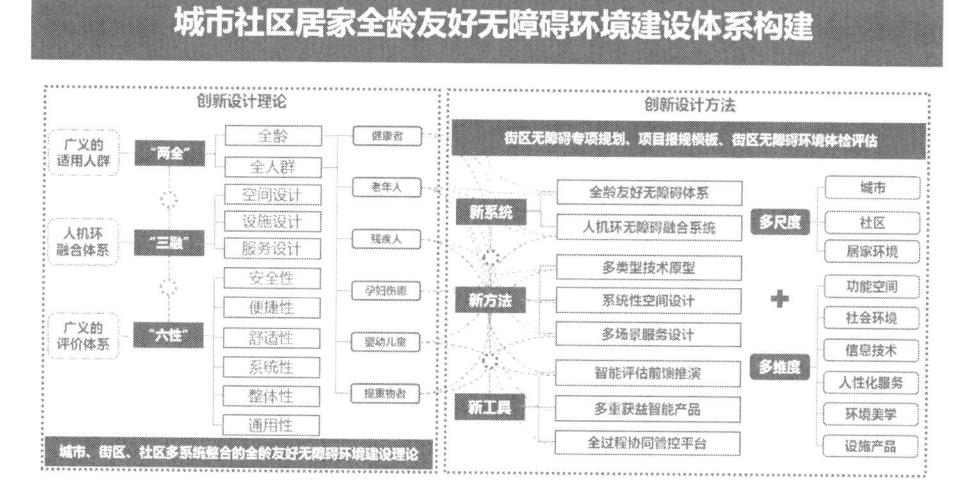

城市社区居家全龄友好无障碍环境建设体系构架

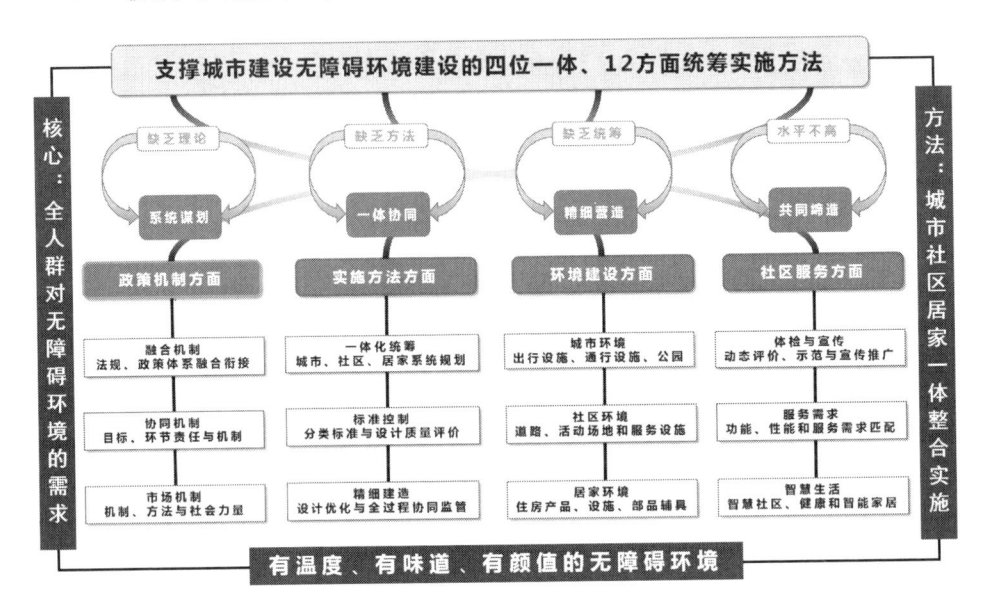

无障碍环境建设实施方法构架

一、政策机制方面

针对第十八条"对既有的不符合无障碍设施工程建设标准的……县级以上人民政府应当根据实际情况，制定有针对性的无障碍设施改造计划并组织实施。无障碍设施改造由所有权人或者管理人负责"、第十七条"国家鼓励工程建设单位……邀请残疾人、老年人代表以及残疾人联合会、老龄协会等组织，参加意见征询和体验试用等活动"、第十四条"工程建设单位应当将无障碍设施建设经费纳入工程建设项目概预算"等提出以下系统性建议和措施。

（一）融合机制

一是落实推进无障碍环境建设的责任主体。市、县人民政府是推进本行政区域无障碍建设与改造工作的责任主体，主要负责人是第一责任人。要建立健全工作责任制，落实牵头部门，明确相关部门和单位分工与责任清单，依法制定实施细则，协调解决实施中出现的困难和问题。

二是推动法律法规与技术规范相融合。赋予技术标准法律效能，形成闭环体系。在无障碍和适老环境建设等方面的法律法规制定、修订中，将城市建设领域技术法规中的关键核心内容和管控机制纳入其中。当前《无障碍环境建设法》已将全文强制性国家标准《建筑与市政工程无障碍通用规范》的关键性内容纳入其中。建议《老年人权益保障法》修订时，应与全文强制性国家标准《住宅项目规范》相融合。

三是推动建设管控惩罚与法规相融合。建立设施配置、过程督导、运行维护全寿命期的闭环管控机制，加快公益诉讼和采信体系建立，形成有法可依、依法提升无障碍环境建设的良好环境。

（二）协同机制

一是明确15分钟生活圈的建设内容与目标。编制街区、社区、居家分类分级任务和目标清单，统筹资源配置、补齐短板。制定地段区域和项目地块分类指标控制体系，形成无障碍设计指引、控制要点和改造内容明细。

二是建立多部门、多主体的统筹协同机制。我国有关无障碍环境建设相关工作内容涉及多个管理部门，为避免管理上的"条块分割"现象，应建立由规划与建设管理部门牵头的跨部门联席会议制度、领导小组办公室机制和绿色审批流程通道等多方联动、高效运转的议事协调机制，将城市规划、土地资源、财政扶持、定价补贴、金融支撑、医养保障等机制统筹起来。统筹协调涉及区县委办局、街道、社区以及市政、交通等主管部门和社区群众意见等各类问题。

三是构建社区存量空间市场化利用新机制。将公共配套服务设施的无障碍适老化改造项目与存量土地、闲置资源、公共空间等资源联动，引入新业态，拓宽存量空间的市场化利用方式，激发社会资本参与老旧小区改造的积极性。探讨在缺少相应土地权证的情况下，"地建分离"的适老配套服务设施补短板方法，以及设施使用权属认定等问题。探讨利用"拆除原址重建"加建（加建不超过10%）社区居家养老租赁住房等相关机制。

（三）共建机制

一是建立政府引导社会资本参与的投入机制。优化政府财政资金投入机制，充分发挥政府财政资金引导作用，通过资金补贴和政策激励引导，动员社会资本参与无障碍适老化改造。

政府切实履行基本公共服务职能，强化在城市公共设施无障碍改造中的支出责任，通过政府预算安排财政资金，直接投资于城市公共空间的无障碍改造。积极探索政府与社会资本合作模式，鼓励国有企业通过"融资平台＋专业企业"推动社区的适老化改造，同时推动国有企业"治理＋改造＋运营"的一体化实施，推动以"物业＋养老"的方式，引入社会资本投资改造运营低效空间和存量设施，同步提升适老配套服务设施运营水平和社区物业服务水平。

二是建立激励引导企业共同参与的扶持机制。对参加无障碍适老化改造的小型微利企业，落实国家扶持小微企业相关税收优惠政策，给予增值税、企业所得税优惠；对无障碍适老化改造项目免征行政事业性收费和政府性基金；对企业符合规定条件的支出，准予在企业所得税税前扣除；对片区无障碍适老化改造项目实行优惠贷款和财政贴息等。

三是建立社区共建和居民共同出资议事机制。无障碍适老化改造工程与房屋的价值提升紧密结合，应在社区改造中明确"自下而上"的资金和事务管理方法。针对户内空间、楼本体和社区公共空间的适老化设施，使居民放心拿出"钱"来共同提升自己家园的价值，使居民树立起"我维护、我改造、我得利"的观念。应建立激励居民共同出资改造的机制，提升住宅本体价值，共建共享改造成果。

二、实施方法方面

针对第十二条"新建、改建、扩建的居住建筑、居住区、公共建筑、公共场所、交通运输设施、城乡道路等，应当符合无障碍设施工程建设标准。无障碍设施应当与主体工程同步规划、同步设计、同步施工、同步验收、同步交付使用"、第十五条"工程设计单位应当按照无障碍设施工程建设标准进行设计"等提出以下系统性建议和措施。

（一）设计引领

开展社区 15 分钟生活圈无障碍适老化专项体检，编制整体改造提升专项规划，通过统筹片区整体资源，进行无障碍适老化环境建设"再规划"布局，有效利用各种资源，明确配套服务补短板的改建、加建、扩建内容和数量，如通过停车设施改造、片区统筹增设便民适老配套服务设施等增加运营收入，形成总体平衡方案。

一是开展社区无障碍适老化专项体检。特别是应用大数据等相关技术，对全人群的行为、需求，空间与功能布局、资源配置、设施维护情况等要素开展高密度网格化现状数据收集与分析，摸清底数。

二是推进统筹建设的规划设计引领。编制与国土空间规划相结合的无障碍适老化环境建设专项规划，解决总规、控规、街区和地块城市设计中各项建设要求的控制指引，主要内容包括：15分钟生活圈服务设施资源配置、主要出行流线的无障碍设施、城市公交设施分布、城市慢行系统、城市与社区的各类活动场所地，以及各类场地和建筑边界的人性化服务设施等。

三是建立全过程介入的实施新方法。构建"五个一"全过程介入实施方法（一书、一图、一表、一体、一人的实施方法）。"一书"指的是片区无障碍适老化改造整体实施方案建议书，包括改造内容清单和出资筹资金融方案、存量资源整合利用方案、配套服务设施运行方案、沟通协商方法、政策帮扶利用建议、施工组织方案；"一图"指的是片区无障碍适老化改造规划设计；"一表"指的是无障碍适老化改造内容基础型、完善型、提升型对标表；"一体"指的是一体化统筹管理流程方法；"一人"指的是无障碍适老化改造的责任规划师和建筑师负责制。

（二）标准支撑

一是建立城市社区居家通用设计与技术标准体系。建立包括社区周边城市开敞空间、社区公共环境、社区服务设施、住宅公共空间、住宅套内空间等空间场所和信息化服务等系统性标准，基于工效学的社区无障碍适老化通用设施、辅具产品和服务的系统性标准体系，以及经过评估认定，残疾人和老年人居住的住宅受条件所限无法进行无障碍适老化改造，在原片区内置换至无障碍适老化住宅或公寓的标准。

二是建立全龄友好环境与通用产品性能标准体系。推动住宅长时序无障碍适老化功能和性能的提升，制定能够满足居住者在不同年龄段使用要求的高品质长寿命住宅通用性能标准，以及"高质量好房子建设"承诺机制。从"拿地"开始，就建立无障碍适老化环境建设的社会信用体系，延长住宅寿命。

三是制定无法改造情况下可替代措施或服务标准。针对城市旧区住宅等难以进行无障碍适老化设施建设或改造后无法满足现行标准规定的情况，制定临时设施、辅具、预约服务等替代措施的技术标准，以及智慧家居无障碍服务技术与验收标准。

（三）精益实施

一是推进全龄友好环境建设的精细化设计。建立社区责任规划师和建筑师负责制机制，从策划、设计、材料部品选择到细部构造优化的全过程责任机制。加强无障碍适老化环境建设中"绣花功夫"的一体化、精细化、人文化专业设计水平。倡导专家下社区，"小设施、大师干"的全程"陪伴式"服务，形成花小钱办大事，处处有设计的社区改造场景。实现"有温度、有味道、有颜值"的高品质建设。

二是推动无障碍适老化与城市环境品质整体提升。建立将无障碍适老化功能性能、景观、市政、社区文化、配套服务、无障碍设施、信息化设施以及共性与个性需求等多元要素耦合统筹的实施方法。制定详细的措施要求，全过程精益管控流程和方法。

三是建立执业资格、机构和项目认证机制。建立完善无障碍适老化设计和咨询执业资格认证制度，大力开展专业技能培训，培养更多的具备专业知识技能的服务团队。建立第三方非营利机构专业服务咨询机制，提供全过程管控的系统化、精细化专业咨询服务。

四是建立无障碍适老化环境建设质量后评价体系。建立安全、便捷、舒适、系统、整体、通用等多元多维的无障碍适老化环境建设评价体系，定期开展社区环境健康风险评估，为居民提供安全健康的大气、水和土壤环境。建立勘察设计单位及项目负责人设计质量信用评价方法，健全完善事后抽查工作程序，建立勘察设计质量信用评价体系（信用评价实行计分制）。

三、环境建设方面

针对第二十二条"国家支持城镇老旧小区既有多层住宅加装电梯或者其他无障碍设施,为残疾人、老年人提供便利。县级以上人民政府及其有关部门应当采取措施、创造条件,并发挥社区基层组织作用,推动既有多层住宅加装电梯或者其他无障碍设施"、第二十三条"新建、改建、扩建和具备改造条件的城市主干路、主要商业区和大型居住区的人行天桥和人行地下通道,应当按照无障碍设施工程建设标准,建设或者改造无障碍设施"、第二十四条"停车场应当按照无障碍设施工程建设标准,设置无障碍停车位,并设置显著标志标识。……应当在显著位置放置残疾人车辆专用标志或者提供残疾人证"、第二十五条"新投入运营的民用航空器、客运列车、客运船舶、公共汽电车、城市轨道交通车辆等公共交通运输工具,应当确保一定比例符合无障碍标准"等提出以下系统性建议和措施。

(一)城市环境

一是推进出行设施无障碍适老化改造。构建老年人公交安全出行网络,合理规划公共交通运营线路、车次、站点;加强公交场站、地铁站等公共交通设施适老化、智能化建设与改造,改善候车环境,推进智能网联公交、网约车等城市出行服务一体化协同建设;对交通枢纽功能布局进行优化,提升设施配置的无障碍水平,推动同站无障碍便捷换乘。

二是推进慢行系统无障碍改造。构建多层次的城市慢行交通体系,满足残疾人使用轮椅,老年人以步行、自行车和电动车等方式为主的出行方式之需,提升残疾人、老年人出行主动性;加强城市道路步行系统无障碍建设与改造,对道路的交叉口、过街天桥、地下通道等节点进行无障碍改造,提升步行空间的舒适度;对医院、高密度居住社区和商业街区的上客区、落客区进行无障碍适老化改造。

三是推进公共设施无障碍适老化改造。合理配置和优化符合老年人需求的公共卫生间和休憩、紧急医疗、应急服务等设施;使公共空间具备社会交往、休闲娱乐、体育健身等无障碍适老化功能,帮助残疾人、老年人达到最佳活动和参与水平；开展散步道、广场和公园内硬化地面平整防滑改造；推进城市标志标识系统无障碍适老化改造，提倡设置与视觉标识配合使用的听觉标识和触觉标识。

(二) 社区环境

一是推进社区道路交通无障碍适老化改造。营造步行道路的无障碍环境，整治停车环境，实现小区道路的安全分流；满足急救车辆通达住宅单元出入口的要求；停车场建设与改造还应充分考虑包括非机动车在内的残疾人和老年人常用代步工具的停车需求。

二是推进社区活动场地无障碍适老化改造。营造社区公园、绿地、活动场地等场所的无障碍环境，改造加装符合全龄友好需求的健身器械和林荫休憩设施。推进街区全民健身中心或多功能运动场地建设，鼓励街区内学校、行政机关、企事业单位等附属的活动场地与周边居民共享。

三是推进市郊乡村社区无障碍适老化改造。提升城市郊区乡村社区的漫步空间、民宿、农家乐、公共卫生间等服务设施的无障碍适老化性能，使其成为残疾人、老年人假日旅游的打卡目的地。补齐相关标准、建设要求、认定方法等机制性建设的短板。

(三) 居家环境

一是推动住房无障碍适老化产品的研发与推广。按照老年人行为能力及特征，建设符合老年人全生命周期动态需求变化、类型丰富的住房产品体系。结合老年人身体机能、行动特点、心理特征、家庭结构和经济水平优化户型设计，开发一代居、两代居、多代居等适老化住房和养老公寓等租赁住房产品。

二是推进住房公共空间设施无障碍适老化改造。针对老旧住宅出入、上下楼困难等问题，推进电梯、无障碍升降机加建，栏杆扶手、台阶坡道改造，可移动坡道、爬楼机配置，结合标准建设构建技术服务保障体系。

三是推进无障碍适老化居家环境低扰动微改造。采用"一户一案"的服务责任机制和方法，开展适合残疾人和老年人生活习性的微改造，包括调整现有家具和物品摆放位置、改造物理空间、配置无障碍适老化辅具产品、配置智能化设施；加快住房的家具、部品、设施、设备及辅具等无障碍适老化产品设计、研发与应用，充分利用信息化、智能化技术，不断满足残疾人和老年人在生活照料、健康护理、文化娱乐、健身活动等方面的多样化、差异化、动态化需求。

四、社区服务方面

针对第二十九条"各级人民政府及其有关部门应当为残疾人、老年人获取公共信息提供便利；……同步采取语音、大字、盲文、手语等无障碍信息交流方式"、第四十条"行政服务机构、社区服务机构……应当设置低位服务台或者无障碍服务窗口，配备电子信息显示屏、手写板、语音提示等设备，为残疾人、老年人提供无障碍服务"等提出以下系统性建议和措施。

（一）和谐共建

一是建立社区无障碍适老化环境共建共享机制。结合残疾人和老年人服务需求，建立社区无障碍适老化环境的居民定期自查和共同维护工作清单。建立可量化、可实施的无障碍适老化环境建设具体事项清单和目标，每年对社区无障碍适老化环境建设和服务匹配进行定期自查，向社区和街道提出改进建议，共同维护和建设自己的家园。

二是创建推广无障碍适老化环境建设示范社区。结合创建全国无障碍建设示范城市（县）、全国示范性老年友好型社区创建等工作，开展示范项目的创建与推广。定期组织向社会征集和发布城市、社区、居家无障碍适老化改造的典型案例，引导各地参考实行。

三是加强社区党组织建设，弘扬助残敬老风尚。充分发挥基层党组织在社区治理体系建设中的领导作用、凝聚力和向心力，统筹协调社区居委会、业委会和物业服务公司等，形成党员带头、退休干部参与，带动身边居民宣传共建的工作方式。形成"党员议事厅"机制。营造残疾人、老年人社会参与支持环境，弘扬助残、助老、敬老、养老的良好风尚，倡导代际和谐社会文化。

（二）服务需求

一是构建无障碍适老多元需求精准描述模型。通过科学系统的数据采集和调研分析，勾勒残疾人、老年人多元需求用户画像和描述模型，以不同层级生活圈（5分钟、15分钟生活圈）为单位建立残疾人、老年人需求清单和数据库，针对残疾人和老年人视觉、听觉、触觉、痛觉、认知的5种功能衰退，以及涉及残疾人和老年人生活的道路交通、活动场地、衔接空间、服务设施的4种生活场景，提出无障碍适老化服务需求任务书，为社区服务提升提供精准施策依据。

二是推进新建社区健康健身服务配置。科学合理地规划社区多类型健康健身服务设施的选址和规模，满足不同年龄段残疾人、老年人健身运动、健康服务和文娱活动的适老服务配置，对社区配套服务设施进行跨社区地资源整合、统筹利用。

三是推进既有社区适老服务集约共享。推进老旧城区既有社区补齐适老服务设施短板，通过补建、购置、置换、租赁和改造等方式，大力提升社区老年人多元化需求的供给水平；推动设施功能集约、资源共享，推广社区适老化综合服务设施建设模式，推广小规模、多功能的社区适老服务设施建设。

（三）智慧生活

一是加快提升智慧社区无障碍适老化建设水平。利用5G、互联网、物联网、大数据、云计算等新一代信息技术的集成应用，结合社区智慧机房建设、家庭养老床位设置、智能设施和器具配置，为居民社区居家养老提供线上线下联动的网络就医、网购配送、事务办理、健康档案、人工智能诊断、娱乐健身等的信息化服务设施。

二是推动智慧家居和智能助老助残产品入户。推动提升残疾人、老年人生活环境的安全、便捷和舒适性，推广燃气泄漏、一氧化碳浓度报警等自动感知安全设施；推动适合残疾人和老年人舒适家居环境的智能产品应用。

三是推进社区健康环境建设与医养结合。建立社区健康管理信息化服务系统，包括人员生命体征及行为监测设施、健康风险预警设施、慢病干预设施和主动人居环境监测设施等。建立残疾人和老年人家庭病床信息化服务系统，与社区医院搭建可实施救护和治疗的平台，实现残疾人、老年人居家健康安全监控装置和家庭病床的信息化服务等功能。

参考文献

[1] 赵立志，杨戈，周庆，张昱朔，邱月. 中外城市环境无障碍建设的比较与反思 [J]. 城市发展研究，2014，21 (04)：4—7.

[2] 贾巍杨，王小荣. 中美日无障碍设计法规发展比较研究 [J]. 现代城市研究，2014，(04)：116—120.

[3] 宫晓东，高桥仪平. 日本无障碍环境建设理念及推进机制分析 [J]. 北京理工大学学报（社会科学版），2018，20 (02)：168—172.

[4] 邓凌云，张楠. 浅析日本城市公共空间无障碍设计系统的构建 [J]. 国际城市规划，2015，30 (S1)：106—110.

[5] 张家瑞. 日本铁路运输客运车站无障碍与人性化设计启示研究 [A]. 中国智慧工程研究会智能学习与创新研究工作委员会. 2020万知科学发展论坛论文集（智慧工程一）[C]，2020：876—886.

（薛峰，博士，教授级高级建筑师，中国中建设计集团有限公司总建筑师；凌苏扬，中国中建设计研究院有限公司建筑师；李叔洵，中国助残志愿者协会志愿者）

展望《无障碍环境建设法》推动下的无障碍设施建设水平提升

焦 舰

【摘　要】自上世纪 80 年代开始至今，在法律法规和技术标准的推动下，中国持续进行城市和建筑无障碍设施建设，取得了"从无到有"的成绩，开始走向精细化和品质化的建设。在这样的历史阶段，对于无障碍设施建设，2023 年 6 月 28 日第十四届全国人大常委会第三次会议审议通过的《无障碍环境建设法》不但提出了总体性要求，而且聚焦当下问题提出了具体要求，将会对中国无障碍设施建设水平的进一步提升起到极大的促进作用，并为中国无障碍设施建设指出发展方向和路径。

【关键词】无障碍环境建设法；无障碍设施；技术标准；融合无障碍环境

中国的无障碍环境建设一直以来是以《残疾人保障法》和《老年人权益保障法》为最顶层的指导纲领。2008 年修订的《残疾人保障法》第七章为"无障碍环境"，明确规定国家和社会应为残疾人平等参与社会生活创造符合残疾人实际需要的无障碍环境，包括符合标准的无障碍设施，以及为残疾人信息交流无障碍创造条件等。2018 年修订的《老年人权益保障法》也对无障碍设施建设提出了要求。

2023 年 6 月 28 日，第十四届全国人大常委会第三次会议审议通过的《无障碍环境建设法》是中国首次就无障碍环境建设制定的专门性法律。通过认真学习，笔者深切认识到《无障碍环境建设法》实施后定将会对无障碍设施建设水平的进一步提升起到极大的促进作用。

一、法律法规和技术标准推动的中国无障碍设施建设

（一）法律法规和技术标准推动的中国无障碍设施建设历程简介

20世纪80年代至今，在法律法规和技术标准推动下，中国持续进行城市和建筑无障碍设施建设。

1989年，《方便残疾人使用的城市道路和建筑物设计规范（试行）》的实施，标志着城市和建筑应该方便残疾人使用的理念开始得到社会和行业越来越多的认同；2001年，第一部正式无障碍行业标准《城市道路和建筑物无障碍设计规范》颁布，标志着我国进入了全面推动城市无障碍设施建设的阶段。

2003—2004年，上海市和北京市相继发布了关于无障碍设施建设和管理的地方法规，一些省市随后跟进，保证了无障碍设施建设有地方法规可依。

2012年国务院发布的《无障碍环境建设条例》是推进无障碍环境建设的重要行政法规。条例明确了城乡无障碍环境建设的三个重要组成部分：无障碍设施建设、无障碍信息交流和无障碍社区服务。在中国，无障碍设施建设首先起步，并将一直是无障碍环境的重要组成部分。在过去十多年，条例是无障碍环境建设工作的重要遵循，其中第二章"无障碍设施建设"对无障碍设施建设的范围、标准、责任主体等进行了规定。

以《残疾人保障法》和《老年人权益保障法》两个基础立法为依据，以《无障碍环境建设条例》为具体的工作方向，无障碍设施的技术标准逐渐由2001年的行业标准，在2011—2012年提升至国家标准（2011年颁布的《无障碍设施施工验收及维护规范》、2012年颁布的《无障碍设计规范》），2021年进一步颁布了全文强制性国家标准《建筑与市政工程无障碍通用规范》。全国大部分省、直辖市和一些市县逐步制定了适应本地情况的技术标准，发布了相关的管理法规、规章等规范性文件。

可以说，关于无障碍设施建设，已经形成了一个系统和层级比较完善的法律法规和技术标准体系，各行业已经强化无障碍意识，城市的无障碍

设施环境逐渐形成。

2002年10月，北京市、天津市、上海市、大连市、青岛市等12城市成为首批全国无障碍设施建设示范城（区）；之后，住建部、民政部、中国残联、全国老龄办联合持续推进全国无障碍设施建设示范城市（县、村镇）创建工作，以示范带动城乡无障碍设施建设的普及和提升，并取得了巨大的成效。

2015年2月，住建部、民政部、中国残联等部门发布了《关于加强村镇无障碍环境建设的指导意见》，推进无障碍环境建设由城市逐步向农村发展。

一些重点领域对于无障碍设施建设以政策文件的形式加以强调。以交通领域为例，2018年交通运输部会同住房城乡建设部、中国残联、全国老龄办等6部门联合印发《关于进一步加强和改善老年人残疾人出行服务的实施意见》，明确提出到2020年"新建或改扩建的铁路客运站、高速公路服务区、二级及以上汽车客运站、城市轮渡、国际客运码头（含水路客运站）、民用运输机场航站区、城市轨道交通车站无障碍设施实现全覆盖"。

综上可以看出，中国30多年的无障碍设施建设发展历程，是在法律法规的指导下，由技术标准带动建设实践，在总结实践经验的基础上，编制以无障碍设施为核心的"地方条例"或"管理办法"，进而提升至以无障碍环境为核心的全国性"条例"，将无障碍设施作为无障碍环境的重要组成部分。无论是政府推动的创建示范工作，还是重点领域的专门性要求，均是以国务院发布的《无障碍环境建设条例》及国家技术标准为依据。法律法规和技术标准的推动是中国无障碍设施建设工作得以长期全面开展的重要保证。

（二）对于无障碍设施建设的观察和思考

尽管已经取得了巨大的成就，但是现阶段中国的无障碍设施建设还没有达到人民对于人性化和包容性环境的期望，还不足以应对日益严峻的老龄化社会趋势。中国的无障碍设施建设经历了30多年的"从无到有"，应该开始走向精细化和品质化的建设。

然而立足现实，不得不说，现在全国范围内只有数量有限的重点项目能够实现较高品质的无障碍设施环境，国产化的高品质无障碍产品和部品还很缺乏。整体无障碍设施建设的品质提升并不容易，无法一蹴而就，还需要大量的工作投入。

早期的无障碍设施大多是"轮椅友好"设施，而且不乏方便一些人的无障碍设施对另外一些人构成障碍的情况，例如服务于视觉障碍者群体的盲道，在是否影响通行便利方面一直存在着颇多争议。因而通用设计、包容性等理念在最近几年成为"热词"，便利最大多数人的使用成为无障碍设施致力追求的目标。然而，虽然通用设计原则在产品设计领域产生了大量的成功案例，但在城市和建筑的无障碍设施方面，真正的通用设计还乏善可陈。

无障碍环境建设最终是要营造一个令所有使用者身心舒适方便的场所，而不是应付法律法规标准的"无障碍设施清单"。底线性的法律法规和技术标准对于安全方便只能进行原则性要求，具体到一个场所，怎么满足所有使用者的安全方便是一事一议的具体命题。

无障碍信息交流和无障碍服务的实现，都离不开基本的硬件无障碍设施的保障。所有的信息交流和服务都是在物质化的场所里发生的，这个场所达到"无障碍"应是第一步任务。同时，凭借信息化等技术手段，越来越先进、精细的无障碍信息交流和无障碍服务对于形成更加完善的无障碍环境愈发重要。

鉴于上述观察和思考，笔者曾经提出，中国的无障碍环境建设会经历四个较大的变化。一是从关注"有无"逐渐向关注品质提升，二是从以肢残人士为主要服务对象的可达性无障碍设计逐渐向通用无障碍设计过渡，三是从从属的附加性建设逐渐向全方位一体化的建设发展，四是无障碍信息交流、无障碍服务与无障碍设施相结合，逐渐构建完整的无障碍环境。

虽然当前适应上述四个变化有着一定的基础，但仍存在一些不足，具体到无障碍设施建设方面的不足，主要有以下六点：

1. 《北京市无障碍环境建设条例》首次在立法层面提出了"通用设计"这一原则。北京市地方标准《公共建筑无障碍设计标准》中对"通用设计"给出的术语解释为："在无障碍设计基础之上，在最大限度的可能范围内，不分性别、年龄与能力，适合所有人方便使用的环境或产品设计。"对于设施，通用设计体现在功能便捷性和适应性方面；对于空间场所，通用设计更多体现在空间体验、设施配置强度和布局等方面，亟须深化相关研究，开展应用实践。

2. 中国现行的技术标准主要适用于城市，而农村地区的生活生产方式与城市有比较大的差异，现行的技术标准对其无障碍设施建设缺乏针对性，应从实际出发，逐步完善适合农村地区的无障碍设施技术标准，结合具体地区的经济条件和生活方式，逐步推进农村地区的无障碍设施建设。

3. 无障碍标识系统仍不完善，尤其是公共场所的无障碍标识缺失和不标准情况非常普遍。

4. 中国现行的技术标准中，关于无障碍设施的分类和技术要求，不但已经与国际接轨，而且达到了国际较先进的技术水平指标。但颁布的技术标准还不能做到完全落地，建设的验收和监管环节仍比较薄弱。

5. 即便在已经进行了30多年无障碍设施建设的城市中，仍然积累了大量的既有场所无障碍设施缺失和不标准的问题，尤其是安全性隐患大量存在，无障碍设施改造是需要未来持续大力投入的工作。

6. 对于无障碍设施建设的"结果端"缺乏监管，对于无障碍设施使用中造成的不便利甚至不安全的状况缺乏有执行力的惩罚措施。

二、《无障碍环境建设法》对于无障碍设施的要求

《无障碍环境建设法》共有8章，其中第二章"无障碍设施建设"是对无障碍设施的专门要求。其他章节的要求也和无障碍设施相关，第一章"总则"以及第五章"保障措施"、第六章"监督管理"、第七章"法律责任"对于无障碍设施都适用，第三章的"无障碍信息交流"、第四章的"无障碍社会服务"和无障碍设施共同构成无障碍环境。

（一）对于无障碍设施的总体要求

《无障碍环境建设法》第一章"总则"里的法律条文，是对无障碍环境建设提出的总体要求。无障碍设施作为无障碍环境的重要组成部分，自然应当遵循这些要求。针对上文提到的当前中国无障碍设施建设情况，笔

者认为《无障碍环境建设法》聚焦以下六点原则,对于持续开展无障碍设施建设的实践工作提出了总体要求。

1. **明确无障碍设施建设的核心功能**

"自主安全便利"是自国务院发布的《无障碍环境建设条例》到相关法规和技术标准中一以贯之的无障碍设施建设的核心功能。这一核心功能继续在《无障碍环境建设法》中得以体现,其中第二条即提到"国家采取措施推进无障碍环境建设,为残疾人、老年人自主安全地通行道路、出入建筑物以及使用其附属设施、搭乘公共交通运输工具,获取、使用和交流信息,获得社会服务等提供便利"。

2. **明确无障碍设施建设的原则**

在《无障碍环境建设条例》提出无障碍环境建设应当遵循实用、易行、广泛受益的原则的基础上,《无障碍环境建设法》"总则"中规定,无障碍环境建设应当"遵循安全便利、实用易行、广泛受益的原则"(第四条),将"安全便利"这一核心功能加入无障碍环境建设的原则。无障碍设施建设也应遵循这个原则。

安全便利、实用易行、广泛受益的原则包含了通用设计、包容性等理念,因而《无障碍环境建设法》所界定的"无障碍"具有全龄友好、共享包容等含义。

3. **要求提升农村无障碍设施建设**

《无障碍环境建设法》"总则"第五条规定:"无障碍环境建设应当与经济社会发展水平相适应,统筹城镇和农村发展,逐步缩小城乡无障碍环境建设的差距。"这一条正视了现实,提出了目标。为达到逐步缩小城乡无障碍环境建设的差距这一目标,在无障碍设施建设方面,亟须针对农村实际情况进行扎实调研,制定技术标准,探索工作模式,逐步改善农村地区的无障碍设施条件。

4. **强调合规性要求**

无障碍设施建设应当符合无障碍设施工程建设标准,这是从《残疾人保障法》至《无障碍环境建设条例》都提出的要求,可见其重要性。《无障碍环境建设法》"无障碍设施"这一章的第一条(总第十二条)即提出"新建、改建、扩建的居住建筑、居住区、公共建筑、公共场所、交通运输设施、城乡道路等，应当符合无障碍设施工程建设标准"。

无障碍设施建设的合规性，是实现其核心功能和符合建设原则的基本保障，也是政府和社会共同推动这项工作的有力抓手。

5. 强调系统性要求

无障碍设施建设的系统性包括时间和空间两个方面。在时间方面，《无障碍环境建设法》提出的要求是涵盖全程——"无障碍设施应当与主体工程同步规划、同步设计、同步施工、同步验收、同步交付使用"（第十二条）；在空间方面，《无障碍环境建设法》提出的要求是涵盖全域——新建、改建、扩建的无障碍设施应当"与周边的无障碍设施有效衔接、实现贯通"（第十二条）。

6. 明确无障碍设施建设的范围

"无障碍设施建设"这一章的第一条（总第十二条）"新建、改建、扩建的居住建筑、居住区、公共建筑、公共场所、交通运输设施、城乡道路等，应当符合无障碍设施工程建设标准"，即明确了无障碍设施建设的范围，之后通过不同条文对该条文中罗列的每一类场所进行分别规定。

（二）聚焦当下关键问题提出具体要求

1. 针对无障碍标识不完善的问题

无障碍标识是最先出现的"无障碍信息交流"，虽然在技术标准中一直有着明确的要求，但在非常需要无障碍标识的公共场所并没有得到很好的落实。《无障碍环境建设法》明确提出"无障碍设施应当设置符合标准的无障碍标识，并纳入周边环境或者建筑物内部的引导标识系统"（第十二条），建设促进公共场所完善无障碍标识系统。

2. 针对验收监管不足的问题

《无障碍环境建设法》有多处涉及验收的条文，体现了对于验收监管不足的重视。具体条文包括："不得擅自将未经验收或者验收不合格的无障碍设施交付使用。"（第十四条）"住房和城乡建设等主管部门对未按照法律、法规和无障碍设施工程建设标准开展无障碍设施验收或者验收不合格的，不予办理竣工验收备案手续。"（第十六条）"国家鼓励工程建设单位在新建、改建、扩建建设项目的规划、设计和竣工验收等环节，邀请残

疾人、老年人代表以及残疾人联合会、老龄协会等组织，参加意见征询和体验试用等活动。"（第十七条）

《无障碍环境建设法》明确了无障碍设施维护和管理的责任主体及其需要履行的责任。第二十六条规定："无障碍设施所有权人或者管理人应当对无障碍设施履行以下维护和管理责任，保障无障碍设施功能正常和使用安全：（一）对损坏的无障碍设施和标识进行维修或者替换；（二）对需改造的无障碍设施进行改造；（三）纠正占用无障碍设施的行为；（四）进行其他必要的维护和保养。所有权人、管理人和使用人之间有约定的，由约定的责任人负责维护和管理。"

对于损坏占用的问题，《无障碍环境建设法》第二十八条明确规定："任何单位和个人不得擅自改变无障碍设施的用途或者非法占用、损坏无障碍设施。因特殊情况临时占用无障碍设施的，应当公告并设置护栏、警示标志或者信号设施，同时采取必要的替代性措施。临时占用期满，应当及时恢复原状。"

3. 对于既有改造的问题

《无障碍环境建设法》第十八条提出："对既有的不符合无障碍设施工程建设标准的居住建筑、居住区、公共建筑、公共场所、交通运输设施、城乡道路等，县级以上人民政府应当根据实际情况，制定有针对性的无障碍设施改造计划并组织实施。"同时也考虑到了不同的现状条件，提出"不具备无障碍设施改造条件的，责任人应当采取必要的替代性措施"。

对于当下有着大量需求、备受群众关注的老旧住宅加装电梯问题，《无障碍环境建设法》第二十二条提出"国家支持城镇老旧小区既有多层住宅加装电梯或者其他无障碍设施，为残疾人、老年人提供便利。县级以上人民政府及其有关部门应当采取措施、创造条件，并发挥社区基层组织作用，推动既有多层住宅加装电梯或者其他无障碍设施。房屋所有权人应当弘扬中华民族与邻为善、守望相助等传统美德，加强沟通协商，依法配合既有多层住宅加装电梯或者其他无障碍设施"。这一条内容对协调解决工作困难、推进达成共识将会起到很大的作用。

4. 针对惩罚标准不够明确的问题

《无障碍环境建设法》"法律责任"这一章具有明确的处罚条款。具体到无障碍设施，第六十四条规定了不合规建设的单位"逾期未改正的，依照相关法律法规的规定进行处罚"。第六十五条对于"无障碍设施责任人不履行维护和管理职责，无法保障无障碍设施功能正常和使用安全""设置临时无障碍设施不符合相关规定"以及"擅自改变无障碍设施的用途或者非法占用、损坏无障碍设施"这三种情况，规定"逾期未改正的，对单位处一万元以上三万元以下罚款，对个人处一百元以上五百元以下罚款"。虽然相应的实施还需要细则，但罚款金额明确，落地性很强。

三、《无障碍环境建设法》为中国无障碍设施建设指出了发展方向和路径

（一）从融合无障碍环境的角度鼓励理念和技术提升

《无障碍环境建设法》第十三条提出"国家鼓励工程建设、设计、施工等单位采用先进的理念和技术，建设人性化、系统化、智能化并与周边环境相协调的无障碍设施"。从这一法条可以看出，理念和技术提升是手段，"建设人性化、系统化、智能化并与周边环境相协调的无障碍设施"是目标。

《无障碍环境建设法》第五十四条还提出"国家通过经费支持、政府采购、税收优惠等方式，促进新科技成果在无障碍环境建设中的运用，鼓励无障碍技术、产品和服务的研发、生产、应用和推广，支持无障碍设施、信息和服务的融合发展"。无障碍设施、信息和服务的融合发展将是未来无障碍环境的研究和实践的大方向，亟须站在融合无障碍环境的角度，建立协同机制，尽快补齐短板，均衡发展。

（二）加强无障碍设施建设全过程中需求方的参与

《无障碍环境建设法》除了在"总则"第九条规定"制定或者修改涉及无障碍环境建设的法律、法规、规章、规划和其他规范性文件，应当征求残疾人、老年人代表以及残疾人联合会、老龄协会等组织的意见"，还针对无障碍设施做出具体规定："国家鼓励工程建设单位在新建、改建、

扩建建设项目的规划、设计和竣工验收等环节，邀请残疾人、老年人代表以及残疾人联合会、老龄协会等组织，参加意见征询和体验试用等活动。"（第十七条）

笔者认为，无障碍设施建设的全过程中，需求方的参与在一头一尾阶段最重要，在建设的起始阶段，要充分了解残疾人、老年人等有无障碍需求的人士的具体功能需求，在建设完成后的验收和评价阶段要以上述人士的亲身体验来验证实效。

（三）鼓励通过提升无障碍设施建设水平促进无障碍服务

残疾人事业的发展需要无障碍设施的保障。例如，就就业服务来说，《无障碍环境建设法》第二十条规定"残疾人集中就业单位应当按照有关标准和要求，建设和改造无障碍设施。国家鼓励和支持用人单位开展就业场所无障碍设施建设和改造，为残疾人职工提供必要的劳动条件和便利"。就交通运输服务来说，《无障碍环境建设法》第四十二条规定"交通运输设施和公共交通运输工具的运营单位应当根据各类运输方式的服务特点，结合设施设备条件和所提供的服务内容，为残疾人、老年人设置无障碍服务窗口、专用等候区域、绿色通道和优先坐席，提供辅助器具、咨询引导、字幕报站、语音提示、预约定制等无障碍服务"。就教育服务来说，《无障碍环境建设法》第四十三条规定"教育行政部门和教育机构应当加强教育场所的无障碍环境建设"。

（四）闭合完善包括无障碍设施在内的无障碍环境建设全链条管理

《无障碍环境建设法》第五十三条规定"国家建立健全无障碍设计、设施、产品、服务的认证和无障碍信息的评测制度，并推动结果采信应用"，第六十条规定"县级以上地方人民政府有关主管部门定期委托第三方机构开展无障碍环境建设评估，并将评估结果向社会公布，接受社会监督"。这些法条对现在后评估缺失的无障碍设施建设起到了闭环的作用。无障碍设计的认证只是个避免返工修改造成浪费的中间环节，关键是要以结果绩效导向的认证评估，反向制约建设中的设计、施工、采购、验收等各个环节。

（五）推动包括无障碍设施在内的无障碍环境建设向更加专业化发展

《无障碍环境建设法》中有不少推进无障碍环境建设人才专业化的规定，例如第五十五条提出"国家建立无障碍环境建设相关领域人才培养机制。国家鼓励高等学校、中等职业学校等开设无障碍环境建设相关专业和课程，开展无障碍环境建设理论研究、国际交流和实践活动。建筑、交通运输、计算机科学与技术等相关学科专业应当增加无障碍环境建设的教学和实践内容，相关领域职业资格、继续教育以及其他培训的考试内容应当包括无障碍环境建设知识"，第五十六条提出"国家鼓励机关、企业事业单位、社会团体以及其他社会组织，对工作人员进行无障碍服务知识与技能培训"。

总之，《无障碍环境建设法》通过立法保障无障碍环境建设，将成为中国无障碍环境建设历史中一个重要的里程碑。它是过去30多年从无障碍设施建设到无障碍环境建设的重要成果，也是一个融合的无障碍环境的未来开端。《无障碍环境建设法》颁布后，必将带动展开大量工作，无障碍设施建设领域需要根据相关条文进行梳理，制定规划，逐步落实，以保证无障碍设施建设符合法律要求。

（焦舰，北京市建筑设计研究院有限公司副总建筑师、无障碍通用设计研究中心主任）

《无障碍环境建设法》
推动信息无障碍发展步入快车道

王 莉

【摘 要】 当前,信息技术创新空前活跃,已成为推动经济社会发展、改善民生的重要力量。互联网给人们的出行、购物、社交、娱乐、就医、教育等各方面带来极大便利。但是,老年人、残疾人等却难以充分享受数字技术进步带来的红利,"信息障碍"加剧。《无障碍环境建设法》专章规定了无障碍信息交流内容,为信息无障碍发展提供了法治保障,推动信息无障碍发展进入快车道。《无障碍环境建设法》在受益群体范围、行政主体责任、执法监督机制等方面对信息无障碍工作提出了明确的要求。落实《无障碍环境建设法》需要科学把握法律新任务新要求,完善配套机制,加强宣贯推广,推动信息无障碍高质量发展,助力构建信息通畅、体验舒适的无障碍环境,弥合残疾人、老年人面临的"数字鸿沟",促进全体社会成员共享经济社会发展成果。

【关键词】 数字技术;标准规范;互联网应用适老化及无障碍;高质量发展

当前,信息技术创新空前活跃,已成为推动经济社会发展、改善民生的重要力量。互联网给人们的出行、购物、社交、娱乐、就医、教育等各方面带来极大便利。但是,老年人、残疾人等却难以充分享受数字技术进步带来的红利,"使用性数字鸿沟"加剧。

2023年6月28日,第十四届全国人大常委会第三次会议表决通过《无障碍环境建设法》。这是我国首次就无障碍环境建设制定专门性法律。《无障碍环境建设法》积极适应新时代、新任务、新要求,从设施建设、信息交流、社会服务等方面，全面系统地对无障碍环境建设主要制度机制作出规定。第三章"无障碍信息交流"对互联网网站、服务平台、移动互联网应用程序、音视频以及多媒体设备、移动智能终端设备、电信终端设备等产品和服务提出了要具备无障碍功能的要求，这对于帮助老年人、残疾人共享数字化发展成果，构建友好包容的数字社会具有重要意义。

一、信息技术快速发展扩大"使用性数字鸿沟"

信息通信业是国民经济的战略性、基础性、先导性行业，对促进经济社会发展具有重要支撑作用。党的十八大以来，我国信息通信业取得了跨越式发展，基础设施能力大幅提升，信息通信技术加速迭代，业务融合应用蓬勃发展，在经济社会发展中的重要作用更加凸显，为全面建成小康社会、开启全面建设社会主义现代化国家新征程奠定了坚实基础。

我国建成了全球规模最大的光纤和移动网络，城乡区域性"数字鸿沟"大幅缩小。截至2022年底，我国累计建设开通5G基站231万个，占全球5G基站总数的60%以上；移动互联网用户总数达16.83亿户，千兆光纤网络具备覆盖超过4亿户家庭能力。全国行政村历史性实现"村村通宽带"，并且城乡同网同速。我国数字化发展全球领先，数字消费市场规模全球第一，网民规模连续13年位居世界第一。随着物联网、人工智能、大数据和云计算等新技术快速发展，信息通信技术在生活各个领域逐步渗透并深化，极大提高了人们的生活质量和工作效率，使人们的生活变得越来越智能化。

然而，信息通信技术的快速发展也是一把双刃剑，不同群体间数字化发展不平衡不充分问题相对突出，"使用性数字鸿沟"日趋扩大。对于大多数人而言，信息通信技术给生活、工作带来了诸多便利，但对于老年人、残疾人群体而言，由于年龄、身体条件、学习能力等原因对信息技术不熟悉和使用困难，使得他们陷入"数字困境"，面临信息获取受限、风险感知迟缓、公共参与不足等多方面问题，难以享受到信息通信技术带来的便利。

二、《无障碍环境建设法》对推进信息无障碍具有重要意义

（一）为信息无障碍发展提供法治保障

党的二十大报告强调，要采取更多惠民生、暖民心举措，着力解决好人民群众急难愁盼问题。以习近平同志为核心的党中央坚持以人民为中心的发展思想，牢牢把握人民群众对美好生活的向往，不断增进民生福祉。习近平总书记指出："要始终把最广大人民根本利益放在心上，坚定不移增进民生福祉，把高质量发展同满足人民美好生活需要紧密结合起来。"推动信息无障碍将进一步补齐我国民生短板，帮助老年人、残疾人共享智慧社会发展成果、享受信息化发展数字红利，深刻体现了党和国家对老年人、残疾人的关怀，彰显了党和国家为人民谋幸福的根本宗旨，以及带领全体人民不断创造美好生活的坚定决心。

"让老年人、残疾人等特定群体权益更有保障"始终是习近平总书记挂念的"国之大事"。无障碍环境已从残疾人的特需、特惠转变为全体社会成员的刚需、普惠。在老龄化与数字化叠加交织的当下，《无障碍环境建设法》为信息无障碍下一步工作的开展指明了方向，提供了基本遵循，是践行"以人民为中心"发展思想的生动展现。

《无障碍环境建设法》解决了此前无障碍环境相关规定零散、碎片化的问题，填补了《无障碍环境建设条例》的内容缺项，丰富了信息无障碍相关内容。信息无障碍领域形成了以《无障碍环境建设法》为统领，政策文件、标准规范等为重要组成部分的多层次制度体系。法律法规体系的健全为进一步推动信息无障碍建设提供了有力法治保障，更将惠及所有有信息无障碍需求的社会成员，充分保障老年人、残疾人等全体人民平等参与、融入数字社会的权利。

(二）推动信息无障碍发展进入快车道

联合国《2030年可持续发展议程》提出169个可持续发展具体子目标，让所有人，特别是弱势群体，能够平等获取经济资源、基本服务以及技术服务等的权利是可持续发展目标之一。推进信息无障碍发展，弥合不同地区、不同人群的"数字鸿沟"，是践行联合国可持续发展目标的重要体现，更是中国互联网发展和治理实践为构建网络空间命运共同体的重要探索。

《无障碍环境建设法》着眼于弥合"数字鸿沟"，对公共信息发布、互联网网站和移动互联网应用程序、智能终端设备等的无障碍提出明确要求。在《无障碍环境建设条例》的基础上，增加了政府及其有关部门的监督检查、考核评价、信息公示、投诉处理等相关工作机制，充实了包括社会监督、检察公益诉讼等在内的监督机制，使得信息无障碍工作有抓手，落实有依据。《无障碍环境建设法》将极大提高公众信息无障碍意识，有利于压实各方责任，扩大社会主体参与积极性，助力信息无障碍发展迈上新台阶。

（三）助力信息无障碍高质量发展

2012年国务院颁布实施的《无障碍环境建设条例》，为无障碍环境发展奠定了基础。十年来，信息技术快速发展，《无障碍环境建设条例》中关于信息无障碍的内容已明显滞后，与当前智能技术的快速发展不相匹配，在信息无障碍发展适用方面存在较大局限性。《无障碍环境建设法》与时俱进，符合当前乃至未来一段时间信息技术发展的趋势，有利于在法治轨道上推进信息无障碍环境治理体系和治理能力现代化，推动信息无障碍高质量发展。

老年人、残疾人因使用智能产品和服务受限，难以获得智能技术赋能而落后于时代发展，尤其是就业方面，就业是残疾人融入社会、增加经济收入、实现尊严和价值的重要路径，不会、不能使用互联网，抬高了他们在数字时代的就业壁垒。截至2022年底，我国共有近1800万就业年龄段持证残疾人，其中仅一半左右的残疾人就业。《无障碍环境建设法》提出要研发推广信息无障碍软硬件产品，开展互联网网站和应用的无障碍改造与优化，这将为残疾人接受教育、提高职业技能创造更多机会，为残疾人通过远程办公、互联网平台等实现居家就业创造广阔条件，消弭"残健"之间的就业鸿沟，助力残疾人共享数字经济成果。

三、《无障碍环境建设法》对信息无障碍的要求

（一）扩大受益群体范围

推进我国信息无障碍建设，首先要增强信息无障碍意识与理念。《无障碍环境建设法》明确提出"残疾人、老年人之外的其他人有无障碍需求的，可以享受无障碍环境便利"，让公众意识到信息无障碍建设不仅局限于为老年人、残疾人服务，即使健全人在某一场景下也可能会需要信息无障碍服务。理念转变和适用人群的扩展可以让全社会充分认识无障碍信息交流建设的意义，更加主动、自觉地维护、监管信息无障碍环境。

（二）细化信息无障碍内容

《无障碍环境建设法》从信息形式和内容、信息传递媒介、信息交流场景等方面，细化了信息无障碍的相关条文。针对老年人、残疾人等在日常信息交流中遇到的需求痛点，结合新冠肺炎疫情等突发公共事件的背景，增加了发布突发事件信息需提供无障碍信息交流方式的要求，提出紧急呼叫系统需逐步具备无障碍功能。结合信息技术快速更迭的特点，保证立法的前瞻性，增设对移动互联网应用程序、智能终端设备、自助公共服务终端设备、食品、药品等的无障碍要求。

（三）强化行政主体责任

《无障碍环境建设法》对信息无障碍相关主体的职责、权限、监管方式等都作了界定，防止权力边界模糊造成责任交叠或管理空白的现象。根据设备、设施所属性质不同，对公共主体和非公共主体之间的责任进行区分，分类设置条款力度和处罚措施。对具有公共服务属性的设备和设施，

要求必须达到无障碍通用设计标准，如利用财政资金设立的电视台、互联网网站、移动互联网应用程序等，应当达到信息无障碍要求。对于非财政资金建设的网站、移动互联网应用程序等，采取鼓励态度，提出分阶段达到信息无障碍要求。

（四）构建执法监督机制

《无障碍环境建设法》设置了"监督管理""法律责任"条款，增加了政府及其有关部门的监督检查、考核评价、信息公示、投诉处理等相关工作机制，充实了包括社会监督、检察公益诉讼等在内的监督机制。明确要求国家建立健全信息无障碍的评测制度，并推动结果采信应用，鼓励社会组织、第三方评估机构参与信息无障碍建设的监管。《无障碍环境建设法》还确立了经费保障机制，明确国家通过经费支持、政府采购、税收优惠等方式，促进新科技成果在无障碍环境建设中的运用，鼓励无障碍技术、产品和服务的研发、生产、应用、推广，支持无障碍设施、信息和服务的融合发展，进一步激发市场活力，调动全社会共同推进信息无障碍的积极性。

四、多措并举推动我国信息无障碍建设

（一）政策引领，助推信息无障碍迈上新台阶

信息无障碍顶层制度体系不断完善。随着我国老龄化程度不断加深，叠加疫情等公共卫生事件的反复持久的影响，信息化社会下弱势群体合法权益保障工作的重要性不断提升。2020年11月，国务院印发《关于切实解决老年人运用智能技术困难实施方案的通知》，提出要持续推动充分兼顾老年人需要的智慧社会建设，增进包括老年人在内的全体人民福祉，让老年人在信息化发展中有更多获得感、幸福感、安全感；2021年7月，国务院印发《"十四五"残疾人保障和发展规划》，明确提出要加快发展信息无障碍，将信息无障碍作为数字社会、数字政府、智慧城市建设的重要组成部分，加快普及互联网网站、移动互联网应用程序和自助公共服务设

备无障碍；2021年12月，中央网络安全和信息化委员会印发《"十四五"国家信息化规划》，提出："充分考虑老年人和特殊群体需求，倡导数字产品人性化设计，增强数字经济包容性。"

行业主管部门立足自身职责积极推进配套政策制定，推动解决行业内老年人、残疾人在运用智能技术方面遇到的困难问题。2020年，工业和信息化部联合中国残联出台了《关于推进信息无障碍的指导意见》，着重解决信息消费资费、终端设备、服务与应用三方面障碍，完善基础设施建设，增强产品服务供给，补齐信息普惠短板。2021年，工业和信息化部陆续发布《互联网应用适老化及无障碍改造专项行动方案》《关于切实解决老年人运用智能技术困难便利老年人使用智能化产品和服务的通知》《关于进一步抓好互联网应用适老化及无障碍改造专项行动实施工作的通知》等政策文件，助力老年人、残疾人等平等便捷地获取、使用互联网应用信息；中央网信办发布《提升全民数字素养与技能行动纲要》，推动开展数字助老助残行动，促进老年人、残疾人等特殊群体数字技能稳步提升。此外，金融、交通、医疗等领域也对消除老年人、残疾人等群体面临的"数字鸿沟"问题作出了规定和要求。

（二）网络筑基，电信适老助残服务深入推进

信息通信网络覆盖不断完善。截至2022年底，全国开通5G基站231万个、4G基站603万个，互联网宽带接入端口超过10.71亿个，实现了"县县通5G""村村通宽带"，为老年人、残疾人等群体使用信息服务提供基础网络保障。

电信服务更加便利普惠。通信资费方面，近年来，国务院、工业和信息化部、中国残联相继出台多项相关政策，鼓励、引导电信业务经营者为老年人、残疾人提供更加优惠的资费方案，减轻老年人、残疾人信息消费成本。三家基础电信企业已先后推出"孝心卡""银龄卡""孝心包""爱心卡""畅听王卡"等专属套餐，并在优惠通信资费的基础上提供防诈骗、防走失、孝心提醒等功能。传统电信服务方面，运营商坚持传统服务方式与智能化服务创新并行，推出"爱心通道""一键呼入人工客服""大字账单"等多项爱心助老举措，为老年人、残疾人提供更优质的电信服务。

其中,"一键呼入人工客服"累计服务老年用户 2.2 亿人次。

(三) 应用优化,互联网产品加快无障碍改造

为让老年人、残疾人享受到互联网带来的便捷,工业和信息化部在全国范围内组织开展互联网应用适老化及无障碍改造专项行动,立足老年人使用习惯和需求,重点指导与老年人、残疾人生活密切相关的互联网网站和移动互联网应用(App)开展适老化及无障碍改造,围绕老年人日常生活中的高频事项场景实现重点突破,取得积极成效。截至 2023 年 7 月,共有 1735 家网站和 App 完成改造,覆盖新闻资讯、社交通讯、旅游出行、金融服务、医疗健康、生活购物、政务服务等领域,帮助老年人、残疾人更便利地享受智能化服务。

(四) 终端创新,智慧无障碍终端产品种类丰富

智能手机终端无障碍功能不断丰富。终端厂商从视觉增强、听力辅助、触控辅助、语音交互、简易模式、远程辅助操作以及应急应用七方面,解决老年人、残疾人的终端使用问题,方便老年人、残疾人看得见、听得清、用得了。自 2021 年 6 月以来,已推动 8000 万台以上国产品牌智能手机、智能电视完成适老化改造,覆盖产品系列 20 余个。

智慧健康养老助残终端供给不断丰富。智能养老应用场景不断拓展,服务内容持续丰富,试点示范建设成效凸显,产业生态逐渐优化。聚焦居家养老、社区养老、机构养老等场景养老需求,互联网企业和终端厂商推出智能语音交互、健康随测手表、智能监控等终端,以及移动看家、一键报警、一呼通、数字康养平台等产品,为老年人、残疾人提供健康管理、远程看护、亲情视频通话、居家守护等数字康养服务,助力老年人、残疾人乐享智慧养老助残服务。

(五) 规范指引,标准体系建设基本形成

信息无障碍标准体系持续完善。目前,我国已发布相关国家标准、行业标准和团体标准近 30 项,涉及基础通用类、技术和产品类、服务系统类、测试评估类标准。其中基础通用类标准包括业务需求、导则、符号标

识和名词术语方面的规范，为统一符号标识、名词术语等基本技术要素提供规范；技术和产品类标准为信息无障碍相关技术和产品研发提供技术依据；服务系统类标准对基于电信网和互联网的公共信息服务系统提出信息无障碍要求和技术依据；测试评估类标准为相关系统和产品的测试评估提供技术依据。标准规范内容涵盖基础终端设备、互联网应用等方面。

标准规范落地执行效果逐渐提升。随着社会各界对信息无障碍的广泛关注，相关标准规范的受重视程度逐渐提升，在相关企业开展通信终端的无障碍设计、互联网应用无障碍优化等工作中发挥了重要作用。2021年开展的互联网适老化及无障碍改造专项行动要求参照国家标准《信息技术 互联网内容无障碍可访问性技术要求与测试方法》（GB/T 37668–2019）、《移动互联网应用（APP）适老化通用设计规范》等标准规范进行适老化及无障碍改造。

（六）意识加强，全社会关注力度不断加大

对老年人、残疾人的关爱力度不断加大。党中央、国务院高度重视老年人、残疾人权益保障工作。工业和信息化部自2009年起，组织电信运营商在"全国助残日""爱耳日""预防出生缺陷日"等特定时间点向全国手机用户发送公益性宣传短信，平均每年发布百亿条，并通过互联网等渠道发布残疾预防信息，宣传残疾预防知识，引导全社会关爱障碍群体，营造良好社会氛围。

多种形式宣传信息无障碍建设成果。政府部门和企事业单位通过会议、论坛等形式广泛宣传我国信息无障碍建设成果，普及信息无障碍理念。国内方面，自2005年起，我国每年举办一次信息无障碍论坛，至今已举办十七届。国际方面，国际电联自2016年起，每年在日内瓦"信息社会世界峰会（WSIS）"期间主办"信息无障碍国际研讨会"。2021年中国国际信息通信展览会特设信息无障碍专区，展示信息通信行业，推进信息无障碍，助力老年人、残疾人等群体融入信息化社会，在数字赋能便捷百姓生活等方面取得的积极进展。

五、落实《无障碍环境建设法》，推动信息无障碍向纵深发展

（一）制定法律实施配套细则

围绕《无障碍环境建设法》信息无障碍的相关要求，在法律条款的基础上，进一步细化要求，明确网站、移动互联网应用等无障碍标准依据，增强法律的协同性、可操作性。各地方政府也应因地制宜，充分考虑当地老年人、残疾人等群体的需求，出台地方性配套政策法规，强化政策法规落地实施。

（二）完善监督执法工作机制

参照《电信领域违法行为举报处理规定》，规范有关信息无障碍的投诉举报处理程序，建立后续处置跟踪反馈机制，形成监管执法闭环。加强系统内各部门相关监管执法信息交流共享，提升执法统一性、协调性、规范性。建立法律实施监测研判机制，跟踪监测、发现信息无障碍相关义务落实中存在的问题，及时归纳总结并提出解决方案。健全政企沟通交流渠道，政府一方面了解企业在落实无障碍建设合规义务方面存在的诉求和问题，及时提出恰当、合适的解决对策，快速回应企业关切；另一方面为企业在履行无障碍建设合规义务过程中产生的顾虑答疑解惑，减轻企业在落实无障碍建设合规义务过程中的负担，更好优化营商环境。

（三）支持鼓励无障碍产品服务普及

进一步推动互联网应用适老化及无障碍化的普及，按照《无障碍环境建设"十四五"实施方案》相关目标要求，逐渐引导并持续推进与民生密切相关的互联网应用网站、服务平台、移动互联网应用程序进行适老化及无障碍改造。丰富无障碍智能终端供给。大力支持和推动音视频以及多媒体设备、移动智能终端设备等适老化及无障碍改造。探索5G、人工智能、大数据等信息技术在无障碍领域的应用，支持健康养老助残智能终端设备

的研发、生产和应用推广。

（四）推动信息无障碍标准规范体系建设

要充分征集老年人、残疾人代表以及残疾人联合会、老龄协会等组织的意见，推进互联网网站、移动互联网应用、电子产品等适老化及无障碍标准制定工作，重点推进《移动互联网应用（APP）适老化通用设计规范》《Web信息无障碍通用设计规范》等国家标准的制定出台，建立健全信息无障碍标准规范体系。探索研制跨领域融合应用标准，系统开展老年人、残疾人生活高频服务场景的融合应用标准研究，加快智能家电、智能体育用品等老年用品标准的制定修订工作。健全信息无障碍评测评价体系，修订完善《互联网应用适老化及无障碍水平评测体系》，鼓励支持具有合法资质的评测机构开展适老化及无障碍产品服务专业评测，推动无障碍环境建设水平稳步提升。

（王莉，中国信息通信研究院产业与规划研究所副主任）

《无障碍环境建设法》
是包容性无障碍交通的保障

潘海啸　华　夏　施瑶露

【摘　要】 交通出行是当今社会人们的一项根本权利，也是我们社会发展和进步的必要条件。城市本身是一个社会共同体，保证包括行动困难者在内的所有人的出行权就是确保城市发展所必需的社会个体与组织间持续不断的物质、信息交流。当前我们强调城市建设应当遵循以人为本和精细化管理，更要保障残疾人及许多有需求的弱体力者和"隐形残疾人"的出行方便性。出行是由多个环节构成的一个连续不间断的过程，涉及多个部门、多个空间尺度和不同的技术标准，任何一个环节或者任何两个环节之间衔接存在不方便，都意味着出行不便，甚至难以实现。《无障碍环境建设法》在多个条目中体现了对交通无障碍建设的要求，该法的颁布将是我国交通无障碍环境建设的重要保障。

【关键词】 交通出行；无障碍；包容性；城市建设

一、包容性发展与交通出行无障碍

联合国 2015 年制定的可持续发展目标中就明确指出了要"建设包容、安全、有韧性的可持续城市和人类社区"，其中包括了"向所有人提供安全、负担得起的、易于利用、可持续的交通运输系统。要特别关注处境脆弱者、妇女、儿童、残疾人和老年人的需要"[1]。联合国可持续发展目标（SDG11）使城市和人类居住区具有包容性、安全性、韧性和可持续性，特别要让残疾人和老年人有一个安全、负担得起和无障碍的可持续交通系统，同时与减少贫困（SDG1），健康和社会福利（SDG3），教育

（SDG4），体面的工作与经济增长（SDG8），产业、创新和基础设施（SDG9）及公平性（SDG10）密切相关。我国于2014年提出的《国家新型城镇化规划（2014—2020年）》中多次强调城市规划要注重公平、共享、以人为本。即将实施的《无障碍环境建设法》是实现人民城市为人民的重要保障。

人们在城市中生活，很大程度上都必须通过日益频繁的城市内部及城市间的交通出行来实现。城市本身正是由于社会交往的方便性而发展。正如法国学者弗朗索瓦·朗社所言，人们克服空间距离因素制约实现自由移动能力的城市机动性已经是当今城市发展中人类的一项"根本权利"，也是我们社会发展和进步的必要条件。《无障碍环境建设法》第十二条规定："新建、改建、扩建的居住建筑、居住区、公共建筑、公共场所、交通运输设施、城乡道路等，应当符合无障碍设施工程建设标准。无障碍设施应当与主体工程同步规划、同步设计、同步施工、同步验收、同步交付使用。新建、改建、扩建的无障碍设施应当与周边的无障碍设施相衔接。无障碍设施应当设置符合标准的无障碍标识，并纳入周边环境或者建筑物内部的引导标识系统。"只有这样，老年人、残疾人及由于各种原因身体行动能力受限的社会成员才能自主安全地进入一定的建筑物、空间场所参与社会活动、自主生活和享受健康服务。

我们也必须看到交通无障碍环境建设还存在理念上与地区间的差异，同城市相比，乡村地区的残障人士仍然面临许多困难。有些无障碍设施或服务只面向受本地官方认可的残障人士而排斥外地的弱势群体及确实有需要的社会群体。随着生活水平的提高、寿命的延长，加上独生子女政策的长期影响，今天关注这些"隐形残疾人"的需求的呼声越来越大，这也是推动包容性发展理念的一个重要因素。交通无障碍环境建设可以让有需要的所有人群具有持续和长久的"获得感"，并通过出行权保障赋予城市品质除视觉效果以外的社会意义。城市本身是一个社会共同体，保证包括行动困难者在内的所有人的出行权就是确保城市发展所必需的社会个体与组织间持续不断的物质、信息交流[6]。因此，交通无障碍环境建设是实现包容性发展的重要基础。

二、我国的交通无障碍环境建设

包容性发展理念在快速城市化的中国有不同于其他国家和地区的意义与内容。改革开放后中国迎来了经济的快速发展和城市化水平的不断提高，城市发展与空间品质的提升是三十多年来中国社会最显著变化之一，城市的现代化建设已经取得了令人瞩目的成就。然而多年粗放式、增量型的城市发展也忽视和带来了不少问题，包括城市建设中对传统弱势群体如残障人士、老年人和儿童的需求的忽视；还要考虑新的问题如机动化带来的城市环境安全和城乡一体化发展带来的挑战；同时社会成员对自主参与、自我价值的实现、个人权益保障及城市资源配置的公平性等价值取向的追求给交通无障碍环境的建设提出了新的要求。

这些发展中的遗留问题和新的需求决定了我们对包容性无障碍发展理念的需求与其他国家情况的差异。我国城市普遍进行了盲道的建设，许多大城市已经实现重要交通枢纽和轨道交通站点提供无障碍电梯、无障碍坡道等服务，在许多无障碍出行设施不完备的地方，人工服务会协助残障人士完成出行，弥补了一定的不足。然而另一方面，盲道被占、碎片化建设的交通无障碍设施、建设服务对象的特定性等问题的存在，使得仅靠人工服务已不能解决城市包容性发展面临的新问题。

为了小汽车交通的方便性，无端地拓宽机动车道、压缩人行道，许多城市的人行道宽度甚至达不到国家强制性条文的要求；为了畅通工程建设的巨大道路交叉口，让身体正常的人在过马路时都高度紧张，行动不方便者更是望而却步。在满足规划中人行道宽度要求的同时，人行道的铺装设计并不适合使用轮椅或是推婴儿车的行人使用；在轨道交通车站按照现有标准提供无障碍电梯的同时，车站周边的隔离护栏仍然妨碍残障人士出入车站。在上海市闵行区和普陀区曹杨新村进行的无障碍环境调查中，残障人士提出了出行中最不方便的几个环境要素，包括人行道环境差、机非混杂不安全、室内无障碍电梯少等（图1、图2）。这些事例都表明当前日常生活中出行环境建设对弱势群体需求的忽视。

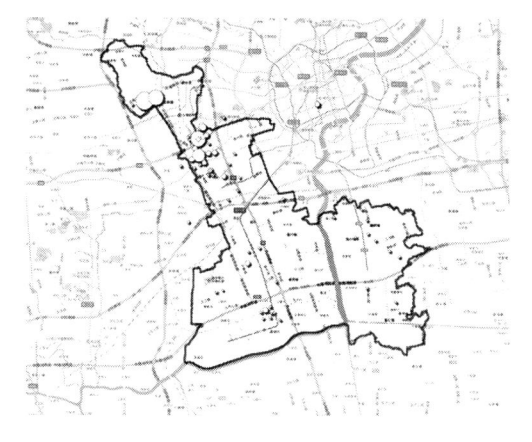

图 1　闵行区残障人士过路口困难地点的分布

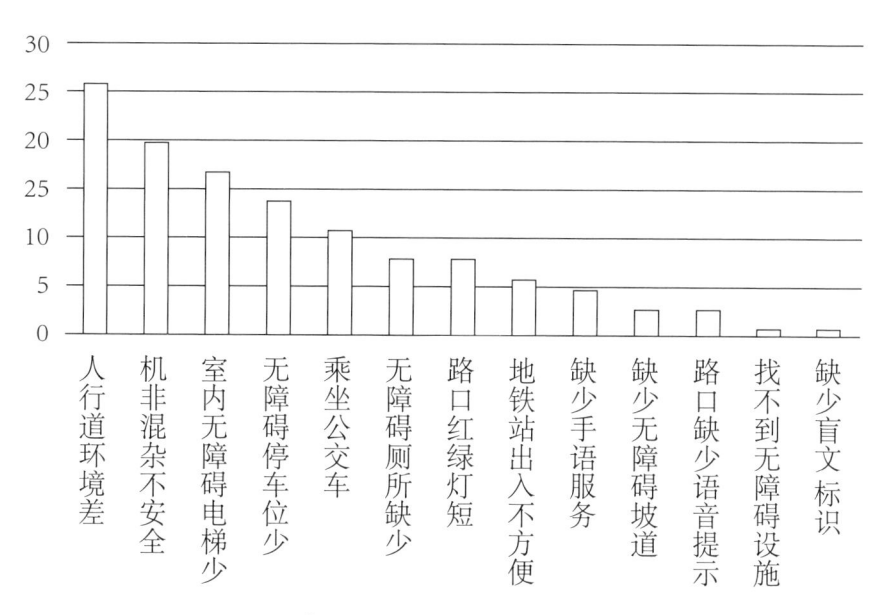

图 2　曹杨新村街道无障碍环境问题

城市建设中以汽车交通为导向的设计不仅要占据大量的空间资源，也会导致建筑物周边街道品质的下降，更严重的是给身体能力和经济能力受限的广大"隐形残疾人"自主参与社会活动、享受社会服务带来极大的限制。这种所谓有品质的建筑与城市设计模式完全忽略了无障碍交通所保证的城市的社会性要素，必然导致这部分群体日益边缘化，难以实现有尊严的、体面的生活状态，难以实现联合国可持续发展目标中的第 8 个目标所提出的体面工作与经济增长的要求。

此外，城乡发展不平衡，二元结构割裂现象严重，极大影响了地区及城市的发展，众多学者对城乡协调发展的概念、动力机制、措施等作了详细的分析，然而对城乡无障碍交通发展的差异性却缺乏研究。在强调城乡协调发展的今天，同城市地区的无障碍建设相比，广大乡镇和农村地区的交通无障碍环境建设水平仍然较低，设施完备程度差距较大。并且，乡村大量劳动力流失，村庄空心化、老龄化和社会失能的问题更加严重，无障碍环境建设和无障碍交通服务需求急迫。

三、城市精细化管理中的社会性与交通无障碍

为弱势群体建设无障碍出行环境也越来越强调将弱势群体当作普通人来看待，协助他们依靠自身力量来完成日常出行，而不是单纯地将他们看作弱势群体[8]。因此，交通无障碍环境建设需要从"依赖外界提供人工服务"转变为"为弱势群体自主出行提供机会"。这一需求的转变也是顺应包容性发展中鼓励弱势群体融入社会的要求。

当前强调城市建设应当遵循以人为本和精细化管理，是包容性发展理念在中国应用的具体表现。精细化管理要满足更广泛甚至所有社会群体的需求，不仅要从空间环境建设等硬件条件上入手，也要关注如何通过政策制定、机构管理、法律法规等软件条件提高城市建设水平。比如，通过加强决策机构、规划建设单位与弱势群体之间的信息沟通来保证人们对无障碍出行的真实需求反映在建成环境中；加强机构内部横向与纵向的信息沟通协调来减少无障碍环境建设的碎片化，实现对无障碍环境建设从规划建设到建成维护的全程关注，避免出现"虎头蛇尾"或是"自相矛盾"的无障碍环境建设；《无障碍环境建设法》颁布实施后对无障碍环境规划与建设行为起到必要的约束与管理作用。

未来的交通无障碍环境建设应当正视存在的问题，以《无障碍环境建设法》为依据，以包容性发展理念为导向，促进交通无障碍环境建设向实现更全面的无障碍出行努力。更全面的无障碍交通出行应遵循全过程无障碍、全对象无障碍、系统化无障碍体系和以人为本的无障碍设计四个原则。具体来说，出行的全过程从信息获取到完成出行都应实现无障碍；出行无障碍建设应当面向全社会所有成员；无障碍设施体系应当系统化，避

免出现出行链的断裂；交通无障碍环境建设应当满足使用者的真实需求。

要从基本的生活单元出发，以社区生活圈为基础，针对社会成员的需求建设 15 分钟无障碍社区生活出行圈，改善各类城市服务对残疾人群体的可达性。在出行过程中需要实现面向所有群体从获取出行信息到最终抵达出行目的地的无障碍环境，创造安全、便捷的无障碍社区邻里交通环境，以提升步行、骑行、轮椅出行前往邻里各个设施的可能性和方便性。《无障碍环境建设法》第二十一条规定，对不符合无障碍设施工程建设标准要求的既有的公共建筑、公共场所、交通运输设施以及居住区的公共服务设施应当进行必要的改造。应当将这些无障碍改造纳入城市更新、城市精细化管理和美丽家园的建设中。

四、出行过程无障碍

根据全面无障碍出行环境建设的原则，出行是由多个环节构成的一个连续不间断的过程。任何一个环节或者任何两个环节间接驳存在不方便，都意味着出行全程的不便[9]。建筑物或城市的场所空间是人们出行的起点或终点，从出门到一个服务端终点建筑物的可能性和方便性是实现全体社会成员广泛参与性的基础，也是城市空间社会性的基础。从决定出行到最终抵达目的地，出行全过程包括了获取出行信息、前往搭乘交通工具、出行过程、前往出行目的地四个环节（图 3）。根据出行方式的不同，使用公共交通出行还有购票、等待等环节。根据"全对象无障碍"原则，不论采用哪种出行方式，出行的全过程都应当连贯、便捷且考虑所有使用人群的需求。尤其是公共交通服务，作为我国许多城市最主要的出行方式和一种重要的社会服务，需要考虑到老年人、儿童、身心残障人士、推婴儿车或是携带行李的旅客等出行弱势群体的需求。

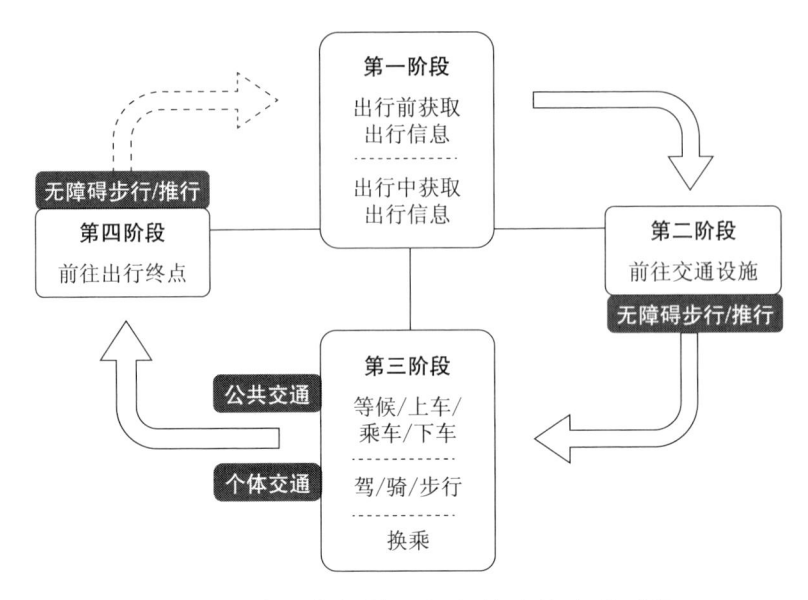

图3 无障碍出行是不间断的连续串联过程

（一）出行信息获取

信息获取包括两个层面，一个是出行前的信息获取，另一个是出行中的信息获取。在网络信息时代的今天，使用网页和移动客户端等方式获取出行信息非常常见。因此，相关平台（地图引擎、交通运营商、搜索平台等）应当考虑有信息获取困难的群体的需要，提供语音朗读、高对比度页面、大字号页面等信息传递方式。除了提供基本出行信息，也应当提供全面翔实、及时更新的无障碍出行相关信息，比如如何寻求帮助、如何使用无障碍设施等信息。在出行过程中，信息获取的环节也十分常见。出行服务的提供者（道路交管部门和交通运营商等）应当通过纸质地图、清晰的指示标识，配合人工咨询与语音播报等视觉、听觉、触觉多种手段提供无障碍交通设施的分布信息和使用信息，也包括使用易于理解的方式提供交通服务班次、出行时间、等候时间、出行天气等常规出行信息以及交通设施周围地区的环境信息。多渠道的信息传递方式便于弱势人群快速适宜陌生环境，降低生理和心理条件对出行体验的影响。

《无障碍环境建设法》第三十三条规定："音视频以及多媒体设备、移动智能终端设备、电信终端设备制造者提供的产品，应当逐步具备语音、大字等无障碍功能。银行、医院、城市轨道交通车站、民用运输机场航站区、客运站、客运码头、大型景区等的自助公共服务终端设备，应当具备语音、大字、盲文等无障碍功能。"无障碍导航电子地图可以方便残疾人选择出行路径，提高其城市空间感知能力。

（二）搭乘交通工具

搭乘交通工具环节主要指在借助交通工具的情况下，离开出发地前往搭乘交通工具的地点的过程。对个体机动出行来说，这意味着保证机动车停放位置的无障碍可达性，比如预留残疾人车位、保留较宽步行通道等。《无障碍环境建设法》第二十四条对无障碍停车位的规定，既考虑到残疾人的需求，也考虑到行动不便的老年人、孕妇、携带婴幼儿车等的使用者。针对我国多样化助行工具的特点，我们不仅要考虑使用机动车（小汽车）驾驶者的方便，也要考虑到使用助行工具者的方便。

对于公共交通出行来说，公共交通设施周边城市空间应建立在城市整体无障碍环境优化的基础之上，设置完善的无障碍设施体系，并与站点的无障碍设施相衔接，保证整体搭乘过程的连贯性。比如，市区轨道交通服务直接服务范围一般在 500 米左右，轨道交通站点 500 米范围内区域都应提供良好的盲道、路缘、坡道、无障碍信息指示设施。不仅街道上有连贯通畅的无障碍通道，道路交叉口的设计也应当保证出行障碍人群的安全便利通行。

（三）出行过程

无障碍出行过程指从抵达交通服务设施到离开交通服务设施之间的出行要满足无障碍要求。这一环节主要针对搭乘公共交通过程中的无障碍需求，主要包括公共交通站点的无障碍需求，进出各类公共交通工具（如民用航空器、客运列车、客运船舶、公共汽电车、城市轨道交通车辆）及出行中的无障碍需求。《无障碍环境建设法》第二十五条提出了对新投入运营的各类公共交通工具的无障碍要求，不具备改造条件的，公共交通运输工具的运营单位应当采取必要的替代性措施。

对公共交通站点来说，应设置与城市无障碍设施衔接的无障碍设施。考虑到各种出行障碍群体，不仅要提供独立盲道、坡道空间、无障碍电梯、无障碍洗手间等便利肢体残疾和盲人的设施，也应考虑聋哑和其他体弱人群，提供手语翻译设备、休息室等设施。无障碍设施的分布应当考虑进站、购票、安检、验票、候车、上车、下车、换乘、出站一系列流程，提供相应的无障碍设施。比如在购票环节提供低位自动售票机，安检环节提供低位安检设施，检票环节提供宽通道摆式闸机，候车环节提供无障碍厕所和充足的候车座椅，上下车提供方便轮椅的便携式坡道等[10]。

出行中的无障碍需求也同样重要。比如，轨道车辆在列车车厢提供无障碍专用空间，并与站台上的指示相匹配，地面公交车辆下车门附近按比例提供弱势群体专用座位、轮椅固定器及呼叫按钮。车上提供语音和可视化等多种报站方式，包括在无障碍专用位置上提供单独的出行信息语音播报或显示。设置公共交通专用道、改善公交车辆的动力系统、缩小公共交通车站之间水平与垂直方向上的换乘距离，可以保证舒适出行体验；降低急刹车、急转弯等交通行为并避免长距离交通换乘，能减少弱势群体出行中的不便。新的车辆技术可以改善无障碍出行的体验。对于出租车服务来说，可推行新型无障碍汽车或改造现有的汽车内部空间，而地面公交可以选购可侧倾并带有无障碍踏板的车辆以方便轮椅上下。

客流较繁忙的公共交通枢纽周围应考虑提供无障碍出租汽车、社区巴士服务，以解决公共交通站点与目的地距离较远问题。在老龄化问题较突出的社区也应在社区接驳巴士车队中安排一定比例的无障碍公交车，站点重点覆盖老年人、残疾人聚集区，连接残联机构、地区商业中心、医院、公园等公共场所。考虑到人们出行活动的多样性，出租车服务也是城市中不可缺少的交通方式，《无障碍环境建设法》第二十五条要求县级以上地方人民政府根据当地情况，规划配置适量的无障碍出租汽车。轮椅直入式出租车更能方便弱势群体上下车。

（四）前往目的地

从离开交通工具到前往最终目的地是上述"搭乘交通工具"的反向流程，因此对交通站点、停车设施与旅行目的地之间无障碍出行的连续性有相同的要求。与之不同的是，离开交通设施、站点后应当提供明确的周边空间环境的指示信息，缩短无效绕行距离。盲文地图可以方便盲人了解周边的城市空间环境。

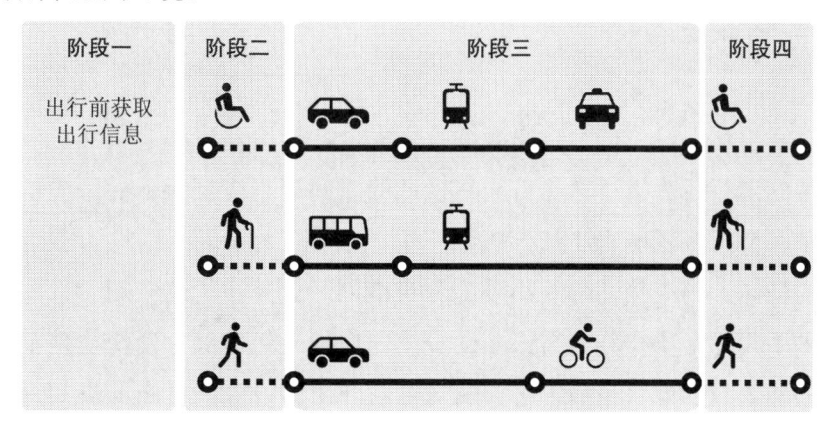

图4 全流程的无障碍出行示例

除了一些硬件设施以外，《无障碍环境建设法》对无障碍环境的软件也提出相应的要求，如第四十二条规定："交通运输设施和公共交通运输工具的运营单位应当根据各类运输方式的服务特点，结合设施设备条件和所提供的服务内容，为残疾人、老年人设置无障碍服务窗口、专用等候区域、绿色通道和优先坐席，提供辅助器具、咨询引导、字幕报站、语音提示、预约定制等无障碍服务。"下图为杭州城站所提供的无障碍服务，弥补了硬件先天条件的不足。

图5 杭州城站的无障碍服务

五、日常生活无障碍

日常生活无障碍的目标是减少甚至完全取消由获取必要生活资料与服务产生的出行行为。这意味着居住社区的空间规划应当保证社区内的基本设施都在步行或者骑行15分钟范围内。而对于老年人、残障人士等行动不便的群体，则应当适当缩小设施分布范围。此外，街道空间设计应当采取多种手段保证步行和骑行人士的安全，保证人们能够方便快捷地前往社区内的各个目的地。最后，必要的对内对外出行设施的分布与规划对于社区内居民便捷无障碍地前往社区内外的目的地也十分重要。

（一）用地功能规划

用地功能的合理规划是减少必要出行、控制出行在步行骑行范围内的重要方式。主要的措施是鼓励混合用地的开发，鼓励提供基本生活服务设施和特殊化服务设施的共享社区中心的建设。生活中必需的城市设施如超市、社区诊所、中小学等需要分布在主要居住地区的合理步行范围内，并与城市无障碍出行设施、公共交通网络有良好的衔接。此外，一些城市的基本就业场所如政府办事机构、中小型企业等也可与社区规划结合，并且鼓励无障碍改造，给残疾人提供更多的近距离就业的可能性，减少他们长距离出行的负担，这样也可以大大增加他们的社区归属感，实现社区凝聚力的提升。

（二）街道规划与设计

除了合理的用地规划，街道网络与街道空间设计是提高社区出行效率与安全性的主要方式。其中，在街道网络规划方面应鼓励"小街区、密路网"的建设理念，缩小住区规模，减少日常出行的绕行距离和出行障碍。在街道空间设计方面需要考虑出行弱势群体的出行特点和实际需求，营造安全、舒适的出行环境，例如考虑到老年人和残疾人出行不便的特点，道路人行道空间应按一定距离范围设置路边座椅、轮椅停靠处等道路小品设施以满足残疾人在短距离出行中的休息、停靠需求。合理协调步行、骑行与机动车出行间的关系，灵活采用"交通安宁化"措施来保证社区中出行的安全，实现交通安全零愿景。这些措施包括道路交叉口机动车道变窄、抬高人行横道、机动车限速每小时 30 公里、机动车路内停车等，保证社区中出行的安全。

图 6　轮椅不能通行的路中横道线

（三）交通出行设施分布

结合出行弱势群体的空间分布特征和未来演变趋势，合理进行公交网络设计，公共交通方面应保证居民出行 3—5 分钟范围内能到达一个或多个公交站点。老龄化和残障人士比例较高的住区甚至可以考虑在住区出入口处设置独立的公交站点，公交线路连接重要的地铁站点、医院、公园等大型公共设施，保障对象的出行自由。此外，住区内部及各类公共服务设施还应设置一定比例的无障碍停车位，满足居民自身轮椅和专用助动车的停靠需求。

六、结论与建议

综上所述，《无障碍环境建设法》体现了包容性发展理念，有利于联合国所提出的可持续发展目标的实现，也是实现人民城市为人民的一个重要保证。《无障碍环境建设法》的颁布不仅有对残障人士出行需求方面的关注，也进一步将这种关怀扩大到社会所有群体并涵盖出行过程的方方面面；既有对硬件设施的要求，也有对交通出行服务的软件要求。交通出行是一个连续不间断的过程，无障碍交通出行环境建设涉及面广、环节众多，任何环节的缺失都会造成整个系统的失效，因此需要空间设计与规划、交通运输、交通管理、社区服务等部门认识和技术标准的统一，同时也要求我们从无障碍交通规划、建设、管理的机制上突破现有的局限，促进形成更加灵活包容的组织与协调方式。《无障碍环境建设法》的颁布实施必将保证出行安全、方便所有人参与社会生活，保证交通出行环境中每个环节的无障碍，促进包容性发展与可持续发展目标的实现。

参考文献

［1］联合国. 目标11：建设包容、安全、有抵御灾害能力和可持续的城市和人类住区［EB/OL］.（2015）［2021-04-23］. https://www.un.org/sustainabledevelopment/zh/cities/.

［2］中国发展研究基金会. 中国发展报告2020：中国人口老龄化的发展趋势和政策［R］. 北京，2020.

［3］J. Gupta, M. A. F. Ros-Tonen. *Inclusive Development* [M]//P. H. Pattberg, F. Zelli. Encyclopedia of Global Environmental Governance and Politics. Cheltenham, UK; Northampton, MA, USA: Edward Elgar Publishing Limited, 2016: 35-44.

［4］J. Gupta, C. Vegelin. *Sustainable Development Goals and Inclusive Development* [J]. Int Environ Agreements, 2016, 16: 433-448.

［5］G. Rauniyar, R. Kanbur. *Inclusive Growth and Inclusive Development: A Review and Synthesis of Asian Development Bank Literature* [R]. Occasional Paper, Manila: Asian Development Bank, 2009.

［6］F. Ascher. *Le sens du mouvement: Modernité et mobilités dans les sociétés urbaines contemporaines* [M]. S. Allemand, F. Ascher, J. Lévy. Les sens du mouvement. Paris: Belin, 2004: 336.

［7］潘海啸，张晓赫，胡淼. "零伤亡愿景"视角下的安全城市导向规划设计［J］. 现代城市研究，2020（11）：16—20.

[8] 杨锃. "正常化"视野下公共性建设之探索——基于城市社区无障碍设施的利用与改善[J]. 华中科技大学学报（社会科学版）, 2018, 32（2）: 16—22.

[9] 张仰斐. 中国城市的交通无障碍设施实用性实证研究——以上海市为例[D]. 建筑与城市规划学院, 上海: 同济大学, 2010.

[10] 潘海啸, 邹为, 赵婷, 等. 上海轨道交通无障碍环境建设的再思考[J]. 上海城市规划, 2013（2）: 70—76.

（潘海啸，同济大学建筑与城市规划学院教授；华夏，同济大学建筑与城市规划学院博士后研究员；施瑶露，上海城市规划设计研究院助理规划师）

《无障碍环境建设法》
交通运输相关内容解读

陈徐梅　刘晓菲

【摘　要】良好的交通无障碍环境是无障碍环境的重要组成部分，是保障残疾人、老年人平等、充分、便捷地参与和融入社会生活的重要基础，是建设人民满意交通的重要内容。《无障碍环境建设法》的颁布实施，进一步提供了上位法依据，为下一步做好交通无障碍环境建设指明了方向。本文分析了我国交通无障碍环境建设发展面临的形势与要求，指出我国交通无障碍环境建设具有时代性、普惠性、引领性和包容性。从政策制度、标准规范、应用实践等方面系统梳理了我国交通无障碍环境建设现状，提出了配套标准体系、既有设施维护、装备更新改造、科技创新水平等方面存在的困难和问题。在此基础上，对《无障碍环境建设法》涉及交通的主要条款进行解读，提出了完善交通无障碍法规、完善配套标准认证体系、推进设施改造和装备更新、加强交通无障碍支持保障体系建设等方面的思路建议。

【关键词】无障碍；交通运输；解读；思路

2023年6月28日，第十四届全国人大常委会第三次会议表决通过《无障碍环境建设法》，自2023年9月1日起施行。《无障碍环境建设法》适用范围定位为以残疾人、老年人等群体为重点，同时指出其他有无障碍需求的人可以享受无障碍环境便利，对于促进社会融合和人的全面发展具有重要意义。《无障碍环境建设法》的出台实施，是在习近平新时代中国特色社会主义思想指导下，坚持以人民为中心、尊重和保障人权的重要体现，是实施积极应对人口老龄化国家战略的必然要求，为切实提高无障环境建设质量、促进共同富裕提供了有力的法律保障。

衣食住行，是人的基本需求，"行有所乘"与"住有所居"一样具有基础性。良好的交通无障碍环境是无障碍环境的重要组成部分，是保障残疾人、老年人平等、充分、便捷地参与和融入社会生活的重要基础，是建设人民满意交通的重要组成部分。《交通强国建设纲要》《国家综合立体交通网规划纲要》都对交通无障碍提出了具体目标和任务要求，《无障碍环境建设法》的颁布实施，进一步提供了上位法依据，为下一步做好交通无障碍环境建设指明了方向。

一、我国交通无障碍环境建设发展形势与要求

（一）交通无障碍环境建设具有时代性

推进交通无障碍环境建设，是贯彻习近平新时代中国特色社会主义思想和党的二十大精神、落实以人民为中心发展思想的具体体现，是充分发挥交通运输"先行官"作用、推进我国经济社会可持续发展的内在要求，是落实积极应对人口老龄化战略、弘扬敬老助残社会风尚、建设"健康中国"的必然要求，是推进基本公共服务均等化、全面建设社会主义现代化国家的重要任务，是全面依法治国、维护各类群体平等出行权利、保障社会公平正义的应有之义，是建设交通强国、促进交通运输行业治理体系和治理能力现代化的重点内容。

（二）交通无障碍环境建设具有普惠性

交通运输事关人民群众"衣食住行"，是国民经济的基础性、先导性、战略性产业和重要的服务性行业，全国交通运输系统每天运送约3亿人出行。建设交通无障碍环境有利于满足庞大的交通出行需求，具有最广大的普惠性，惠及各类社会群体，可使全体人民受益。

"交通无障碍环境建设"的需求人群不仅包括老年人、残疾人两类群体，还包括孕妇、婴幼儿、儿童、病患群体、携带重物出行的人、因受伤等原因短暂出现身体机能障碍人群等。建设全龄友好的交通无障碍环境，

提升交通出行的便利性、舒适性，能够提升全体社会成员的幸福感、安全感、获得感，惠及全体社会成员、全年龄段人群。

(三) 交通无障碍环境建设具有引领性

交通运输是国民经济发展的"大动脉"和"先行官"，从"要想富、先修路"到"经济发展，交通先行"，全社会对交通运输发展服务国民经济和社会发展的重要性已形成广泛共识。近三年来，建设交通无障碍出行环境对于保通保畅、促进经济社会互联互通，推动人流、物流加速融通，引领支撑经济社会发展的作用更加凸显。

2021年10月14日，习近平主席在第二届联合国全球可持续交通大会开幕式上的主旨讲话赋予交通"中国现代化的开路先锋"的定位。交通运输是国民经济的基础性、先导性、战略性产业和重要的服务性行业。要当好中国现代化的开路先锋，必须坚持"与世界相交、与时代相通"，顺应世界现代化发展潮流，符合我国现代化发展特征，加快实现交通运输现代化，着力建设规模巨大、保障有力的交通运输系统，提供普惠优质、人民满意的交通运输服务，拥有软硬兼备、世界前列的交通运输实力，形成绿色低碳、创新引领的交通运输方式，构建交通天下、互联互通的交通运输网络，实现人享其行、物畅其流。新时代交通运输的内涵定位与无障碍环境建设的要求是相辅相成、互融互促的。

"交通无障碍环境建设"的范围和基本内容包括：公路（高速公路服务区、汽车客运站、道路客运车辆等）、铁路（铁路客运站、铁路客运列车等）、水路（客运码头、客运船舶等）、民航（民用机场、民用航空器等）、城市客运（公共汽电车场站和车辆、城市轨道交通场站和车辆、出租汽车车辆等）、邮政（邮政营业场所）等的无障碍环境建设，涉及规划、建设、运营、监督管理等多部门职能。

(四) 交通无障碍环境建设具有包容性

完善的交通无障碍出行环境是保障各类群体平等出行权的必要条件，也是推进交通运输基本公共服务均等化，保障各类群体参与社会经济生活，促进社会公平正义和保障平等人权的重要体现。现阶段，我国残疾人超过8500万，60周岁及以上人口占比达到19.8%。包括老年人、残疾人在内的各类群体是交通出行主体的重要组成部分，未来随着我国人口结构调整，老龄化、少子化程度加深，老年人群体的出行需求将进一步显现，无障碍环境建设和适老化环境改造的重要性愈发凸显，统筹做好无障碍设施建设和适老化设施改造将成为未来一个时期交通无障碍环境建设的重要要求，推进交通无障碍环境建设的需求更加迫切。

二、我国交通无障碍环境建设的发展现状和主要问题

（一）发展现状

近年来，我国交通运输各领域积极开展无障碍出行环境建设，完善法规政策、标准规范等制度体系建设，鼓励无障碍交通技术应用实践，有效改善了老年人、残疾人等各类需求群体的服务体验。

在政策制度方面，国家层面印发了《交通强国建设纲要》《国家综合立体交通网规划纲要》《"十四五"现代综合交通运输体系发展规划》，部署加强无障碍设施建设，完善无障碍装备设备，提高无障碍出行服务水平。行业层面，交通运输部等7部门发布了《关于进一步加强和改善老年人残疾人出行服务的实施意见》，明确了到2035年推进交通运输无障碍出行服务的行动纲领。

在标准规范方面，《铁路旅客车站无障碍设计规范》（TB 10083-2005）、《地铁设计规范》（GB 50157-2013）等20余项标准规范明确了无障碍基础设施建设和运输服务相关要求。

在应用实践方面，一是提升设施建设"标准化"水平。2006年以来投入运营的近千个铁路客运车站（含高铁车站）和两千余组动车组及新造的铁路客车已全部采用无障碍标准设计。北京大兴国际机场根据残障人士需求特点，创新性地将无障碍设施分为八大系统，探索出机场航站楼新标准和大型交通工程无障碍系统新思路。二是逐步推进运输装备"无障碍化"。截至2022年底，我国共有城市公共汽电车70.32万辆，其中，低地板及低入口车辆共12.18万辆，占比17.3%。北京、上海、广州、深圳、

杭州、济南等城市相继推出无障碍出租汽车服务。三是提供有温度的"软服务"。各地通过将手语操作纳入职业技能大赛实操考试、制定交通枢纽温馨服务保障方案、提供爱心志愿服务、加快综合交通出行信息平台建设等，以有温度的"软服务"弥补"硬设施"的不足。四是强化示范引领。以"交通强国建设试点""国家公交都市建设示范工程""绿色出行创建行动"等示范创建活动为载体，推进"一键叫车""交通运输适老化改造"等交通运输贴近民生实事，推动加快交通运输适老化无障碍环境建设，为出行者等提供数字化、智能化的交通出行信息化服务。

（二）存在的主要问题

一是配套标准体系有待完善。无障碍相关法律法规和标准规范之间的关联度仍然较低，实施力度偏弱。标准规范的约束力、针对性和科学性仍有待提高。在公路、水路、城市客运等领域无障碍环境建设方面，标准规范仍不够完善，具体表现在系统性的国家标准和行业标准较少，多数无障碍要求分散在交通设施、服务标准中，仅有北京等少数城市制定了专门的无障碍地方标准，实践层面实施贯彻不到位的现象普遍存在。此外，多数现有标准只对交通无障碍设施和服务作出了总体性要求或规定，缺乏细化的规划、设计、建设、运营、服务、认证等方面的标准要求，标准作为技术法规的强制力发挥不够。

二是既有设施改造维护有待加强。相比于新建设施，既有的交通运输无障碍设施改造面临体制机制、资金、用地等方面的障碍。如城市公交站台建设的主体和使用主体不一致，谁来实施改造是个难题。此外，公交站台无障碍改造进程和资金安排通常伴随着城市更新计划进行，难以单独实施，需要城市人民政府统筹实施。多年前规划建设的交通运输场站、铁路站台、客运码头等基础设施的无障碍设施配套不足，亟待改造，但谁来改造、预留的空间是否能够实施、资金如何安排等通常成为实施层面的"肠梗阻"问题。由于日常巡查管理和行政执法工作薄弱，很多过街天桥的无障碍电梯处于关停状态，无法正常发挥功能，盲道等无障碍设施被随意占用的现象得不到有效纠正。

三是无障碍运输装备有待升级。一方面，一些运输装备的无障碍化率相对较低，如城市低地板公交车普及率仍然较低。长途客运车辆普遍缺乏无障碍设备配置，无障碍出租汽车多为改装车辆，缺乏统一设计标准。另一方面，也应看到，从国际上来看，一些运输装备受限于既有设计技术、生产线国际标准，难以实现无障碍，如民航客机普遍未设置无障碍卫生间。此外，不同运输装备，受不同地理区位、运输条件等限制，难以应用无障碍装备，如很多山地城市受道路条件限制无法使用低地板公交车。推进不同类型运输装备无障碍化的路径和目标需要区别分析。

四是科技创新水平有待提升。目前，我国在城市交通、交通枢纽、道路客运等方面的无障碍信息服务相对滞后，交通无障碍出行信息获取、无障碍出行信息辅助、无障碍出行导航方面仍有待完善。交通无障碍信息化水平难以满足老年人、残疾人等及时、准确获取出行信息的需求。出租汽车电话约车，网约车"一键叫车"等仍在推广中。解决老年人应用智能交通技术困难、破除老年人交通出行"数字鸿沟"仍是今后一个时期交通适老化无障碍出行服务的重要命题。

三、《无障碍环境建设法》对交通运输的相关规定解读

《无障碍环境建设法》分为 8 章，共 72 条，其中涉及交通运输的相关条款共 16 条。

（一）交通无障碍设施建设

第十二条 新建、改建、扩建的居住建筑、居住区、公共建筑、公共场所、交通运输设施、城乡道路等，应当符合无障碍设施工程建设标准。

无障碍设施应当与主体工程同步规划、同步设计、同步施工、同步验收、同步交付使用，并与周边的无障碍设施有效衔接、实现贯通。

无障碍设施应当设置符合标准的无障碍标识，并纳入周边环境或者建筑物内部的引导标识系统。

内容解读：此条规定了新建、改建、扩建的交通运输设施的无障碍建设要求。一是交通运输无障碍设施应当符合无障碍设施工程建设标准，现有的标准包括《无障碍设计规范》（GB 50763－2012）、《建筑与市政工程

无障碍通用规范》（GB 55019－2021）国家标准，同时，铁路、公路、水路、民航、城市客运等各交通运输领域无障碍设施建设还应符合相关领域的国家标准和行业标准。例如，铁路领域制定了《铁路旅客车站无障碍设计规范》（TB 10083－2005），公路领域制定了《交通客运站建筑设计规范》（JGJ/T 60－2012）、《汽车客运站级别划分和建设要求》（JT/T 200－2020），民航领域制定了《民用机场旅客航站区无障碍设施设备配置技术标准》（MH/T 5047－2020），城市客运领域制定了《地铁设计规范》（GB 50157－2013）、《城市公用交通设施无障碍设计指南》（GB/T 33660－2017），综合交通运输领域制定了《综合客运枢纽服务规范》（JT/T 1113－2017）等。目前，交通运输基础设施无障碍相关标准规范仍不够完善，尚未从规划、设计、建设、运营、服务、认证、信息化等方面建立完整的标准体系。下一步，还要加快制定关键的服务标准，加快编制出台城市公共汽电车、城市轨道交通等适老化无障碍国家标准。

二是交通无障碍设施应当与主体工程同步规划、同步设计、同步施工、同步验收、同步交付使用。在具体实施过程中，应将交通无障碍设施作为主体工程建设和交付验收的重要内容，避免主体工程完成后没有预留交通无障碍设施空间，或者未达到使用要求。

三是交通无障碍设施要与周边的无障碍设施有效衔接、实现贯通。交通无障碍设施具有系统性的特点，如要实现城市公交站点无障碍通行，不仅要做好站点本身的无障碍设施建设，同时还要从乘客全"出行链"视角考虑与站点所在的城市道路、慢行系统的衔接，使得整个交通流线系统无障碍，打通"微循环"。

四是交通无障碍设施应当设置符合标准的无障碍标识，并纳入周边环境或者建筑物内部的引导标识系统。目前我国交通运输装备工具和场站设施的无障碍标识系统还不完善，在标识设置的规范性、便利性、人文性上还有待进一步提高，"不全面""不清晰""看不懂"的问题还有待解决，急需应用通用设计理念，在标识的设计和实施过程中充分考虑特定出行人群的具体需求，实现标识设置的精细化，这也是我国交通系统语言文字规范性的重要体现。

(二) 交通无障碍装备和设施配置

第二十五条　新投入运营的民用航空器、客运列车、客运船舶、公共汽电车、城市轨道交通车辆等公共交通运输工具，应当确保一定比例符合无障碍标准。

既有公共交通运输工具具备改造条件的，应当进行无障碍改造，逐步符合无障碍标准的要求；不具备改造条件的，公共交通运输工具的运营单位应当采取必要的替代性措施。

县级以上地方人民政府根据当地情况，逐步建立城市无障碍公交导乘系统，规划配置适量的无障碍出租汽车。

内容解读：一是对于新投入运营的民用航空器、客运列车、客运船舶、公共汽电车、城市轨道交通车辆等公共交通运输工具，确保一定比例符合无障碍标准。对民航、铁路、水路、城市客运行业装备更新提出了具体要求。民航客机、铁路列车、城市轨道交通列车均有一定的设计标准，其无障碍标准规定与国际接轨，随着自主制造大飞机、高铁动车组列车、城市轨道交通多制式车辆等技术的不断进步，我国将在该领域取得积极突破。在城市公交领域，截至2022年底，我国低地板及低入口公交车辆共12.18万辆，占城市公交运营车辆总数的17.3%，占比仍然较低。由于目前我国城市公交运营企业经济效益普遍不佳，出于运营成本的考虑，同时也受制于城市地形条件、道路条件、停靠环境等诸多困难，企业购置和更新价格较高的低地板及低入口城市公共汽电车的动力不足。下一步，应当根据各行业、各城市实际情况，开展分类指导，在相关政策中明确相应的配置比例要求，并落实好资金支持等配套政策。

二是对于既有公共交通运输工具应加强无障碍改造。例如，城市公共汽电车可加装上下车轮椅导板，客运列车可拆除座椅改造为无障碍坐席，客船可加装扶手等无障碍设施。但是，一些交通运输装备受限于既有空间设计，存在无法进行无障碍改造的问题。例如，客船在实际改造过程中，受限于船体结构、通道间距等以及船舶安全性能等技术要求，实施无障碍厕所、上下船通道等设施建设存在难度。民航客机受制于机舱空间限制，普遍未设置无障碍卫生间且难以进行改造。下一步，力所能及地进行改造，同时针对既有交通工具不具备改造条件的，应指导交通运输企业探索采取必要的替代性措施，例如使用可移动式登乘设备，提供必要的无障碍服务补充等。

三是应根据情况逐步建立城市无障碍公交导乘系统，规划配置适量的无障碍出租汽车。目前，广州、深圳、杭州、长沙、苏州等城市已开始试点推广无障碍公交导盲系统，该系统具有站台候车、车辆进站、语音引导上车、到站提醒等功能，可为残疾人出行提供精准、个性化的公交助乘服务。无障碍出租汽车等运输装备普及率仍然较低，目前国内仅有北京、上海、深圳等少数城市提供无障碍出租汽车，无障碍出租汽车由于购置和维护成本高、收入少，推广应用和可持续运营面临较大压力。下一步应鼓励具备条件的城市根据实际需求规划配置适量的无障碍巡游出租汽车或网约出租汽车。超特大城市应发挥示范带头作用，配置一定比例的无障碍出租汽车，可通过设置轮椅停放空间、加装轮椅登乘设备等将现有出租汽车改造为无障碍出租汽车。

第二十三条　城市中心区、残疾人集中就业单位和集中就读学校周边的人行横道的交通信号设施，应当按照标准安装过街音响提示装置。

内容解读：此条规定了交通信号设施应安装过街音响提示装置。目前，北京、广州、深圳、杭州等城市已在部分中心区域设置了过街音响提示装置，为视障人士提供用于区分红绿灯状态的听觉信息，便于他们更加安全地过街。下一步，应鼓励具备条件的城市积极加快人行横道交通信号设施改造，在城市中心区、残疾人集中就业单位和集中就读学校周边区域安装过街音响提示装置。

(三) 无障碍信息交流

第三十二条　国家鼓励地图导航定位产品逐步完善无障碍设施的标识和无障碍出行路线导航功能。

内容解读：此条要求地图导航产品应增加无障碍标识和导航功能。由于市场需求、商业盈利性等问题，目前国内仅有少数企业在广州、深圳等个别城市开展了无障碍地图导航服务探索。在常用的百度、高德等地图软件中，仅能实现对无障碍电梯等部分无障碍设施的周边查询功能，无法实现出行全过程的无障碍路线导航功能，尤其是从社区到公交车站或地铁站的"最后一公里"以及在火车站、机场、综合交通枢纽等建筑物内换乘衔接难以进行无障碍导航。下一步，应积极鼓励地图导航企业从部分城市开展试点，逐步完善无障碍设施标识，并提供无障碍出行轮椅版、视障版路线导航功能。

第三十三条　银行、医院、城市轨道交通车站、民用运输机场航站区、客运站、客运码头、大型景区等的自助公共服务终端设备，应当具备语音、大字、盲文等无障碍功能。

内容解读：此条要求交通运输场站的自助公共服务终端设备应提供无障碍信息服务功能。无障碍信息服务是弥补硬件设施不足、解决无障碍出行"最后一公里"问题的重要载体。目前，部分交通运输场站的自助公共服务终端设备已具备语音提示功能，但是大字显示、盲文以及针对色盲、色弱等无障碍服务功能仍然较为欠缺。下一步，应积极引导各地加强城市轨道交通车站、民用运输机场航站区、客运站、客运码头的自助公共服务终端设备升级改造，完善无障碍服务功能，便利老年人、残疾人等各类群体使用。

（四）无障碍社会服务

第四十二条　交通运输设施和公共交通运输工具的运营单位应当根据各类运输方式的服务特点，结合设施设备条件和所提供的服务内容，为残疾人、老年人设置无障碍服务窗口、专用等候区域、绿色通道和优先坐席，提供辅助器具、咨询引导、字幕报站、语音提示、预约定制等无障碍服务。

内容解读：此条规定交通运输设施和工具应提供的无障碍服务内容。铁路、公路、水路、民航、城市交通等交通运输场站应结合设施设备条件，为残疾人、老年人设置无障碍服务窗口、专用等候区域、绿色通道和优先坐席，并提供辅助器具、咨询引导、预约定制等无障碍服务。城市公共汽电车、长途客车应提供字幕报站、语音提示等无障碍服务。此外，各地交通运输运营企业也可因地制宜提供各具特色的无障碍服务。

第四十五条　国家鼓励文化、旅游、体育、金融、邮政、电信、交通、商业、餐饮、住宿、物业管理等服务场所结合所提供的服务内容，为残疾人、老年人提供辅助器具、咨询引导等无障碍服务。

国家鼓励邮政、快递企业为行动不便的残疾人、老年人提供上门收寄服务。

内容解读：此条要求在交通运输服务场所和邮政快递业务中提供无障碍服务。铁路、公路、水路、民航、城市交通等交通运输场站可以结合服务内容，因地制宜为残疾人、老年人提供轮椅等辅助器具以及咨询引导、预约定制、专人陪护等无障碍人工服务。鼓励邮政、快递企业通过电话人工客服、手机 App 预约等方式，为行动不便的残疾人、老年人提供更为便利的上门收寄服务。

第四十六条 公共场所经营管理单位、交通运输设施和公共交通运输工具的运营单位应当为残疾人携带导盲犬、导听犬、辅助犬等服务犬提供便利。

残疾人携带服务犬出入公共场所、使用交通运输设施和公共交通运输工具的，应当遵守国家有关规定，为服务犬佩戴明显识别装备，并采取必要的防护措施。

内容解读：此条要求交通运输设施和工具便利残疾人携带服务犬出行。2015 年，中国铁路总公司和中国残联共同印发了《视力残疾旅客携带导盲犬进站乘车若干规定（试行）》；北京、大连、青岛等城市也出台相关文件允许导盲犬乘坐城市公共交通工具出行。下一步，铁路、公路、水路、民航、城市交通等领域，应针对携带服务犬进入交通运输设施、乘坐公共交通运输工具，出台专门规定或在已有管理规定中明确具体要求，例如，携带服务犬进站乘车需提供哪些证件，相关从业人员应提供哪些便利服务等。

（五）保障措施

第五十五条 建筑、交通运输、计算机科学与技术等相关学科专业应当增加无障碍环境建设的教学和实践内容，相关领域职业资格、继续教育以及其他培训的考试内容应当包括无障碍环境建设知识。

内容解读：此条主要涉及无障碍环境建设相关领域人才培养问题。目前，在交通运输相关学科专业课程内容以及交通运输领域职业资格、继续教育和日常培训中，对于交通运输无障碍环境建设相关知识的教学和考查还较少，相关教学书籍和培训教材、培训视频也较为缺乏。下一步，应在高等学校、中等职业学校交通运输相关学科专业中，增加交通运输无障碍环境建设的教学和实践内容，在交通运输领域相关职业资格、继续教育和日常培训中，增加交通运输无障碍环境建设相关知识考试，同时，还应加强交通运输无障碍环境建设相关教学书籍和培训教材、培训视频的编制和出版。

四、下一步推进交通运输无障碍环境建设的思路

一是完善交通无障碍法规。强化法规衔接，在制定修订《铁路法》《民用航空法》《道路运输条例》《国内水路运输管理规定》《城市公共交通管理条例》等相关专业领域法规时，按照《无障碍环境建设法》的要求，增加无障碍环境建设的相关内容和要求。因为交通无障碍工作涉及部门众多，需要在法条中进一步明确各部门的职责分工，使得法律实施过程更具可操作性。

二是完善配套标准认证体系。明确标准体系建设要求，持续完善无障碍出行服务标准规范体系，研究制定交通运输场站、运输车辆、客运船舶、信息化、出行服务等适老化和无障碍标准规范。推动制定关键标准，加快编制出台城市公共汽电车、城市轨道交通等适老化无障碍国家标准。制定设备管理维护标准，指导各地因地制宜制定相关地方标准，为规范和强化无障碍设施设备的建设、管理和维护提供依据。建立无障碍认证体制机制，积极探索开展交通无障碍产品认证、服务认证和管理体系认证，提升交通出行全链条无障碍水平。

三是推动交通运输设施改造和装备更新。推动将交通无障碍设施建设和改造纳入国家基本公共服务体系，明确各级财政保障。将城市低地板公交车更新改造纳入国家基础设施投资计划，给予国家层面的引导性支持资金。明确逐步完善无障碍装备设备要求，推进客运列车、客运船舶、民用航空器、公共汽电车、城市轨道交通车辆等交通运输工具逐步完善无障碍

配置。加强无障碍信息通用产品、技术的研发与推广应用，鼓励提供多样化、便利化的无障碍出行信息服务和产品研发。

四是加强交通无障碍支持保障体系建设。加强多元化资金保障，支持设立专项基金，鼓励采用政府与社会资本合作等模式，吸引社会资本参与无障碍交通基础设施建设和改造。优先保障用地，在高速公路服务区、道路客运场站、轨道交通车站等交通无障碍设施改造的土地配套方面给予优先支持，对因场地原因无法进行无障碍升级改造的交通场站项目等应予以优先立项审批。培养专门人才，建立交通运输领域无障碍人才培养机制，鼓励交通运输行业高等院校、中等职业技术学校等开设无障碍环境建设相关专业和课程，鼓励建设智库平台，促进国际交流与合作。强化公众监督，发挥残联、老龄协会以及社团组织等第三方机构作用，对交通无障碍环境建设实施情况开展监督。

（陈徐梅，交通运输部城市交通与轨道交通研究中心总工程师、研究员；刘晓菲，交通运输部城市交通与轨道交通研究中心副研究员）

发展无障碍社会服务，提升无障碍体验

杨立雄

【摘　要】本文辨析和界定了无障碍社会服务的概念，梳理了我国无障碍社会服务的发展历程，概括了《无障碍环境建设法》中的无障碍社会服务创新，介绍了《无障碍环境建设法》的无障碍社会服务内容，对《无障碍环境建设法》实施后的工作提出了建议。

【关键词】无障碍社会服务；无障碍环境建设法；合理便利

我国无障碍社会服务经历了一个从无到有、从有到优的发展过程，目前它与无障碍设施建设、无障碍信息交流一道成为《无障碍环境建设法》的重要组成部分。但是，从总体上看，我国无障碍社会服务在发展过程中仍然存在社会服务不规范不到位、社会公众认识不足、社会服务人才缺乏等问题，《无障碍环境建设法》实施之后，还需要加强无障碍社会服务标准化工作，加大人才培养力度，普及无障碍社会服务知识，让有需求的人员获得更加优质的无障碍社会服务。

一、无障碍社会服务概论

社会服务（social services）是现代社会的产物，最初起源于西方发达工业化国家，20世纪初，英国和美国开始提供专业化、职业化社会服务[①]。而作为一个学术词汇，社会服务最早由英国著名福利研究专家理查

---

① 王思斌. 社会服务的结构与社会工作的责任［J］. 东岳论丛, 2014, 35（01）.

德·蒂特姆斯（Richard Titmuss）提出[①]。他对社会服务的定义是："通过将创造国民收入的一部分人的收入分配给值得同情和救济的另一部分人而进行的对普遍福利有贡献的一系列集体的干预行动。"[②] 从蒂特姆斯的定义可以看出，社会服务与社会救助具有共同之处，即：对象具有选择性，作用具有分配性，性质具有保障性。后来社会服务的概念被越来越普遍地接受，1971 年，英国建立了地方社会服务部并出台了《地方政府社会服务法》；1981 年，瑞典通过《社会服务法》[③]。同时，社会服务的内涵也有所扩大。国际劳工组织将社会服务界定为针对大多数脆弱群体的需求和问题所进行的干预[④]；世界卫生组织将社会服务界定为对那些由于年龄、贫困、失业、健康状况恶化、残疾等而在生活和工作中需要公共援助的人所提供的支持性服务和项目。

因国情和福利体制的差异，社会服务的内容有所不同，一些国家将社会服务偏向社会照顾服务（social care），另一些国家则将社会服务等同于社会工作（social work）。在日本，广义的社会服务包括收入保障、医疗和健康保障、社会福利、就业保障、教育保障、法律援助和住房保障等，狭义的社会服务只包括收入保障、医疗和健康保障、社会福利三项措施[⑤]。在美国，社会服务包括国民保险、补助金、儿童救济金、家庭收入补助、裁员费支付、国民健康服务、地方福利服务（个人社会服务）、儿童服务、教育服务、青年服务、就业服务、住房、缓刑期服务和病后护理服务等[⑥]。

社会服务是公共服务的一种，两者有共同点，也有区别。共同点在于两者都是为了维护社会公正，促进社会融合和发展，实现人的全面发展。区别在于：公共服务面向所有公众，社会服务则专门针对困难群体或存在

[①] Richard Titmuss. *Essays on the Welfare State*. Boston: Beach Press, 1963.
[②] 王然. 社会服务的国家借鉴与中国实践 [J]. 中国民政，2011（8）.
[③] 民政部政策研究中心课题组. 关于社会服务发展演进与概念定义的探析 [J]. 中国民政，2011，(06).
[④] Elaine Fultz & Martin Tracy (eds.). *Good Practices in Social Services Delivery in South Eastern Europe*. Budapest: International Labour Organization, 2004.
[⑤] Yoshio Sugimoto. *Social Welfare in Japan*. Rosanna: Trans Pacific Press, 2008.
[⑥] W. E. Baugh. *Introduction to the Social Services*. London: Macmillan, 1983.

严重社会问题的人群；部分公共服务有时需要强调经济效益，社会服务则更强调社会效益。

无障碍社会服务是指针对有无障碍需求的人群提供的消除障碍的相关性服务，包括无障碍设施设备服务、辅助器具服务、合理便利服务、咨询引导服务、信息沟通服务等。无障碍社会服务具有强制性和导向性双重特征。强制性是指为有无障碍需求的人群提供相关的无障碍服务是相关机构的法定义务和强制责任，不履行责任就会受到相应处罚；而导向性是指向有无障碍需求的人群提供相关的无障碍服务并非法定义务，两方可以进行协商，鼓励相关主体提供相关服务。无障碍社会服务主体具有社会性特征，政府组织、社会组织和市场组织均是无障碍服务的提供主体。无障碍社会服务具有公益性特征，政府组织提供的服务具有公共性，社会组织提供的服务具有公益性，市场组织提供的服务具有社会性。

无障碍社会服务是个人实现无障碍权利的重要途径。人的多样性决定了无障碍需求的多样性，有些人需要无障碍设施设备，有些人需要实现无障碍交流。在无障碍交流中，有些人需要手语服务、咨询引导等，这些服务不一定需要专门的设施设备，而要由专门人员提供。随着通信技术和互联网技术的发展，越来越多的业务通过各类平台开展，这给部分人群造成了障碍。保留传统的服务方式对特定人群则是消除障碍的关键，也是无障碍社会服务的重要内容。无障碍环境不仅包含硬件建设（如无障碍设施），还包括软件建设，而在软件建设中，无障碍社会服务又是将无障碍设施设备与有无障碍需求的人联结起来的桥梁，使硬件设施能更好地发挥作用。在某些场所，无障碍设施设备需要受过训练的人员或专门人员进行管理，如果没有相应的人员，这些设施设备将无法发挥应有作用，而且提供人员服务更能体现无障碍的人性化管理。

二、无障碍社会服务的立法进程与创新

无障碍社会服务是随着无障碍环境建设的发展而逐步完善起来的，目前无障碍社会服务已成为无障碍环境建设的重要组成部分。

从国外的立法看，无障碍社会服务主要分散在不同的法律当中。如瑞

典的《社会服务法》《医疗保健法》和《为特定功能障碍人士提供支持与服务法》详细规定了无障碍社会服务内容；日本的《残疾人基本法》《身体障碍者福利法》《精神障碍者福利法》规定包括医疗和救护、年金、教育、就业顾问、促进就业、公共设施的无障碍化服务、信息利用的无障碍化、文化设施的配置等服务项目；美国2010年修订《残疾人法案》，细化了在公共交通、公共空间、电子通信等方面满足残疾人需求和享受相同服务的条款，在美国图书馆协会的推动下，美国图书馆逐渐建立较为完善的残疾人用户服务体系及相应的保障机制。因各个国家和地区在社会文化特征、国家责任模式、国家与社会之间的权责划分等方面存在差异，无障碍社会服务递送主体、政府与社会组织之间的关系等存在不同之处。在弱国家的合作主义模式下，残疾人社会组织在无障碍社会服务供给方面发挥着重要作用；在强国家的合作主义模式下，政府发挥着重要作用，社会组织的服务递送也经历了从有限参与到广泛推广的过程；在北欧福利国家体制中，无障碍社会服务递送职能多由政府面向社会采购。

我国无障碍社会服务经历了一个从无到有的发展过程，目前正处从零散到体系化的发展过程中。自20世纪80年代无障碍概念引入我国后，社会公众开始意识到无障碍的重要性，无障碍环境建设也逐步引起相关部门的重视。1988年，建设部、民政部、中国残联发布《方便残疾人使用的城市道路和建筑物设计规范》，此后又出台了多个规范性文件和标准；2012年，住房和城乡建设部发布《无障碍设计规范》，无障碍环境建设取得显著成果。考察各地区的政策文本，2012年以前各地区制定的无障碍环境建设办法，其内容侧重于无障碍设施建设和管理，均未设置"无障碍社会服务"专章，只有部分条款涉及无障碍社会服务。2012年国务院颁布《无障碍环境建设条例》，首次设立"无障碍社区服务"专章，要求社区公共设施完善无障碍服务功能，要求政府完善紧急呼叫系统，对贫困残疾人家庭进行无障碍设施改造，要求为残疾人参加选举提供便利。无障碍社会服务面向残疾人、老年人等有无障碍需求的群体，体现了社会温情和人文关怀。无障碍社会服务是实现高水平无障碍环境建设的关键内容，更是实现基本公共服务均等化的重要举措。对此，《无障碍环境建设法》列"无障碍社会服务"专章，充分表明了无障碍社会服务在无障碍环境建设中的重要地位。此后，越来越多的地区在无障碍环境建设法规中设置"无障碍社会服务""无障碍服务"或"无障碍社区服务"专章（见表1）。

表1　无障碍社会服务内容

条例名称	是否设置"无障碍社会服务"专章	实施时间
内蒙古自治区无障碍建设管理办法	否	2008年6月1日
青海省无障碍设施建设使用管理规定	否	2009年12月25日
福建省无障碍设施建设和使用管理办法	否	2010年9月16日
甘肃省无障碍建设条例	否	2011年1月1日
河北省无障碍环境建设管理办法	无障碍社区服务	2014年2月1日
陕西省实施《无障碍环境建设条例》办法	否	2015年5月1日
山西省实施《无障碍环境建设条例》办法	无障碍社区服务	2015年10月15日
广东省无障碍环境建设管理规定	无障碍服务	2017年2月1日
江西省无障碍环境建设办法	否	2018年2月1日
辽宁省无障碍环境建设管理规定	否	2018年1月1日
天津市无障碍环境建设管理办法	无障碍社区服务	2018年3月1日
河南省无障碍环境建设管理办法	否	2018年4月1日
吉林省无障碍环境建设管理办法	否	2016年8月1日
山东省无障碍环境建设办法	无障碍服务	2019年5月1日
浙江省实施《无障碍环境建设条例》办法	否	2018年12月31日
湖北省无障碍环境建设管理办法	无障碍社区服务	2019年2月1日

续 表

条例名称	是否设置"无障碍社会服务"专章	实施时间
宁夏回族自治区无障碍环境建设管理办法	无障碍社区服务	2019年7月1日
海南省无障碍环境建设管理条例	否	2020年5月1日
湖南省无障碍环境建设管理办法	否	2021年1月1日
北京市无障碍环境建设条例	无障碍社会服务	2021年11月1日
重庆市无障碍环境建设与管理规定	无障碍社会服务	2022年1月1日
四川省无障碍环境建设管理办法	无障碍服务	2022年2月1日
上海市无障碍环境建设条例	无障碍社会服务	2023年3月1日

分析各地区"无障碍社会服务"专章内容，从条款数目看，少则3条，多则12条；从无障碍服务内容看，大多数地区的无障碍服务基本覆盖了社区公共服务机构和公共场所无障碍服务、紧急呼叫服务、贫困残疾人家庭无障碍改造、选举便利等内容，还有一些地区的无障碍服务覆盖了主要服务场所无障碍服务、导盲犬服务、老旧小区无障碍改造、保障性住房和安置住房的无障碍改造、无障碍交通服务、文化旅游机构的无障碍服务、城市应急避难场所无障碍服务等（见表2）。

表2 部分地区"无障碍社会服务"专章内容比较

条例名称	"无障碍社会服务"专章条款数	主要内容
天津市无障碍环境建设管理办法	3	社区公共服务机构和公共场所无障碍服务，紧急呼叫服务，贫困残疾人家庭无障碍改造
河北省无障碍环境建设管理办法	4	社区公共服务设施无障碍服务，紧急呼叫服务，贫困残疾人家庭无障碍改造，选举便利

续表 1

条例名称	"无障碍社会服务"专章条款数	主要内容
宁夏回族自治区无障碍环境建设管理办法	4	社区公共服务设施无障碍改造，紧急呼叫系统，贫困残疾人家庭无障碍改造，选举便利
山西省实施《无障碍环境建设条例》办法	5	社区公共服务设施无障碍服务，紧急呼叫服务，贫困残疾人家庭无障碍改造，选举便利，城市应急避难场所无障碍服务
湖北省无障碍环境建设管理办法	5	社区公共服务设施无障碍服务，紧急呼叫服务，贫困残疾人家庭无障碍改造，选举便利，城市应急避难场所无障碍服务
广东省无障碍环境建设管理规定	6	社区公共服务设施无障碍服务，紧急呼叫服务，贫困残疾人家庭无障碍改造，选举便利，导盲犬服务，无障碍设施使用培训
山东省无障碍环境建设办法	7	社区公共服务设施无障碍服务，教育机构无障碍服务，无障碍旅游服务，就业机构无障碍服务，贫困残疾人家庭无障碍改造，残疾人申请机动车驾驶证、办理机动车登记和机动车安全技术检验等无障碍服务
四川省无障碍环境建设管理办法	8	社区公共服务设施无障碍服务，老旧小区无障碍改造，紧急呼叫服务，保障性住房和安置住房无障碍改造，选举便利，残疾人申请机动车驾驶证、办理机动车登记和机动车安全技术检验等无障碍服务，无障碍交通服务，紧急呼叫服务，城市应急避难场所无障碍服务

续表 2

条例名称	"无障碍社会服务"专章条款数	主要内容
北京市无障碍环境建设条例	9	无障碍预约服务，政府部门提供便利，突发事件中的无障碍服务，信息无障碍服务，考试与选举中的合理便利，导盲犬服务，公共文化服务便利，无障碍人才培养
重庆市无障碍环境建设与管理规定	9	紧急呼叫服务，住宅、社区无障碍改造，教育机构无障碍服务，就业单位无障碍服务，医疗机构无障碍服务和便利服务，文化旅游机构无障碍服务，选举便利
上海市无障碍环境建设条例	12	公共场所无障碍服务，选举便利，参加诉讼活动、获得法律援助的无障碍服务，教育机构及考试无障碍服务，医疗卫生机构无障碍服务，服务场所无障碍服务，公共文化无障碍服务，交通运输无障碍服务，无障碍信息服务平台，应急避难场所无障碍服务，传统服务方式

2023年6月28日，第十四届全国人大常委会第三次会议表决通过了《无障碍环境建设法》，该法进一步拓展了无障碍社会服务的内容。首先，公共服务设施的范围大幅度扩展。《无障碍环境建设条例》规定社区公共服务设施应当逐步完善无障碍服务功能，为残疾人等社会成员参与社区生活提供便利；而《无障碍环境建设法》将公共服务的范围扩展到公共服务场所、行政服务机构、社区服务机构、司法机关、法律援助机构等，不仅扩大了服务范围，也丰富了服务内容。其次，无障碍服务内容进一步丰富。在《无障碍环境建设条例》的基础上，《无障碍环境建设法》增加了包括交通运输、教育场所及考试、医疗卫生服务、服务场所和机构、应急避难场所等无障碍服务，还增加了无障碍信息服务平台建设内容，并要求特定场合要保留传统服务方式。最后，合理便利的内容更加丰富。《无障

碍环境建设条例》要求为残疾人参加选举提供便利，为视力残疾人提供盲文选票；而《无障碍环境建设法》则扩大并细化了合理便利的范围，包括考试、就医、出行等场所（见表3）。

表3 《无障碍建设条例》与《无障碍环境建设法》中的无障碍社会服务内容比较

项 目	无障碍环境建设条例	无障碍环境建设法
专章名称	无障碍社区服务	无障碍社会服务
条目数	4	12
公共服务	社区公共服务设施	公共服务场所、行政服务机构、社区服务机构、司法机关、法律援助机构
合理便利	选举	选举、考试、就医、出行
家庭无障碍	√	×
紧急呼叫系统	√	√
交通运输	×	√
教育场所及考试	×	√
医疗卫生服务	×	√
服务场所和机构	×	√
应急避难场所	×	√
无障碍信息服务平台	×	√
传统服务方式	×	√

在无障碍环境建设的过程中，普遍存在"重硬件""轻服务"的现象。社会对无障碍社会服务的认识尚未到位，无障碍服务存在不及时、不规范、不系统的问题。如：无障碍服务响应不及时，服务电话常处于无人接听的状态；为节省经费不设置人工咨询引导服务，用机器取代人工服务；一些无障碍服务窗口常处于无人服务状态；公共交通无障碍服务集中于大城市的地铁线路以及少数公交线路，且以电话服务为主；咨询引导服务难以满足残疾人群体的特殊需求，无法提供手语或盲文翻译服务等；为图便利或节省人力物力，简化服务流程，导致无障碍社会服务流于形式；

更有甚者，有的场所直接拒绝提供无障碍相关服务。《无障碍环境建设法》将有助于消除上述现象。首先，《无障碍环境建设法》明确了无障碍社会服务的服务内容和服务范围，为各地无障碍社会服务立法与发展确定基本框架，为解决无障碍社会服务不平衡、不充分、不系统问题奠定法律基础。其次，《无障碍环境建设法》明确了社会各方在无障碍社会服务方面的职责，无障碍社会服务递送模式从政府一元转向多元协同。无障碍社会服务强调了国家机关和承担公共事务的社会团体、企业事业单位的职能，要求上述机构应当配备必要的无障碍设备和辅助器具，包括提供合理便利、通行服务、手语翻译、盲文翻译、无障碍信息、志愿陪护等服务，并在明显处公示无障碍设施信息，为有无障碍需求的社会成员提供无障碍服务，以保障其在政治生活、公共服务、司法诉讼、教育考试等方面的合法权益，为社会成员全面融入社会生活提供充分的人文关怀。《无障碍环境建设法》对于医疗机构、交通运输单位等重点机构的无障碍社会服务也进行了明确规定，要求交通运输设施和公共交通运输工具的运营单位为残疾人、老年人等设置无障碍窗口、专用等候区域、绿色通道和优先坐席，提供辅助器具、咨询引导、字幕报站、语音提示、预约定制等无障碍服务；医疗卫生机构应当结合所提供的服务内容，为残疾人、老年人等就医提供便利。同时鼓励市场性质的服务机构提供辅助器具、咨询引导等无障碍服务。在法律责任方面，加大未提供无障碍社会服务的主体处罚力度。

四、无障碍社会服务的主要内容

《无障碍环境建设法》涉及的无障碍社会服务较为全面，其主要内容概括起来有以下几项：

一是无障碍设备服务。随着科技的进步，无障碍设备的种类越来越丰富，弥补了无障碍设施建设的不足，并与无障碍设施一道成为满足残疾人、老年人等人群无障碍需求的重要手段。无障碍设备包括的内容较多。《无障碍环境建设法》对"无障碍设施建设"和"无障碍信息交流"进行了专章规定。在无障碍服务中，无障碍服务设施包括公共服务机构、交通运输单位等的低位服务台和无障碍服务窗口、常用无障碍用品等。如，在无法进行坡道改造的场所，应该提供折叠式坡道、升降平台等。

二是辅助器具服务。根据《康复辅助器具　分类和术语》（GB/T 16432-2016）的定义，辅助器具是指功能障碍者使用的，特殊制作或一般可得到的任何产品，包括器械、仪器、设备和软件。辅助器具的主要功能在于维持或改善个人功能活动，并使其过上健康、独立和有尊严的生活。辅助器具的主要使用人群是残疾人、老年人和伤病者，但是任何人在生命的某个时期都有可能需要辅助技术。辅助器具的种类丰富，2016第六版ISO 9999国际标准将辅助器具按产品的功能划分为12个主类、132个次类、801个支类，市场产品多达4万余款。随着老龄化社会的到来，对辅助器具服务的需求呈现快速增长趋势，2018年，第71届世界卫生大会通过了《增进获得辅助技术》决议，提出人人享有康复辅助技术服务的目标，我国也出台了一系列支持辅助器具产业和辅助器具服务网络发展的政策文件，辅助器具适配率快速提升。但是，从总体上看，我国辅助器具服务水平还有较大的提升空间。《无障碍环境建设法》将辅助器具服务列为无障碍社会服务的重要内容，在多个条款中规定了辅助器具的服务内容，包括：公共服务场所应该配备必要的无障碍设备和辅助器具，公共服务机构配备无障碍设备，公共交通运输单位、教育机构、医疗卫生机构应该提供必要的辅助器具，鼓励旅游机构提供辅助器具，等等。需要说明的是，辅助器具的种类非常多，《无障碍环境建设法》并不要求提供全面的辅助器具服务，而是要求根据不同场所和机构的特征提供日常类的辅助器具服务，如提供轮椅服务等。

三是信息及交流无障碍服务。随着科技进步和数字时代的到来，多种通信和互联网辅助技术产品大量出现，残疾人成为信息无障碍技术和产品的受益者，极大地拓展了残疾人的社会关系网络，弥补了因身体或心理的缺陷而造成的功能短缺。但是数字技术是一把双刃剑，信息对特殊群体构成的障碍问题日渐凸显，部分群体的信息无障碍权利受到损害[1]。信息无障碍是指任何人在任何情况下都能平等、方便、无障碍地获取信息、利用

---

[1] 李静.论残障人信息无障碍权：数字时代下的理论重构[J].中外法学，2023，35（03）.

信息[①]。为确保特殊人群实现信息无障碍权利，国家出台了多项法律法规促进信息无障碍的发展。2008年修订的《残疾人保障法》新增了信息无障碍的规定；2016年有关部门发布了《关于加强网站无障碍服务能力建设的指导意见》；2020年发布了《关于推进信息无障碍的指导意见》，制定了《互联网应用适老化及无障碍改造专项行动方案》。经过多年的发展，我国信息无障碍取得显著进步，但是仍然存在较为明显的短板，"数字鸿沟"仍需弥合，尤其是让广大的老年人和残疾人通过信息化手段提升独立生活能力、提高生活质量，成为老龄化社会需要重点关注的社会问题。《无障碍环境建设法》不但设立了"无障碍信息交流"专章，还在"无障碍社会服务"专章规定了信息无障碍服务，包括：公共服务机构应该配备电子信息显示屏、手写板、语音提示等交流设备，交通运营单位提供字幕报站、语音提示等服务，应急避难场所视情况设置语音、大字、闪光等提示装置等等。

　　四是合理便利服务。通用设计强调无障碍的共性需求，难以满足残疾人和老年人的个性化需求，为此在某些场景和时段需要提供合理便利服务。合理便利是指根据具体需要，在不造成过度或不当负担的情况下，进行必要和适当的修改或调整，以确保残疾人在与其他人平等的基础上享有或行使一切人权和基本自由。合理便利服务在无障碍社会服务中发挥着重要作用，是弥补无障碍建设不足的手段，可以最大限度地满足特定主体的个性化无障碍服务需求。合理便利是《残疾人权利公约》所规定的权利之一，我国在修订后的《残疾人保障法》中对残疾人教育（考试）合理便利的内容进行了规定。目前合理便利在劳动就业、公共服务、教育、住房等领域逐步被认知，合理便利的权利主体包括残疾人、老年人、妇女、儿童等群体。合理便利服务具有个人化特征，这也导致了它具有协商性，即有无障碍需求的公民应当向服务提供方提出合理便利需求，服务提供方需要给予回复，并在与个人协商的基础上提供无障碍服务。合理便利形式多样、内容广泛，但是日常生活工作中的常用事例却较为有限，提供的合理便利服务形式也较为简单，成本通常较低。《无障碍环境建设法》规定了

---

① 赵英，赵媛. 信息无障碍支持体系研究 [M]，成都：四川大学出版社，2012：1.

部分场景的合理便利服务，包括：国家举办的考试以及各类学校组织的统一考试，应当为有残疾的考生提供便利；医疗卫生机构应该为残疾人、老年人等就医提供便利；公共场所及运输单位为有需求者提供便利；鼓励邮政、快递企业为行动不便的残疾人、老年人等提供上门收寄服务；组织选举的单位应当为残疾人、老年人等提供便利和必要协助。

五是咨询引导服务。咨询引导服务是服务领域应该提供的一项基本服务，尤其是在业务办理复杂、专业性强的服务领域，设立专门的咨询引导岗位，有利于提升服务质量和效率，也有利于提升服务满意度。《无障碍环境建设法》规定，交通运输单位应当为残疾人、老年人等人群的出行提供咨询引导服务，鼓励服务场所结合服务内容提供咨询引导服务。随着科技的进步和人工成本的提升，越来越多的服务机构用智能设备取代人工岗位，实现了无人服务。这样虽然节省了成本，但是也给残疾人、老年人等造成了障碍。为此，《无障碍环境建设法》规定，涉及医疗健康、社会保障、金融业务、生活缴费等服务事项的，应当保留现场人工办理等传统服务方式。

除上述主要无障碍服务外，《无障碍环境建设法》还规定了设置专用等候区域、绿色通道和优先坐席等。

五、无障碍社会服务的未来发展

《无障碍环境建设法》实施以后，还需要进一步细化相关规定，使其更具可操作性。

一是加强关键场景的无障碍社会服务标准化工作。不同场所承担着不同的业务，不同的业务要求着不同的无障碍服务。例如，在政治生活领域，关键是保障无障碍需求者的选举权，应当在场地、设施、材料提供方面充分考虑其无障碍需求，为其提供便利服务，包括提供辅助器具、盲文、大字或电子选票等。在公共服务场所，则是应使无障碍需求者能够便利地与业务工作人员沟通，并满足相关的业务办理需求，也就是既要提供低位服务台、电子信息显示屏、手写板等设施设备，也要提供手语翻译、盲文翻译等翻译服务，有条件的地区配置无障碍新技术产品，例如，为听障者提供无障碍通话语音文字转换服务。在公共交通领域，要结合交通方式的特点使无障碍社会服务联通交通场所和交通工具，为无障碍需求者设立无障碍窗口、专用等候区域、绿色通道和优先坐席，并提供辅助器具、志愿陪护、字幕报站、预约定制等服务。此外，重点推进无障碍需求者出行信息服务平台建设，无障碍需求者可通过电子信息显示屏、语音播报、移动终端等方式，获取公共交通服务信息、无障碍设施设备和服务信息。为此，在满足个性化需求的同时，需要做好无障碍社会服务的标准化工作，规范不同场景下的无障碍社会服务秩序，提高无障碍社会服务质量。为此，需要针对关键场景制定无障碍社会服务标准，建立健全服务制度，规范服务行为。

二是加强无障碍社会服务队伍建设。无障碍社会服务应坚持职业与志愿相结合，在增加服务供给的同时促进服务水平的提高。首先，发展专业服务队伍。无论是服务模式、服务内容、服务过程还是服务评估，都需要以无障碍服务的专业知识为基础。可以借鉴我国香港的无障碍统筹经理和无障碍主任制度，向特定场所委派无障碍统筹经理负责统筹署内的无障碍事宜，委派无障碍主任负责协助残疾人士进出场地和使用其中的服务及设施、处理公众就该场地的无障碍事宜所作的查询及投诉等。同时，完善无障碍社会服务专业人才培养机制，以无障碍需求为导向，以应用先进无障碍技术为手段，鼓励高等学校、中等职业学校等开设无障碍社会服务相关专业和课程；鼓励业务相通的部门、单位、企业等通过预约服务借调无障碍社会服务专业人才，尤其是手语翻译和盲文翻译者等。其次，以志愿服务队伍为补充，提高服务能力，包括：组建经济、科技、教育、文化、劳动、卫生、体育、社会福利等各个方面的志愿服务团队，打造多元化、专业化的志愿团队；加强志愿服务队伍无障碍社会服务知识与技能培训，使其充分尊重无障碍需求者，把握专业服务技能；建立完善志愿服务信息管理工作机制，设立无障碍志愿服务认证和激励制度，对志愿者的服务时间和服务质量进行记录与评价。最后，引入社会工作专业人才，依托其优势培育无障碍需求者的权利意识与参与公共事务的能力，提升国家机关和承担公共事务职能的社会团体、企业事业单位以及其他社会组织的服务理念、服务方法和实务能力。

三是完善无障碍社会服务监督检查机制。明确要求县级以上人民政府住房和城乡建设、交通运输、工业和信息化、市场监管、卫生健康、民政、农业农村、文化和旅游、教育、科技、公安、司法、广播电视、新闻出版、体育、金融等主管部门在各自职责范围内开展无障碍社会服务建设、管理和监督工作，避免有关部门以法律未规定而推脱无障碍社会服务工作。将无障碍社会服务纳入各地国民经济和社会发展规划，并将无障碍环境社会服务纳入文明城市、文明村镇、文明单位等建设与考核内容，由此实现地方政府督促相关部门积极推进无障碍社会服务工作。加强管理和监督，依法规范公共服务场所的无障碍社会服务。在各业务部门内部建立简便的无障碍环境建设和管理情况投诉处理机制，公示投诉电话或设置官方微博账号，以便有无障碍需求的社会成员获得及时的反馈与帮助。此外，充分发挥残联组织作为政府和残疾人联结的纽带作用，积极寻找问题、发现问题并及时向政府有关部门反馈，保障残疾人的无障碍社会服务权益。

四是普及无障碍社会服务知识。充分利用广播、电视、报纸、网络等媒体和线下活动普及无障碍环境法律和理念，使全体社会成员正确认识无障碍环境，明确无障碍社会服务是无障碍环境建设的应有之义。面向社会成员或在校学生（尤其是小学生）开展无障碍体验活动，加深人们对无障碍法律和无障碍理念的认识，了解无障碍环境建设的具体内容、作用，呼吁人们共同关注残疾人、老年人、儿童等群体的无障碍需求，倡导人们爱护无障碍设施，保护和正确利用无障碍环境。组织各种形式的无障碍社会服务培训班，强化相关工作人无障碍意识，推进无障碍服务专业化发展。设立无障碍宣传日，让无障碍人文理念深入人心，使文明成为自觉习惯。

六、结　论

《无障碍环境建设法》的发布和实施将极大地助推我国无障碍环境建设，规范无障碍社会服务项目，提升无障碍社会服务水平，让有需求者享受更高质量的无障碍社会服务。未来，要在以人为本理念的指导下，适应社会经济科技发展和公众需求，进一步完善无障碍环境建设相关体制机制，丰富无障碍环境建设内涵，明确无障碍社会服务范围和内容，强化无障碍社会服务建设法律责任，更好地满足有无障碍需求的社会成员全面融入社会生活的需要。

参考文献

[1] 李静. 论残障人信息无障碍权：数字时代下的理论重构[J]. 中外法学，2023，35（03）：823—839.

[2] 罗宇枫. 从无障碍设计、通用设计进阶到包容性设计的无障碍环境构建理论和方法[J]. 建设科技，2023（05）：11—14+18.

[3] 李炳萱. "十三五"期间我国电子公共服务无障碍化政策文本分析[J]. 图书情报研究，2022，15（04）：10—18.

[4] 闫宇晨.《马拉喀什条约》实施背景下公共图书馆无障碍信息服务版权风险研究[J]. 残疾人研究，2022（03）：68—74.

[5] 金燕，刘子琦，毕崇武. 信息无障碍背景下的App适老化改造研究[J]. 现代情报，2022，42（08）：96—106.

[6] 程佳敏，杨翠霞，石韫嘉. 长三角地区无障碍环境建设政策研究[J]. 福建建筑，2022（06）：1—4.

[7] 黎建飞. 推进我国无障碍环境建设立法的进程[J]. 残疾人研究，2022（S1）：9—11.

[8] 吴振东，汪洋，叶静漪. 社会融合视角下我国无障碍环境建设立法构建[J]. 残疾人研究，2022（S1）：21—28.

[9] 李牧，马卉，李群弟，胡哲铭. 我国信息无障碍环境建设支持研究[J]. 残疾人研究，2022（S1）：42—50.

[10] 薛峰. 我国无障碍环境建设与发达国家的对比研究与建议[J]. 残疾人研究，2022（S1）：36—41.

[11] 肖维娜，李红勃. 平等参与社会生活视角下的无障碍信息与服务[J]. 北京规划建设，2022（02）：34—36.

[12] SATOSHI K. 从无障碍设计到通用/包容性设计：日本近60年经验[J]. 闫承钊，译. 城市规划学刊，2022（01）：123.

［13］袁丽华．无障碍服务背景下残疾人阅读现状与需求的调查与分析［J］．图书馆学研究，2021（22）：66—73．

［14］黎建飞，窦征，施婧葳，李丹．我国无障碍立法与构想［J］．残疾人研究，2021（01）：28—38．

［15］郭亚军，卢星宇，张瀚文．人工智能赋能信息无障碍：模式、问题与展望［J］．情报理论与实践，2020，43（08）：57—63+69．

［16］厉才茂．无障碍概念辨析［J］．残疾人研究，2019（04）：64—72．

［17］李东晓，熊梦琪．新中国信息无障碍70年：理念、实践与变迁［J］．浙江学刊，2019（05）：14—23．

［18］赵英．针对残障人士的信息无障碍影响因素研究［J］．四川大学学报（哲学社会科学版），2018（05）：84—93．

［19］黄佩芳．国外图书馆残障人士服务规范研究：理念、内容与社会效益［J］．图书馆建设，2016（11）：50—55．

［20］王国羽．障碍研究论述与社会参与：无障碍、通用设计、能力与差异［J］．社会，2015，35（06）：133—152．

［21］张东旺．中国无障碍环境建设现状、问题及发展对策［J］．河北学刊，2014，34（01）：122—125．

（杨立雄，中国人民大学劳动人事学院教授、博士生导师、残疾人事业发展研究院副院长）

社会组织在无障碍法治建设中的作用

吕洪良

【摘　要】 本文从历史和现实两个维度，对《无障碍环境建设法》中关于社会组织的条款进行深度解读，分析社会组织在无障碍法治建设中的作用。残疾人群体是无障碍需求群体中的重要部分，也是无障碍法治建设的主要推动者。社会组织是少数群体凝聚力量和共识的重要形式，其灵活性、群众性和专业性的特点使它们能够在政府、专家与公众多元协同、多方博弈中发挥独特作用。《无障碍环境建设法》以构建社会治理体系为目标，为社会组织参与无障碍法治建设奠定了法律基础，对促进法规落实、推动无障碍环境建设高质量发展具有重要意义。

【关键词】 无障碍；社会组织；无障碍环境建设法；关键少数；社会治理

引　言

《无障碍环境建设法》的颁布是无障碍法治建设中具有里程碑意义的大事。这部法律包含了多项关于社会组织的条款，为社会组织参与无障碍环境建设奠定了坚实的法律基础，为构建无障碍环境建设社会治理体系提供了有力的法律支持。本文将着重探讨《无障碍环境建设法》赋予社会组织的职责以及社会组织在无障碍法治建设中的作用。

一、相关条款的初步解读

《无障碍环境建设法》中包含 8 项关于社会组织的条款,其数量占条款总数的 1/9。其中第三条是纲领性的,明确了社会组织参与无障碍环境建设的政治意义。

(一)关于社会组织的条款

《无障碍环境建设法》关于社会组织的条款列示如下:

第三条 无障碍环境建设应当坚持中国共产党的领导,发挥政府主导作用,调动市场主体积极性,引导社会组织和公众广泛参与,推动全社会共建共治共享。

第八条 残疾人联合会、老龄协会等组织依照法律、法规以及各自章程,协助各级人民政府及其有关部门做好无障碍环境建设工作。

第九条 制定或者修改涉及无障碍环境建设的法律、法规、规章、规划和其他规范性文件,应当征求残疾人、老年人代表以及残疾人联合会、老龄协会等组织的意见。

第十条 国家鼓励和支持企业事业单位、社会组织、个人等社会力量,通过捐赠、志愿服务等方式参与无障碍环境建设。

第十七条 国家鼓励工程建设单位在新建、改建、扩建建设项目的规划、设计和竣工验收等环节,邀请残疾人、老年人代表以及残疾人联合会、老龄协会等组织,参加意见征询和体验试用等活动。

第五十二条 制定或者修改涉及无障碍环境建设的标准,应当征求残疾人、老年人代表以及残疾人联合会、老龄协会等组织的意见。残疾人联合会、老龄协会等组织可以依法提出制定或者修改无障碍环境建设标准的建议。

第五十六条 国家鼓励机关、企业事业单位、社会团体以及其他社会组织,对工作人员进行无障碍服务知识与技能培训。

第六十二条 任何组织和个人有权向政府有关主管部门提出加强和改进无障碍环境建设的意见和建议,对违反本法规定的行为进行投诉、举报。县级以上人民政府有关主管部门接到涉及无障碍环境建设的投诉和举报，应当及时处理并予以答复。

残疾人联合会、老龄协会等组织根据需要，可以聘请残疾人、老年人代表以及具有相关专业知识的人员，对无障碍环境建设情况进行监督。

（二）相关条款的初步解读

对涉及社会组织的条款，可以作出以下几点分析：

1. 行为主体分析

《无障碍环境建设法》将无障碍环境的主要受益对象确定为残疾人和老年人两个群体。残联属于群团组织，群团组织是不必登记或免于登记的社会团体。在中国残联成立之前，盲人和聋人的全国性社会组织及中国残疾人福利基金会就已成立；中国残联成立之后，按照残疾类别进一步创立和规范了五大协会，并且各级政府均按照中国残联及协会的模式设立了相应的残联机构及协会，形成了庞大的组织网络，也体现了很强的群众性。

残联主管的五大专门协会中肢残人协会设有专门的无障碍服务与推广委员会。盲人协会和聋人协会经常积极反映无障碍需求，但均未设立专门推进无障碍的部门。近年来，部分省市先后成立了无障碍促进会或督导队等无障碍社会组织（以下简称无障碍促进组织）。与按残疾类别设立的五大专门协会不同，无障碍促进组织打破了残疾类别的限制，吸纳健全人及相关企事业单位作为会员，具有更广泛的群众基础，同时更强调专业技术性。无障碍促进组织将成为推动无障碍法治建设的主要力量之一。

中国老龄协会不属于群团组织，是由民政部代管的副部级事业单位，也属于不必登记或免于登记的社会团体。它有多家直属单位及主管的社会组织，均侧重于老年医学、养老产业的发展。适老化环境与无障碍环境存在一定的交集，但适老化环境研究范围通常限于养老院等封闭的家居环境，而无障碍环境建设促进则涉及所有开放的公共空间。养老产业发展侧重于经济方面，而无障碍环境建设促进则侧重于权益方面。因此，老龄社会组织在无障碍环境建设方面也会发挥一定的作用，但与残疾人社会组织的作用有所差异。无障碍环境建设主要包括以残疾人为对象的残障友好型环境、以老年人为对象的老年友好型环境、以妇女儿童为对象的儿童友好型环境三个方面，具有更广的外延。无论是残疾人群体还是老年人群体或妇女儿童，从需求方整合不同的社会力量都是非常必要的。

2. 主体职责分析

《无障碍环境建设法》赋予社会组织的职责是"协助各级人民政府及其有关部门做好无障碍环境建设工作"。政府相关部门是无障碍环境建设与管理的主体。包括残联、老龄协会在内的组织处于从属地位，发挥辅助作用，这种定位与群团组织、社会组织的性质是相适应的。残联和老龄协会在无障碍环境建设中代表需求者的权益，这与其群众性是相适应的。住建部门等政府部门是从无障碍环境供给的角度出发，在无障碍环境建设中发挥组织、规范、管理的职能。由住建、工信等相关政府部门承担无障碍环境建设的管理权，是其既有职能和业务的延伸；由残联等群团组织进行协助，也是其维护残疾人合法权益的职责所在。这两方面构成了无障碍环境建设社会治理体系的框架。

社会组织的"协助"将助力政府部门强化无障碍环境建设的管理，促进无障碍环境供给与需求之间的平衡与契合。在制定法律、法规、规章、规划和相关规范性文件、标准和技术性文件方面，政府相关部门"应当"征求社会组织的意见建议。相关条款赋予组织和个人提出意见建议、进行投诉举报的权利，政府主管部门"应当"处理和答复。对政府部门的要求使用了"应当"这个词汇，实质上是"必须"的意思。这些刚性条款的目的是保障立法体现需求群体的意愿、执法有效接受人民群众的监督。对企事业单位、社会组织的要求，采用了"鼓励"这个词汇。柔性政策体现在以下三个方面：一是鼓励"通过捐赠、志愿服务等方式参与无障碍环境建设"；二是鼓励"工程建设单位在新建、改建、扩建建设项目的规划、设计和竣工验收等环节"，邀请社会组织"参加意见征询和体验试用等活动"；三是鼓励"对工作人员进行无障碍服务知识与技能培训"。这些政策与当前社会组织的专业水平和发展程度是相适应的。无障碍促进是专业性强的社会活动，专业性决定了话语权。但目前我国社会组织的发展处于初级阶段，无障碍促进的主力是残疾人社会组织。这类组织数量较少，发展水平参差不齐。从实际出发，刚性规定与柔性措施相结合，在明确职责的同时鼓励探索创新，体现了《无障碍环境建设法》立法的艺术性。

二、社会组织的历史解读

为什么在立法中赋予相关社会组织一定的职责呢？社会组织在无障碍环境建设中能够发挥什么作用呢？下文将从无障碍发展历程中探究。

（一）国际残疾人权利运动的启发

纵观以美国为代表的国际残疾人权利运动，其实质就是一部无障碍发展史。无障碍环境对于所有社会成员都是有价值、有意义的，但对于残疾人群体而言属于刚性需求。对于一般社会成员，无障碍环境不会产生根本性的影响，只是是否便利的问题。但残疾人由于生理机能弱化，对无障碍环境高度敏感、高度依赖。没有系统而规范的无障碍环境，残疾人就会失去独立出行的自由，或者与世隔绝，或者严重依赖他人，无法平等而充分地参与社会生活。参与社会生活是个体生存与发展的基础。因此，无障碍环境是残疾人生存权和发展权的重要保障。残疾人群体不是无障碍环境的唯一受益者，但残疾人群体是无障碍需求者中的重要方面，因此也是在集体行动中最有意愿采取行动的重要方面。

在二战期间的美国，由于战时工作岗位空缺和必需品生产增加，大量残疾人被企业雇用。二战之后，他们大多被解雇。由于初次体验到自由、成就与自尊，残疾人拒绝回到地下室和阁楼中。他们认识到良好的教育是谋求好工作的必备条件，因此提出了教育机会平等的要求。为了达到目标，他们倾向于联合起来，于是残疾人权利倡导组织应运而生。第一个残疾人权利倡导组织是由聋人组织起来的，盲人、脑瘫患者及其他残疾人也陆续组织起来[1]。此外，二战和越南战争期间，美国出现大量伤残军人。为了解决退伍残疾军人的教育、就业和生活问题，在相关政府部门和社会组织的推动下，无障碍纳入了政府的日程。1961年，美国标准化协会（American Standards Association）颁布了世界第一个无障碍设计标准《使

---

[1] 参见 Juliet C. Rothman. 残疾人社会工作［M］. 曾守锤，张坤，等译. 上海：华东理工大学出版社，2008：30—31.

残疾人易于接近、使用的美国建筑物及设施设计规范说明书》（American Standard Specifications for Making Buildings and Facilities Accessible to and Usable by the Physical Handicapped）。以社会组织的形式凝聚力量和共识，是少数群体开展运动、争取权益的重要策略。

　　残疾人数量增长及参与社会生活意愿增强，是推动无障碍环境建设的一个方面。另一方面是残疾人权利意识的提升。20世纪50、60年代，非裔美国人民权运动（African-American Civil Rights Movement）在美国社会引发了一系列连锁反应。残疾人群体从争取黑人平等与自由的民权运动中获得了启发和激励，开始以社会组织为依托开展争取权利的社会运动。注入权利意识的无障碍需求，不再是普通的教育就业问题，而是公民权利问题，是法律与道德意义上的概念。美国的残疾人权利运动主要围绕着立法和执法两方面开展。比如20世纪70年代围绕《国家康复法》（National Rehabilitation Act）的签署及实施细则的制定而发起的示威活动、20世纪90年代围绕《美国残疾人法》（Americans with Disabilities Act）的审议通过而发起的示威活动等，都是以促进立法为目标的社会运动。在此过程中，埃德·罗伯茨（Ed Roberts）、朱迪·休曼（Judy Heumann）、詹姆斯·查理顿（James Charlton）等发起独立生活（Independent Living）运动的残疾人领袖及其相关社会组织发挥了积极作用[1]。有法可依固然重要，有法必依更需倍加重视。比如，美国联邦政府1970年通过了《城市大众交通法》（The Urban Mass Transit Act），但许多城市没有落实该法案。伍德·布莱克（Wade Blank）在创建残疾人互助生活社区过程中发现公共交通无障碍不仅是一种需求，更是一种权利。他成立了"美国残疾人无障碍公共交通协会"（简称ADAPT），开展了一系列抗议示威活动，促使城市公共汽车和地铁能满足残疾人的无障碍交通需求[2]。

　　在国际残疾人权利运动中，残疾人群体是无障碍环境需求的主要表达者，是无障碍环境建设的主要推动者。倡导活动是以社会组织为载体、以

---

[1] 参见Juliet C. Rothman. 残疾人社会工作[M]. 曾守锤，张坤，等译. 上海：华东理工大学出版社，2008：40—42.

[2] 参见Juliet C. Rothman. 残疾人社会工作[M]. 曾守锤，张坤，等译. 上海：华东理工大学出版社，2008：42—43.

残疾人领袖为标志开展的。虽然奥尔森的集体行动理论仍然适用，但作为关键少数的残疾人群体依托社会组织和残疾人领袖的影响发挥着关键作用，是不可忽视的社会现象。

（二）中国无障碍环境建设的发展历程

激进的社会运动虽然能加速相关法规的颁布与施行，提升社会对残疾人问题的认识，但也会造成残疾人与健全人之间的割裂和对立。因此，应当根据本国的文化传统、社会意识、政治结构等因素选择最适合本国国情的推进方式。中国的无障碍环境建设发端于20世纪80年代，当时由中国残疾人福利基金会组织北京市残疾人协会和北京市建筑设计院发起了"残疾人与社会环境"研讨会，发布了《为残疾人创造便利的生活环境的倡议》。中国残联成立之后成为无障碍环境建设的主要推动者，开展了卓有成效的无障碍促进活动。比如，2002年全国无障碍设施建设示范城（区）创建工作、2005年"全国文明城市评选"把"道路、公园、公厕等公共场所设有无障碍设施"纳入考核指标、2007年创建全国无障碍建设城市活动、2012年实施的《无障碍环境建设条例》、2018年印发的《关于进一步加强和改善老年人残疾人出行服务的实施意见》《关于开展无障碍环境市县村镇创建工作的通知》等，均有中国残联的积极参与；2016年以来清华大学无障碍发展研究院等60多家无障碍研究单位的成立，2017年以来北京大兴国际机场等国家重大工程的无障碍设计和评审，2020年以来无障碍公益诉讼的开展，2022年《无障碍环境认证实施方案》、《创建全国无障碍建设示范城市（县）管理办法》、全文强制性国家标准《建筑与市政工程无障碍通用规范》的发布，均是中国残联积极推动的结果[①]。在中国残联的大力推动下，《无障碍环境建设法》于2023年6月28日通过人大审议、9月1日起实施，必将成为中国无障碍法治建设的里程碑。中国残联的无障碍促进尽管不限于立法，但其主要成就在于无障碍法规、政策和标准的制定与实施。

[①] 参见吕洪良. 中国无障碍法制建设的价值取向 [A]. 凌亢. 无障碍环境蓝皮书：中国无障碍环境发展报告（2021）[C]. 北京：社会科学文献出版社，2022：69—70 + 73—75.

2012年国务院《无障碍环境建设条例》颁布实施以来，无障碍环境建设在全国全面开展，无障碍设施覆盖率逐步提高，但无障碍环境不系统、无障碍设施不规范是当前无障碍环境建设的突出问题，相关法规、政策、标准没有得到有效的执行落实。近年来，部分省市无障碍促进组织涌现出来，成为推动无障碍环境建设的重要力量。但社会组织开展工作，发挥作用参差不齐，一个重要原因是它们的监督缺乏法律条文的支持，经常受到相关部门或单位的质疑。《无障碍环境建设法》明确了社会组织的职责，为社会组织充分发挥作用奠定了法律基础。制定与社会组织相关的条款，是以人民为中心发展思想的具体体现，是打造共建共享共治的现代社会治理格局的必然要求。《无障碍环境建设法》第三条就规定："无障碍环境建设应当坚持中国共产党的领导，发挥政府主导作用，调动市场主体积极性，引导社会组织和公众广泛参与，推动全社会共建共治共享。"因此，社会组织将在法律框架下参与无障碍环境建设，这既能保证其参与的合法性，有力地发挥应有的作用，又能避免缺乏有效的呼吁渠道而导致的不满情绪与过激行为，对于推进国家治理体系和治理能力现代化具有重要的现实意义。

三、社会组织的实践探索

与无障碍相关的社会组织主要分为两类[①]：一类是各级肢残人协会下设的无障碍服务与推广委员会，这类社会组织在各省、市、区县形成组织网络；一类是各省、市无障碍促进会、督导队及类似机构，据不完全统计，省、市级专门开展无障碍促进的社会组织约有17个[②]，个别城市成立了区、县级无障碍促进组织。相对而言，无障碍促进组织比较活跃，社会

[①] 近年来，残疾人事业发展研究会成立了无障碍环境研究专业委员会，中国建筑学会成立了无障碍专业委员会，中国助残志愿者协会成立了无障碍环境促进委员会。这类全国性社会组织中的无障碍机构成立较晚，其作用有待考察，本文暂不讨论。

[②] 据不完全统计，全国成立无障碍促进组织的省市包括：浙江、广东、四川、北京、上海、天津、杭州、成都、广州、深圳、长沙、哈尔滨、苏州、大连、青岛、衢州、洛阳。

影响力较大。下面将以大连市无障碍建设促进会为例分析无障碍促进组织的作用。

(一) 无障碍促进组织的初期探索

大连市无障碍建设促进会（以下简称促进会）于 2011 年在大连市民政局正式注册，由大连市残联作为业务主管单位。传统的专门协会均是以残疾类别划分的社会组织，以服务为主。而无障碍促进会属于专业协会，不以残疾类别为界限，以维权为主。促进会最初缺乏经验，定位不准，多采用文化娱乐性质的活动方式。加入促进会的会员大多是退休或无业的残疾人，年龄在 50—70 周岁之间，残疾类型以肢体残疾为主，教育程度以初、高中和小学为主，缺乏相应的专业能力和学习能力。促进会组织残疾人考察无障碍环境，但有能力依据国家标准对无障碍环境作出科学评估的会员很少。因此，促进会初期的工作重点是引导残疾人无障碍出行，让他们了解无障碍设施，熟悉无障碍环境，激发残疾人群体对无障碍环境的需求。2017、2018 年，促进会承接了大连市民政局设立的政府购买社会组织服务项目"关爱残疾人社会融入项目"，引导各类残疾人共计 1000 多人次出行，同时给他们培训了联合国《残疾人权利公约》、国务院《无障碍环境建设条例》及国家标准《无障碍设计规范》，从思想观念到法律制度、技术标准，对残疾人群体进行了思想动员和知识灌输。实施项目并未取得预期目的。参与项目的残疾人多为轻度肢残人，很少有重度残疾人。轻度肢残人对无障碍环境缺乏敏感性和依赖性。少数参与活动的重度残疾人由于无障碍环境不完善，出行风险较高；如果缺乏完善的无障碍环境，通过服务项目引导重度残疾人出行，只能形成短暂的需求，而不能形成长期的有效需求。

后期，促进会实现了战略转型，但仍然坚持群众路线，教育群众，依靠群众，鼓励残疾人群体通过 12345 市民热线等官方渠道积极反映生活中的无障碍问题；在各个大型企事业单位、高校组建了 10 余家无障碍志愿使团，动员所有积极的社会力量参与无障碍宣导活动；召集人大代表、政协委员、社会名人、媒体记者组成无障碍社会监督员队伍。通过这些措施，促进会以关键少数带动集体多数，构建起广泛的、有力的无障碍统一战线。

（二）无障碍促进组织的转型发展

2019年以来，促进会进行了一系列调整：会员从近300人压缩到60余人，吸纳了盲人和聋人以及一定数量的健全人，对重度残疾人、有较高教育程度的年轻人、相关从业背景的专业人士优先吸纳，主要围绕无障碍环境促进开展督导、宣导和学术研讨三类活动，通过实地督导和学术研讨在促进会内部培养既精通无障碍设计、又具备丰富实践经验的无障碍专家。以上转型过程与伍德·布莱克创立"美国残疾人无障碍公共交通协会"的发展历程颇为相似，根本目的是由激发无障碍需求转向促进无障碍供给。促进会不再单纯扩大会员规模，而是打破壁垒，着重培养关键少数、吸纳社会精英。促进会会员受教育水平、年轻化指标、党员数量、专家比例均有一定提升。

当前，无障碍环境建设进入一个特殊时期。在2012年国务院《无障碍环境建设条例》与国家标准《无障碍设计规范》颁布实施后，大多数新建工程项目都能设计和修建无障碍设施，但无障碍环境不系统、无障碍设施不规范两大问题始终非常突出。不规范的无障碍设施破坏了无障碍设施的网络性，影响了无障碍环境的系统性；碎片化的无障碍设施无法实现完整的无障碍环境功能、进而无法满足残疾人独立出行的需求。这是促进会前期开展无障碍出行引导服务没有取得显著成效的原因。造成无障碍环境不系统、无障碍设施不规范的原因主要有两个方面：一是设计深度不能达到国家无障碍设计标准的要求，将无障碍设施建设的随意处理权交给缺乏经验的一线施工人员[1]；二是行政审批制度改革后工程项目审批制度改为备案制度，如果主管部门对无障碍设计进行审批，那么就有破坏营商环境的嫌疑。验收竣工时没有邀请专业人士进行无障碍专项验收。各个环节监管工作的缺失导致大量粗制滥造的无障碍设施产生[2]。

政府部门属于科层组织，通常会优先完成上级政府部门所下达的工作

---

[1] 据大连市无障碍建设促进会的调查，目前大多数设计人员不能准确理解无障碍相关设计规范，也不进行无障碍专项设计。

[2] 据大连市无障碍建设促进会的调查，目前无障碍设施的设计审核、竣工验收均没有专业机构参与，没有按照国家强制性标准进行无障碍设施专项验收。

任务。这是考核其工作绩效的硬约束。如果上级部门没有提出明确要求，下级部门通常不会主动给自己增加工作任务。近年来，无障碍法规、政策和标准不断出台，但政府部门通常根据其接收的所有信息的强度及其工作绩效的影响进行排序，未必会将无障碍环境建设纳入工作安排。在这种情况下，促进会的群众性监督和专业性指导具有极其重要的现实意义。2019年出现了两个契机：一是大连市为了创建全国文明城市，授权大连市住建局牵头，加强无障碍环境建设。促进会受大连市残联委托，在全市开展无障碍环境调查，并配合大连市住建局开展无障碍检查。促进会利用这一契机和渠道进行无障碍促进，取得了一定的成效。二是新冠肺炎疫情暴发，线下活动受到限制，促进会停止了无障碍出行引导服务，开展线上培训、讲座、研讨等学术活动，努力挖掘和培养无障碍人才。促进会重点培养重度残疾人作为无障碍专家。因为高校和科研机构的学者大多缺乏实践经验，对实际情况不了解，健全人设计师普遍缺乏残障体验，唯一能把残障体验、实践经验与理论知识结合起来的，只有重度残疾人。无障碍专家缺乏，是目前无障碍促进组织所普遍面临的问题。《无障碍环境建设法》在对社会组织赋权赋能时大多使用"鼓励"这种柔性词汇，与社会组织的专业水平是相适应的。

（三）无障碍促进组织的作用

社会组织何以在无障碍法治建设中发挥作用呢？这取决于社会组织的灵活性、群众性、专业性三大特点。它们不必拘泥于科层组织的规则，凡是合规合法的方法，皆可归入策略集中。积极灵活的促进方式能够协助党和政府贯彻以人民为中心发展思想，克服官僚主义和形式主义。它们能够过滤不良情绪和含糊表达，清晰理性地呈现群众的合理诉求。而解决人民群众的急难愁盼问题是党和政府的工作重心。它们集中于无障碍领域研究，培养残疾人无障碍专家，不仅有助于其对无障碍环境作出权威判断，而且能够使它们在与专业机构对话中保持话语权。无障碍促进组织是无障碍环境建设治理体系的必要环节，是推动无障碍法治建设的重要力量，必将在未来无障碍环境建设高质量发展中发挥关键作用。

四、社会组织的发展展望

《无障碍环境建设法》明确了社会组织参与无障碍环境建设的合法地位和法定义务，为其在无障碍法治建设中发挥作用奠定了法律基础。推动无障碍环境建设落到实处，需要在全国范围内大力推动无障碍促进组织的发展。

（一）无障碍促进组织的培育

建议中国残联联合住建部在全国范围内构建无障碍促进组织网络。无障碍促进组织是跨残疾类别、不限于残疾人群体、注重专业技术和权益倡导的社会组织。它的职责是其他专门协会无法替代的。因此，建议中国残联和住建部以促进《无障碍环境建设法》落实为目标，鼓励各省、市、区县成立无障碍促进组织，形成全国性的组织网络；其业务主管单位可以是残联，也可以住建部门。比如长沙无障碍环境促进会由当地住建部门主管。

无障碍促进社会组织应当在民政部门正式注册，按照相关规章制度建立内部治理体制。它们可以依托无障碍旅游及其他服务、无障碍技术咨询和产品开发等，也可以保持其公益性，以承揽残联或住建部门设立的政府购买社会组织服务项目开展业务。此外，人员构成、专家比例、筹资渠道、项目管理、财务管理、党建活动等方面应当达到一定的标准要求。建议中国残联和住建部设立全国性无障碍促进组织，建立相应的评估标准，对各地无障碍促进社会组织进行评级。

（二）无障碍促进人才的培养

无障碍促进需要参与者具有一定的专业技术水平。中国残联和住建部应当定期举办无障碍专业技术培训班，或者建立无障碍技术网络教育平台，通过培训和考核培养一批业务技术精湛、实践经验丰富的无障碍督导员。培训的内容不仅应包括无障碍法规、无障碍理念、无障碍设计和社会倡导技巧，而且还应当包括党建理论和国家大政方针。

住建、城管、交通、文旅、工信等重要政府部门应当在残联的支持下直接与无障碍促进组织建立联系，聘请业务能力强、政治素质高的残疾人为无障碍社会监督员，建立无障碍监督反馈机制，有针对性地开展无障碍环境建设促进工作。应当优先推荐无障碍促进组织的负责人担任残联兼职副理事长、人大代表和政协委员等，使其借助一定的政治身份发挥更大的作用。

(三) 无障碍专家智库的建立

建议中国残联和住建部建立国家级无障碍专家智库，并要求各省市建立相应的专家智库。汇集有限的无障碍专家，打造全国性或区域性无障碍环境示范样板，使新、改、扩建的重大工程项目实现高水平、高标准、高质量的无障碍环境建设。在这个过程中，无障碍促进组织应当积极配合无障碍专家智库的工作，通过事前、事中、事后的体验、监督、反馈等，确保工程项目严格按照经过专家评审的图纸落实到位。无障碍环境建设高质量发展是一个多元协同、多方博弈的过程。政府、专家、社会组织既相互合作、也相互制衡，才能构建起具有中国特色的无障碍环境建设社会治理体系。

结　语

《无障碍环境建设法》将人民的美好生活需要上升为国家意志，体现了以人民为中心的发展思想。它以构建社会治理体系为指引、为社会组织参与无障碍法治建设奠定了法律基础。残疾人群体是无障碍需求群体的重要方面，也是无障碍法治建设的主要推动者。社会组织是少数群体凝聚力量和共识的重要形式。它们的灵活性、群众性和专业性特点将使其在政府、专家和公众多元协同、多方博弈中发挥重要作用，促进《无障碍环境建设法》落实，推动无障碍环境建设高质量发展。

(吕洪良，经济学博士，高级实验师，东北财经大学无障碍发展研究中心主任，大连市无障碍建设促进会会长)

无障碍标识标准体系建设与发展路径研究

——解析《无障碍环境建设法》对无障碍标识的指导促进作用

贾巍杨

【摘　要】《无障碍环境建设法》经第十四届全国人大常委会第三次会议审议通过并颁布，法律内容为无障碍标识指明了发展方向。本文基于对国际、国内无障碍标识标准体系发展的综述，通过对比研究分析得出我国无障碍标识标准体系建设的短板。针对这些问题，在《无障碍环境建设法》指导下，提出我国无障碍标识标准体系建设的若干具体发展路径，包括融合通用标识和规划多感官类型标准，标识系统全生命周期监督管理，弥补标识空缺研究领域支撑标准编制，智能化标识创新兼顾包容性，无障碍标识进课堂及公益科普等。

【关键词】无障碍标识；无障碍环境建设法；标准体系；发展路径；通用标识；全生命周期；科研支撑

《无障碍环境建设法》于 2023 年 6 月 28 日第十四届全国人大常委会第三次会议通过，并将于 2023 年 9 月 1 日起施行，这是我国首次就无障碍环境建设制定专门性法律[1]。《无障碍环境建设法》是对 2012 年《无障碍环境建设条例》的丰富和发展，将条例中经实践证明行之有效的规定上升为法律并予以充实和补充[2]。

无障碍标识是无障碍环境建设中必不可少的内容，它是城市文明形象的窗口，是优良社会保障的符号，是全民共享发展成果的象征。《无障碍环境建设法》增加了不少关于"无障碍标识"的法律条文，将对"标识"这一无障碍环境中的重要设施和信息服务的发展形成巨大推动作用。

一、《无障碍环境建设法》对标识的相关要求及其解读

(一)《无障碍环境建设法》的重要内容

该法律扩展了受益人群。在保障残疾人、老年人的基础上更好地惠及社会全体成员,同时在实践中准确把握无障碍环境受益对象,提出"其他人有无障碍需求"的概念。

完善了相关体制机制。包括无障碍环境建设的经费保障机制、建设协调机制、人才培养机制、相关工作机制和监督管理机制。

对设施建设和改造提出更高要求。将无障碍设施工程建设标准引入法中,明确相关单位的职责,对无障碍设施维护和管理等作出细化规定。

扩展了社会服务范围。包括公共服务场所,行政服务、社区服务、公共服务机构,司法、交通、教育、医疗机构应提供无障碍服务;应保留现场指导、人工办理等传统服务方式。

此外,该法律还丰富了信息交流内容,强化了法律责任。

(二)《无障碍环境建设法》的标识相关内容

相较于《无障碍环境建设条例》,《无障碍环境建设法》增加了不少无障碍标识相关内容,如"无障碍设施应当设置符合标准的无障碍标识,并纳入周边环境或者建筑物内部的引导标识系统","停车场应当……设置无障碍停车位,并设置显著标志标识","无障碍设施所有权人或者管理人应当对无障碍设施履行以下维护和管理责任……:对损坏的无障碍设施和标识进行维修或者替换","国家鼓励地图导航定位产品逐步完善无障碍设施的标识和无障碍出行路线导航功能","自助公共服务终端设备,应当具备语音、大字、盲文等无障碍功能"[3]等。

为保障无障碍标识在内的无障碍环境建设落到实处,该法律明确了以下措施,包括:国家开展无障碍环境理念的宣传教育,提升全社会的无障碍环境意识;建立健全国家标准、行业标准、地方标准,鼓励发展具有引领性的团体标准、企业标准,构建无障碍环境建设标准体系;制定或者修

改无障碍环境建设的标准,应当征求残疾人、老年人代表以及残疾人联合会、老龄协会等组织的意见;国家建立健全无障碍设计、设施、产品、服务的认证和无障碍信息的评测制度,并推动结果采信应用[3]等。

(三) 无障碍标识将向通用化、标准化、全流程、智慧化发展

《无障碍环境建设法》的颁布,为无障碍标识环境的建设提供了良好的机遇,法律内容也为无障碍标识指明了重要发展方向:

1. 无障碍标识将向通用无障碍标识发展,将使更多人群受益。
2. 无障碍标识环境的完善有赖于无障碍标识标准体系的发展。
3. 无障碍标识环境需要建立全流程、全生命周期的监督管理机制。
4. 无障碍标识将与智能设备、信息无障碍服务融合发展。

笔者认为,无障碍标识发展方向的核心仍是构建、完善其标准体系,并融入全龄人群、全流程、全生命周期视角,融合新兴技术,从而保证全民享受环境便利。因而,有必要对国际和国内无障碍标识标准体系的发展进行梳理分析,获取对于我国相应标准体系行之有效的建设路径或具体性发展策略。

二、国际无障碍标识标准体系发展

标识既附属于建筑环境,也是信息无障碍和服务的重要内容,标识对于需要便利设施的残障人群行动具有重要意义;无障碍标识的完善对空间环境的便捷性和人性化程度提升明显,可使无障碍环境改造具有良好的效率和效益;从通用设计的观点来看,标识对于所有人都是重要的信息来源。目前,导航、导盲等新技术为残障人群提供了新的寻路手段,但在可预见的未来,实体标识仍然是大众和残障人群寻找空间关系的最常用方式。标识的无障碍设计涵盖了标识系统在建筑环境中的规划设计,标识本身的色彩、尺度、形状、图文、版面等要素的设计,以及听觉和触觉标识。

国际标准化组织下设的图形符号技术委员会(ISO/TC 145)是重要的标识标准组织,它负责图形符号以及符号要素(颜色、形状)的国际标准

化工作[4]，包括各类标识的设计。其成员国包括中国、日本、韩国、英国、美国、德国、法国、荷兰、挪威等国家。国际标准化组织 ISO 的无障碍标识标准体系主要内容见表 1，其中最主要的是 ISO 21542：2021《建筑构造——建筑环境的无障碍和易用性》的第 5 章"室内外导向信息"以及 ISO/TC 145 研编的 ISO 7000、7001、7010 标准。

表 1　ISO 无障碍标识相关标准体系

标准名称	涉及无障碍标识的主要内容
ISO 21542：2021《建筑构造——建筑环境的无障碍和易用性》（Building Construction—Accessibility and Usability of the Built Environment）	有专门的导向信息设计、视觉对比度、照明、标识、图形符号、听觉、紧急避难信息系统等章节
ISO 7000：2014《设备用图形标志》（Graphical Symbols for Use on Equipment—Registered Symbols）	设备器具用图形标志标准
ISO 7001：2007《图形符号——公共信息符号》（Graphical Symbols—Public Information Symbols）	规定了六类常见图形符号标志及其含义，并在不断修订中
ISO 7010：2011《图形符号——安全色和安全标志》（Graphical Symbols—Safety Colours and Safety Signs—Registered Safety Signs）	普通图形标识的色彩形状设计原则
ISO 3864-1-2002《图形符号——安全色和安全标志　第 1 部分：工作场所和公共区域中安全标志的设计原则》（Graphical Symbols—Safety Colours and Safety Signs—Part 1：Design Principles for Safety Signs in Workplaces and Public Areas）	涉及广义无障碍标志的色彩和形状设计
ISO 16069《图形符号——逃生路径指示系统》[Graphical Symbols—Safety Signs—Safety Way Guidance Systems（SWGS）]	逃生路径指示系统，包括磷光标识

续　表

标准名称	涉及无障碍标识的主要内容
ISO 17398《安全色与安全标志》（Safety Colours and Safety Signs—Classification, Performance and Durability of Safety Signs）	安全标识的分类与性能
ISO 9186 系列标准《图形符号——检测标准》（Graphical Symbols—Test Methods）	用于检测图形标识的信息传达效果，如是否有歧义、辨认效果等
ISO/DIS 21056 人类工效学——无障碍设计——触觉标识设计指南（Ergonomics—Accessible Design—Guidelines for Designing Tactile Symbols and Letters）	触觉标识设计
ISO 24508：2019 触觉符号和字符设计指南（Ergonomics—Accessible Design—Guidelines for Designing Tactile Symbols and Characters）	触觉标识设计
ISO 17724 - 2003 图形符号词汇（Graphical Symbols—Vocabulary）	图形标识术语
ISO 22727 -2007 图形符号——公共信息符号的创作和设计要求（Graphical Symbols—Creation and Design of Public Information Symbols—Requirements）	图形标识的设计原则
ISO 9241 -20 人机交互的人类工效学第 20 章：信息通信设备和服务的无障碍指南 [Ergonomics of Human - system Interaction. Part 20：Accessibility Guidelines for Information/Communication Technology（ICT）Equipment and Services]	智能化标识的无障碍设计指南

表格来源：笔者根据标准文献整理。

美国无障碍标识标准体系包括了国家层面的法规及其配套标准、各州或城市的地方标准以及部分机构标准，主要构成见表2。国家层面的核心法规是2010年《美国残疾人法案无障碍设计标准》（ADA Standards for Accessible Design），前身为《美国残疾人法案无障碍纲要》（Americans with Disabilities Act Accessibility Guidelines for Buildings and Facilities，缩写为ADAAG）。《美国残疾人法案无障碍标准》文本极其翔实，对标识的规定已经非常详细，故美国并没有出台专门的无障碍标识设计标准。

表2　美国无障碍标识标准体系

标准名称或类型	主要内容
2010年《美国残疾人法案无障碍设计标准》（ADA Standards for Accessible Design），前身为《美国残疾人法案无障碍纲要》（ADAAG）	大量无障碍标识设计的具体条文
《建筑障碍法》（ABA）配套《无障碍设计最低需求指南》（MGRAD）	有无障碍标识设计的简单规定及色彩对比度的要求
美国交通部标识符号［the United States Department of Transportation (DOT) pictograms］	规定了50个交通图形符号
地方规定	如洛杉矶市《建筑规范》有关于无障碍标识尺度、图形、文字等的规定
机构规定	如《明尼苏达州立大学标识设计手册》

表格来源：笔者根据标准文献整理。

英国无障碍标识标准体系主要有两个标准，见表3。BS 8300是英国目前比较核心和全面的无障碍设计法规，其中无障碍标识的设计要求有着丰富的内容；而BS 5499基本是移植的ISO 7010的内容，BS ISO 24508：2019也是移植的ISO标准。

表3　英国无障碍标识标准体系

标准名称	主要内容
BS 8300：2018 无障碍包容性建筑环境设计（Design of an Accessible and Inclusive Built Environment）	英国主要的无障碍建筑设计标准，有不少无障碍标识的内容
BS 5499 图形符号和建筑标识系列标准（BS 5499 for Graphical Symbols and Signs in Building Construction；including shape，colour and layout）	安全标识、图形标识的设计标准
BS ISO 24508：2019 触觉符号和字符设计指南（Ergonomics—Accessible Design—Guidelines for Designing tactile Symbols and Characters）	触觉标识设计标准

表格来源：笔者根据标准文献整理。

日本的标准体系与别国有所不同，其重要的建筑环境与通用标识的无障碍设计标准多见于国家和地方的法规文件中。如日本2005年颁布了《无障碍新法》，它是国家层面的核心无障碍法规，由原《交通无障碍法》和《爱心建筑法》合并修订而来，其中原《交通无障碍法》是主要的有关无障碍标识的法规标准。《交通无障碍法》规定了视觉标识设备体系、文字大小、标识牌的安装高度等具体要求[5]，其中提供的部分人体工学数据颇具参考价值。在地方无障碍法规如《东京都福祉条例》中也有部分关于公共建筑标识和交通标识无障碍设计的要求。

除了无障碍标识单体，标识系统的全流程规划设计管理也是重要标准，但目前尚未查询到国际上较为系统的此类标准。国际上仅有一些研究性成果，往往是将标识置于空间环境或设计师工作流程中来综合考量，如美国建筑师凯文·林奇提出的"空间引导系统"设计；环境图形协会（SEGD）提出的"环境图形信息系统"，有全流程设计相关研究；日本大阪大学田中直人教授《标识环境通用设计：规划设计的108个视点》以通用设计理念，用大量日本和国际的标识研究成果与实例分析阐述了标识系统的设计要点及其流程。

标识系统的规划设计当前比较前沿的领域是与智能化、智慧城市的联结。除了上述 ISO 发布的 9241 – 20 等标准，还有国际电信联盟标准

《F.922：服务于视障者的信息服务系统要求》（Requirements of Information Service Systems for Visually Impaired Persons）等一些与标识相关的信息无障碍标准。很多研究项目为标准提供支持，例如瑞典"包容性和可持续性城市的智能标识"（Smart Signage for an Inclusive and Sustainable City，2019）旨在支持斯德哥尔摩发展成为一个开放、包容的城市，收集城市大数据供市民和游客访问查阅[6]，形成了智能标识的设计导则。

综上所述，从国际标准组织、先进国家的无障碍标识标准体系发展现状看，实体无障碍标识单体设计的标准已经比较丰富，但是智能无障碍标识的标准尚不完善，关于无障碍标识系统的全生命周期设计管理标准尚处于缺失状态，这成为我国无障碍标识标准体系弯道超车的发展机遇。

三、我国无障碍标识标准体系

从1983年我国发布第一个标识图形符号国家标准，到2008年发布第一个无障碍标识图形符号标准，多年来我国已经初步形成了比较系统的图形符号标识标准体系。在全国图形符号标准化技术委员会等组织机构的努力下，在北京举办2008年夏季奥运会和残奥会以及2022年冬季奥运会和冬残奥会的重大需求推动下，我国已经编制发布了多个无障碍标识有关的标准，也初步形成了无障碍标识标准体系的雏形，见表4。

表4 我国无障碍标识标准体系

标准编号名称	涉及无障碍标识的主要内容
GB 55019－2021《建筑与市政工程无障碍通用规范》	"无障碍信息交流设施"一章有关于无障碍标识的少量规定
GB 50763－2012《无障碍设计规范》	"无障碍标识系统、信息无障碍"一节有少数规定
GB/T 10001《标志用公共信息志图形符号》系列标准	规定了各类通用图形符号

续　表

标准编号名称	涉及无障碍标识的主要内容
GB/T 10001.9－2021《公共信息图形符号　第9部分：无障碍设施符号》	规定了24个标准的无障碍设施标识图形符号
GB/T 10001.9－2008《标志用公共信息志图形符号　第9部分：无障碍设施符号》（已废止）	规定了15个标准的无障碍设施标识图形符号
GB/T 15566.1－2007《公共信息导向系统》系列标准	规定了公共信息导向系统也即普通标识系统的设计原则与具体要求
GB/T 51223－2017《公共建筑标识系统技术规范》	有大量公共建筑标识系统的具体设计要求，也涉及不少视觉、触觉无障碍标识的内容
GB/T 33660－2017《城市公用交通设施无障碍设计指南》	有交通标识的简要设计原则
GB 50462－2011《无障碍设施施工验收及维护规范》	有"过街音响信号装置""无障碍标志和盲文标志"具体验收项目的规定
GB/T 32632.2－2016《信息无障碍　第2部分：通信终端设备无障碍设计原则》	涉及交互式标识的无障碍设计

表格来源：笔者根据标准文献整理。

1983年，我国制定了第一个公共信息图形符号国家标准GB 3818－1983《公共信息图形符号》。1988年，制定了国家标准GB 10001－1988《公共信息标志用图形符号》。2000年，我国对GB 10001进行修订，形成《标志用公共信息志图形符号》，并分为多个篇章。2008年，借助北京举办残疾人奥运会的契机，《标志用公共信息志图形符号》发布了GB/T 10001.9－2008《第9部分：无障碍设施符号》，共包含15个标准的无障碍设施标识，从此我国有了无障碍标识的第一部专门国家标准，成为推动无障碍标识环境建设的第一个里程碑，也为建立我国城市公共信息导向系统打下了良好的基础，其中一些如无障碍设施、无障碍电梯、无障碍卫生间正是我国目前最常用的无障碍标识图形。2021 年，面对举办北京 2022 冬奥会和冬残奥会的需求，GB/T 10001.9 – 2008《标志用公共信息志图形符号　第 9 部分：无障碍设施符号》修订为 GB/T 10001.9 – 2021《公共信息图形符号　第 9 部分：无障碍设施符号》，共包含了 24 个标准的无障碍设施标识。在 GB 50763 – 2012《无障碍设计规范》中也有"无障碍标识系统、信息无障碍"的章节条文。2021 年发布的 GB 55019 – 2021《建筑与市政工程无障碍通用规范》"无障碍信息交流设施"一章有无障碍标识部分规定。

　　除了标识单体，我国还出台了标识系统的设计标准，目前有 GB/T 15566.1 – 2007《公共信息导向系统》系列标准以及 GB/T 51223 – 2017《公共建筑标识系统技术规范》。无障碍标识相关标准还有 GB/T 33660 – 2017《城市公用交通设施无障碍设计指南》、GB/T 32632.2 – 2016《信息无障碍　第 2 部分：通信终端设备无障碍设计原则》以及 GB 50462 – 2011《无障碍设施施工验收及维护规范》等。

　　但是分析我国的无障碍标识标准发展现状，可以发现一些问题。首先是国内相关标准中，有关残障人士可读性、易读性等精细化和量化设计指标内容还比较少，这缘于相关科研支撑不足，目前仅有少数成果，如天津大学的"建筑无障碍标识色彩与尺度量化设计策略研究"、"无障碍与城市标识环境"、中国残联委托的"无障碍标识设计指南与图示"等项目，初步形成了一套无障碍标识系统设计策略[7]。其次，有关触觉、听觉标识的标准尚不足，相关内容呈碎片化分布在多个标准中。此外，无障碍标识全生命周期规划、施工、管理、评价的标准也还处于空缺状态。

四、《无障碍环境建设法》指导下完善无障碍标识标准体系的发展路径

对比国际、国内的发展动态，我国的无障碍标识标准体系要想实现跨越式发展，还须在标准体系规划、科研支撑方面高位布局、快速精进。具体发展路径可在《无障碍环境建设法》提出的发展方向指引下从以下维度瞄准蓝图、部署实施：

（一）标准类型：融合通用，多感官布局

为使无障碍标识让更多人群受益，其标准体系规划应更具包容性。一方面，将无障碍标识标准与通用标识标准融合，力求使得健全人使用无障碍标识也更自然舒适，同时普通标识的设计标准应考虑更多无障碍需求；另一方面，当前的无障碍标识标准大多以视觉认知特性为主，未来的标准应当拓展扩充适合听障、视障、儿童、乘轮椅者等更多群体的要求，在听觉、触觉标识等多感官方向规划布局。

（二）标准链条：监督管理，全生命周期

未来无障碍标识标准体系应覆盖标识系统的规划、设计、施工、验收、维护、评价等全生命周期。全生命周期也意味着包括无障碍标识系统的新建、改建和扩建全流程，还意味着标识系统的设计、安装宜与环境的设计、施工同步进行。当前无障碍标识标准内容较多集中于标识设计，还应从标识系统的视角出发，让标准体系贯穿无障碍标识系统建设的全流程、全链条，并通过"无障碍认证"手段管控无障碍标识的建设质量。

（三）标准支撑：科研实践，多渠道循证

无障碍标识标准的编制必须以科学研究和实践检验等多渠道作为基础支撑。我国无障碍标识在声光环境、精细化尺度要求等量化设计指标方面的不足，还应尽快推动相关的科学研究加以补足，并通过工程实践和用户后评价进行检验。科研工作者可以在无障碍标识的视觉要素光环境设计指

标、听觉标识的声学设计指标、触觉图形标识、标识布局密度、汉字设计要求等量化指标领域弥补国内外研究的缺失。

（四）标准前沿：智慧包容，人性化信息

无障碍标识的前沿发展方向是信息化创新，但是应遵循"包容性、人性化、可选择"的基本原则。无障碍标识采用新型智能化技术，能够为残障人群提供更人性友好的交互性、更丰富多样的信息指引、更有趣新颖的体验；同时，应为老年人、残疾人提供可选择的多种信息媒介和交互方式，如视听触并用、图文动画结合、界面要素的视觉无障碍设计等。

（五）标准宣贯：宣传教育，全社会公益

无障碍标识标准具备开展无障碍标识科普、提升全社会民众无障碍意识的巨大潜力。就像交通标识、安全标识进课堂，许多简约凝练的无障碍标识也可以进入幼儿园、中小学的课堂和教材，进行无障碍文化公益传播。随着《无障碍环境建设法》逐步深入人心，无障碍标识能够为更多工程实践者所熟识，无障碍标识也能够走入更多民众的认知。

五、结　语

可以预见，《无障碍环境建设法》对我国人居环境和社会环境将会产生深刻而深远的影响。期待本文提出的无障碍标识标准体系多向发展路径，能够在《无障碍环境建设法》的框架和指导下，让无障碍标识提供更为人性化的信息指引，让无障碍标识展现社会文明的进步升华，成为温暖人心的信息港湾。

参考文献

[1] 中国人大网. 无障碍环境建设法草案提请一审：提高无障碍环境建设质量［EB/OL］.［2023-06-24］. http://www.npc.gov.cn/npc/wzahjjsflf003/202210/426c2929c4e74c0e9fe974fc00a90edd.shtml.

［2］无障碍环境建设法草案提请审议 面向全体成员同时突出重点人群［EB/OL］.［2023 - 06 - 24］. www. npc. gov. cn/npc/wzahjjsflf003/202210/f0dde31744ea468db9c0c2b706538 408. shtml.

［3］中国人大网. 中华人民共和国无障碍环境建设法［EB/OL］.［2023 - 06 - 30］. http：//www. npc. gov. cn/npc/c30834/202306/6327fb6accaf44b 6b186fc3684c932c4. shtml.

［4］白殿一. 导向标识标准化［J］. 广告大观（标识版），2007（01）：94—97.

［5］日本建筑学会编. 新版简明无障碍建筑设计资料集成［M］. 北京：中国建筑工业出版社，2006.

［6］Swedish research Council. Swecris - search for Swedish research projects［EB/OL］.［2021 - 08 - 25］. https：//www. vr. se/swecris.

［7］天津大学无障碍通用设计研究中心. 无障碍标识设计指南及图示（全国首次无障碍设施设计十大精品案例）［M］. 北京：求真出版社，2021.

（贾巍杨，天津大学建筑学院副教授）

《无障碍环境建设法》的进步、贡献和制度创新[*]

孙计领

【摘　要】 我国首次就无障碍环境建设制定专门性法律，意义重大。与国务院《无障碍环境建设条例》相比，《无障碍环境建设法》立法理念与时俱进，立法内容全面优化。与国际无障碍立法情况相比，无障碍环境建设立法顺应了世界潮流，同时是坚持和完善中国特色社会主义法治体系的重要成果，在立法模式、立法依据、立法目的、受益群体、规制内容和体制机制上为全球无障碍环境建设贡献了中国智慧。作为首部专门性无障碍环境建设法律，《无障碍环境建设法》在建立工作体制、完善保障措施和加强监督管理等方面作出了一系列创新制度安排，为无障碍环境建设、保障和监督管理奠定了法律制度基础，将有力促进无障碍环境建设高质量发展。

【关键词】 无障碍环境；通用设计；保障措施；监督管理

我国无障碍环境建设从制定标准起步，注重以法治建设推动无障碍环境建设。1986年7月，建设部、民政部、中国残疾人福利基金会共同编制《方便残疾人使用的城市道路和建筑物设计规范（试行）》，1989年4月1日颁布实施。这是我国第一部无障碍建设设计标准，标志着我国无障碍设

---

[*] 本文系国家社会科学基金年度项目"残疾人融合发展评价及提升路径研究"（20BRK029）的阶段性研究成果。

施建设工作拉开序幕，走上正轨①。经过三十多年的发展，我国无障碍环境建设"有没有"的问题已经初步得到解决，但"好不好""优不优"的问题亟待解决，"重建设、轻管理、缺保障、少监督"的问题比较突出，亟须通过良法实现善治。无障碍环境建设立法工作坚持问题导向，贯彻落实习近平总书记重要指示精神和党中央决策部署，通过立法确立务实管用的政策措施，总结提炼行之有效的实践经验，树立国际视野，建立一系列符合中国实际、具有中国特色的创新性制度。《无障碍环境建设法》的出台将在法治轨道上推进无障碍环境建设高质量发展。本文主要内容包括以下三个方面，一是对比国务院《无障碍环境建设条例》，说明《无障碍环境建设法》的进步；二基于国际无障碍立法情况，理解《无障碍环境建设法》贡献的中国智慧和方案；三是从建立工作机制、完善保障措施和加强监督管理方面，阐释《无障碍环境建设法》的制度创新。

一、《无障碍环境建设法》的进步

2012年国务院颁布实施的《无障碍环境建设条例》共6章35条。《无障碍环境建设法》共8章72条，增加了"保障措施"和"监督管理"专章，内容比条例更加丰富，体例更加科学，结构更加合理，条款设置更加具有可操作性和针对性。对比国际无障碍立法趋势和情况，《无障碍环境建设法》更是贡献了中国智慧和方案。

（一）立法理念与时俱进

残疾是一个演变中的概念，无障碍也是如此。国内外无障碍环境建设都是起源于解决残疾人出行问题，开始于消除物理环境障碍。随着实践的发展和认识的进步，无障碍环境经历过五个明显变化。一是受益群体从残疾人逐渐扩展为全体社会成员。残障的普同模式认为，每个人都会在生活中遇到和残疾人类似的障碍体验，如此可以将残疾问题的特殊性转化为普

---

① 吕世明. 我国无障碍环境建设现状及发展思考［J］. 残疾人研究，2013，10（02）：3—8.

同性[1]。与残疾人长期面临障碍的情况相比，受伤者面临暂时性障碍，身负重物、推婴儿车者面临情境性障碍。为残疾人建设无障碍环境最终会使所有人受益，使得无障碍环境具备了公共属性。二是设计理念从无障碍设计转向通用设计。早期的无障碍设计理念主要从满足残疾人的特殊需求出发，但有可能会为其他人造成障碍[2]。为解决该问题，通用设计理念提出以后被广泛采用，类似的设计理念还有包容性设计、全民设计等[3]。《残疾人权利公约》将通用设计定义为"最大可能让所有人可以使用，无须作出调整或特别设计的产品、环境、方案和服务设计"。从该定义看，无障碍环境具有通用性、全民性、共享性等属性。三是在范围上从单一的无障碍设施转变为系统的无障碍环境。随着信息技术发展，"数字鸿沟"问题使得信息无障碍受到普遍重视。目前无障碍环境通常分为互联互通的四个部分：建筑、交通、信息交流和服务[4]。只有系统连续的无障碍环境才能最大程度发挥效能。四是无障碍环境建设不是单一部门的责任，是全社会的共同责任。随着范围拓展，无障碍环境建设成为一项复杂的系统工程，涉及领域非常广泛，需要所有部门和全社会共同参与。五是无障碍环境建设具有较高的成本经济效益，特别是源头植入，无障碍环境的经济社会价值得到广泛认同，不再被视为成本和负担问题，而是值得投资的重要领域[5]。

我国无障碍环境建设立法工作把握无障碍演变趋势，紧跟无障碍发展前沿，立法理念与时俱进，主要体现在以下四个方面。一是突出重点群体，惠及全体社会成员。这充分体现了无障碍的内涵与演变，准确回答了

---

[1] 杨锃.残障者的制度与生活：从"个人模式"到"普同模式"[J].社会，2015，35（06）：85—115.

[2] 王国羽.障碍研究论述与社会参与：无障碍、通用设计、能力与差异[J].社会，2015，35（06）：133—152.

[3] H. Persson, H. Åhman, A. A. Yngling, et al. *Universal Design, Inclusive Design, Accessible Design, Design for all: Different Concepts—One Goal? On the Concept of Accessibility—Historical, Methodological and Philosophical Aspects*. Univ Access Inf Soc 14, 505–526 (2015).

[4] ESCAP. *Disability at a Glance* 2019: *Investing in Accessibility in Asia and the Pacific* [R], 2019, https://www.unescap.org/publications/disability-glance-2019.

[5] World Bank. 2022. Technical Note on Accessibility. Washington, DC: World Bank.

无障碍环境建设"为了谁,谁受益"的关键问题,有利于消除对无障碍环境建设的误解和偏见,有利于消除对残疾人和老年人的歧视,有利于彰显无障碍环境建设的价值。此外,明确重点保障残疾人、老年人,有利于推进适老化改造和无障碍环境建设的有机融合,形成工作合力,避免重复建设。二是坚持系统观念,统筹推进无障碍环境建设。无障碍环境建设是一项多主体、多领域、多环节的系统工程。作为无障碍环境建设的基本法律和综合法律,《无障碍环境建设法》坚持系统观念,把握全局和局部,兼顾当前和长远,对多主体的责任分工、多领域的具体要求、多环节的衔接协作作出了全方位规定。三是强调源头治理,节约成本,分类施策,推进绿色低碳发展。研究表明,如果在规划、设计和建设初期就考虑无障碍问题,增加的成本微乎其微;但如果事后改造,增加的成本较大[1]。为此,在顶层设计上,规定无障碍环境建设应当与经济社会发展水平相适应,纳入国民经济和发展规划;在具体操作上,规定无障碍设施应当与主体工程同步规划、同步设计、同步施工、同步验收、同步交付使用;在分类施策上,区分新建和旧有改造,区分不同领域和场所,严格控制不合格的增量,逐步消化旧有存量。四是结合中国实际,拓展世界眼光。不仅推广国际倡导的通用设计理念,而且明确提出无障碍环境建设与适老化改造相结合,把通用设计内涵创造性转化"安全便利、实用易行、广泛受益"原则,通俗易懂,具有中国特色。支持开展无障碍环境建设工作的国际交流与合作,有利于为全球无障碍环境建设作出中国贡献。

(二) 立法内容全面优化

良法是善治之前提。习近平总书记指出:"人民群众对立法的期盼,已经不是有没有,而是好不好、管用不管用、能不能解决实际问题;不是什么法都能治国,不是什么法都能治好国;越是强调法治,越是要提高立法质量。"与《无障碍环境建设条例》相比,《无障碍环境建设法》坚持和运用习近平新时代中国特色社会主义思想的立场观点方法,践行"六个

---

[1] R. L. Metts. 2000. Disability Issues, Trends and Recommendations for the World Bank, Social Protection Discussion Paper No. 0007, World Bank.

必须坚持"，着力提高立法质量，内容得到全面优化，实现了立法质量的有效提升和条款数量的大幅增长。这是推动无障碍环境建设高质量发展的必然要求，质量提升是重要基础，数量增长是重要保障。立法内容优化主要体现在以下十个方面。

一是立法目的更加丰富。提出"保障残疾人、老年人平等、充分、便捷地参与和融入社会生活""促进社会全体人员共享经济社会发展成果"和"弘扬社会主义核心价值观"三大目标，出发点是保障重点人群参与和融入社会生活，落脚点是促进社会全体人员共享发展和弘扬社会主义核心价值观，充分体现了以人民为中心的发展思想，极大丰富了无障碍环境建设的意义和价值。

二是合理扩大调整范围。在行为范围上，"交流信息"扩展为"获取、使用和交流信息"，"获得社区服务"变为"获得社会服务"；在地域范围上，统筹城镇和农村发展，不再重点强调城镇地区的无障碍环境建设，并且指出要逐步缩小城乡差距；在时间范围上，2023年6月28日表决通过，2023年9月1日起施行。

三是建立工作体制。无障碍环境建设应当坚持中国共产党的领导，坚持以人民为中心，发挥政府主导作用，调动市场主体积极性，引导社会组织和公众广泛参与，推动全社会共建共治共享。该工作体制与推进国家治理体系和治理能力现代化的目标相契合，明确规定了各主体应当发挥的作用，推动构建各部门齐抓共管、全社会共同参与、人人担当作为的共建共治共享格局。

四是明确政府部门责任。为发挥政府主导作用，规定县级以上人民政府应当统筹协调和督促指导有关部门在各自职责范围内做好无障碍环境建设工作。与条例相比，明确提及的部门明显增多，包括住房和城乡建设、民政、工业和信息化、交通运输、自然资源、文化和旅游、教育和卫生健康，但不仅限于这些部门，充分表明无障碍环境建设领域的广泛性。同时法律规定了乡镇人民政府、街道办事处的协助职能，以及残疾人联合会、老龄协会的协助和配合定位。

五是细化无障碍设施建设要求。主要体现在：加强无障碍设施全过程建设，细化规划、设计、施工、监理、验收等环节的要求；注重残疾人和老年人代表的参与，突出意见征询和体验试用的要求；明确规定县级以上人民政府应当制定有针对性的无障碍设施改造计划并组织实施；丰富具体场所，细化不同场所的无障碍设施建设和改造要求；加强后期维护和管理，细化维护、管理、损坏、（临时）占用、擅自改变用途的要求。

六是丰富无障碍信息交流内容。吸收新冠肺炎疫情防控经验，规定发布突发事件信息时，应当同步采用无障碍信息交流方式。适应数字时代发展需要，规定利用财政资金建立的互联网网站、服务平台、移动互联网应用程序应当逐步符合标准，鼓励生活类互联网网站、移动互联网应用程序逐步符合标准。坚持生命至上，鼓励食品、药品信息具备无障碍识别功能。为加大国家通用语言文字推广力度，对推广和使用国家通用手语、国家通用盲文作出规定。

七是拓展无障碍社会服务范围。规定公共服务场所、公共服务机构提供无障碍服务的基本要求。细化与社会生活密切相关的选举、公共服务、司法诉讼以及公共交通、教育考试、医疗卫生、文旅体育等方面的无障碍社会服务。专门对服务犬作出详细规定。规定应急避难场所完善无障碍服务功能。坚持传统服务与智能创新相结合，规定涉及医疗健康、社会保障、金融业务、生活缴费等服务事项的，应当保留现场人工办理等传统服务方式。

八是完善保障措施。长期以来，虽然我国无障碍环境建设相关的法律法规和标准规范不断增加，但普遍面临执行情况不佳和实施力度偏弱等问题，主要原因之一是保障措施不完善，具体体现为无障碍环境的宣传不到位、意识不强、氛围不浓，标准体系不完善，认证和评测制度不健全，市场潜力未得到充分释放，人才培养数量不能有效满足需求，服务和技能培训跟不上，有关创建活动没有高度重视无障碍环境建设。专章设置保障措施，充分体现了坚持问题导向，相关规定具有针对性，可以确保立法的实效性。

九是加强监督管理。建立完善有效的监督管理体系，可以督促无障碍环境建设法律法规和标准规范得到有效执行。法律规定了主管部门的监督检查制度，实施无障碍环境建设目标责任制和考核评价制度，主管部门应当定期委托第三方机构开展无障碍环境建设评估，建立无障碍环境建设信息公示制度，畅通组织和个人的投诉、举报途径，总结固化无障碍环境建设检察公益诉讼经验。

十是强化法律责任。法律责任的规定是法律法规得以实施的重要保障。通过评估发现，《无障碍环境建设条例》法律责任的原则性较强，存在不清晰、内容偏少、操作性不高等突出问题，导致条例强制性不足、实施状况不佳[①]。为让法律"长出牙齿"，《无障碍环境建设法》对照义务性规范，强化了法律责任，规定了执法部门和处罚方式，适当区分了不同行为主体的法律责任。

二、《无障碍环境建设法》贡献的中国智慧和方案

（一）顺应世界潮流

各国在现代化进程中普遍重视加快无障碍环境建设，良好的无障碍环境是现代化国家的共同特征。2006 年，联合国通过了《残疾人权利公约》，把无障碍作为公约的一般原则之一，无障碍权利首次载入国际人权条约，全面规定了缔约国应该履行的无障碍环境建设义务[②]。目前已经有 185 个国家批准加入公约，表明无障碍环境建设是绝大部分国家的共识，是国家应当履行的责任和义务。2013 年，在联合国关于为残疾人实现千年发展目标和其他国际商定发展目标的大会高级别会议上，秘书长的报告《前进道路：2015 年之前及之后兼顾残疾人的发展议程》提出，无障碍是实现残疾人融合发展的重要手段和目标，无障碍应成为 2015 年后新的发展议程的核心考虑因素，必须在发展和人道主义的所有对策方面确保残疾人实现无障碍。此后无障碍被纳入联合国《2015—2030 年仙台减少灾害风

[①] 《无障碍环境建设条例》立法后评估课题组. 中国无障碍环境发展报告（2021）[A]. 凌亢. 无障碍环境蓝皮书：中国无障碍环境发展报告（2021）[C]. 北京：社会科学文献出版社，2021：1—52.

[②] V. Della Fina, R. Cera, G. Palmisano (eds). The United Nations Convention on the Rights of Persons with Disabilities. Springer, 2017, Cham. https://doi.org/10.1007/978-3-319-43790-3_2.

险框架》《2030 年可持续发展议程》《新城市议程》等重要国际文书。正如习近平总书记深刻指出的，"随着联合国《残疾人权利公约》和《2030 年可持续发展议程》实施，保障残疾人平等权益、促进残疾人融合发展越来越成为国际社会和各国的普遍共识和共同行动"[①]。《残疾人权利公约》以无障碍为枢纽和关键，为残疾人实现融合发展打开了大门[②]。公约的第 2 号一般性意见提出，缔约国如果还没有制定无障碍有关的立法，第一步就应该通过一项适当的法律框架，并且在立法中纳入通用设计原则，规定强制性实施无障碍标准[③]。目前绝大部分国家具有无障碍环境建设的相关法律，大部分是嵌入式立法，即将无障碍条款嵌入残疾人法律；有的是将无障碍条款纳入建筑、电信、教育等主流法律；有的是专门的分散式立法，如《欧盟互联网无障碍指令》、美国《建筑物障碍法》、日本《交通无障碍法》、《韩国手语法》等；有的是综合式立法，但是数量不多，如《欧盟无障碍法》《加拿大无障碍法》。按立法模式还可以分为反歧视法和程序法两类。反歧视法把缺乏无障碍看作基于残疾的歧视，并通过反歧视法予以禁止。反歧视法最成功的案例是《美国残疾人法》。程序法要求责任主体——无论是政府还是私营部门——遵守法律规定，实施无障碍环境建设行动。如日本《无障碍新法》，要求公共交通运营商、指定的公共设施和空间遵守无障碍标准，规定了交付的最后期限和比例以及无障碍环境建设所达到的结果。

（二）坚持和完善中国特色社会主义法治体系的重要成果

《无障碍环境建设法》的出台不仅顺应了国际社会和各国的主流趋势，同时是坚持和完善中国特色社会主义法治体系的重要成果。我国于 1990

[①] 习近平向 2013—2022 年亚太残疾人十年中期审查高级别政府间会议致贺信 [N]，人民日报，2017 - 12 - 01（1）．

[②] UNDESA. Accessibility and Development – Mainstreaming Disability in the Post – 2015 Development Agenda [R] . 2013, https：//www. un. org/development/desa/dspd/2013/12/accessibility – and – development – mainstreaming – disability – in – the – post – 2015 – development – agenda/.

[③] https：//www. undocs. org/CRPD/C/GC/2.

年通过《残疾人保障法》，首次在法律中规定无障碍条款。2008年修订的《残疾人保障法》和2012年修订的《老年人权益保障法》增设了较多无障碍条款。近年来，新修订或出台的《民法典》《体育法》《法律援助法》《乡村振兴促进法》《数据安全法》等均涉及无障碍条款，地方无障碍立法不断涌现，全文强制性国家标准《建筑与市政工程无障碍通用规范》颁布实施。经过三十多年的发展与实践，我国无障碍环境建设逐渐形成以相关法律和《残疾人权利公约》等国际条约为基础、以国务院《无障碍环境建设条例》等行政法规和地方性法规为骨干的法律规范体系，为无障碍环境建设、管理和监督提供了基本依据。但法律规范体系面临专门法律缺位、原则性条款多、碎片化、可操作性不强、强制性不足等问题，法治实施体系、法治监督体系和法治保障体系建设相对滞后。《无障碍环境建设法》的出台从根本上填补了我国无障碍环境建设基本法律、综合法律和专门法律的三大空白，尤其在完善保障措施和加强监督管理方面作出一系列规定，奠定了无障碍环境建设的法治基石，有助于完善无障碍环境建设法治体系，推动无障碍环境建设在法治轨道上从局部改善走向系统重塑、从原则性走向合规性、从倡导性走向强制性。

（三）贡献中国智慧和方案

《无障碍环境建设法》总结实践经验，解决实践问题，推动实践发展，为全球无障碍环境建设立法以及推动全球无障碍环境建设贡献了中国智慧和方案。主要体现在以下六个方面。一是在立法模式上，符合中国特色社会主义法治道路。《无障碍环境建设法》定位为无障碍环境建设领域的基本法律、综合法律和专门法律，兼有反歧视法和程序法的优点，克服了分散式立法和嵌入式立法的缺点。嵌入式立法存在保障群体有局限、规范内容不系统、覆盖范围不全等明显问题。分散式立法规制无障碍环境建设是异常复杂和时间漫长的工作。二是在立法依据上，明确提出"根据宪法"，宣示了《无障碍环境建设法》的法律位阶，体现了依宪治国。三是在立法目的上，最终目的是让包括残疾人、老年人在内的全体人民能共享现代化建设成果，丰富了无障碍环境建设的重要价值。四是在受益群体上，重点突出残疾人、老年人，惠及所有人，吸收国际社会关于无障碍环境建设的广泛共识，有利于消除对无障碍环境建设的误解和偏见。五是在规制内容上，不仅完全履行了《残疾人权利公约》第九条的内容，体现了大国承诺和担当，而且远远超越了公约。《无障碍环境建设法》从设施、信息交流和社会服务三个方面构成系统完备的无障碍环境，建设、保障、监督和管理并重，科学区分旧有改造和新建，兼顾公共环境和家庭无障碍改造，体现了立法的系统性和整体性。六是在体制机制上，借鉴国际有益经验，坚持党的领导，推动全社会共建共治共享，建立一系列符合中国实际、具有中国特色的制度安排。

三、《无障碍环境建设法》的制度创新

作为无障碍环境建设的基本法和综合法，《无障碍环境建设法》的主要内容除了规范无障碍环境建设的内容和边界，更重要的是从顺利推进无障碍环境建设工作的角度出发，作出了一系列制度设计和创新。这些设计和创新主要体现建立工作体制、完善保障措施和加强监督管理三个方面，分别蕴含在《无障碍环境建设法》的"总则""保障措施"和"监督管理"三章之中，为无障碍环境建设、保障和监督奠定了法律制度基础，确保无障碍环境建设事前压实责任、事中遵守规范、事后能用管用。

（一）建立工作体制

建立工作体制集中体现在《无障碍环境建设法》第三条。无障碍环境建设的工作体制可以从三个方面进行理解，即构建多主体协同的治理体系、坚持以人民为中心的工作导向、打造全社会共建共治共享无障碍环境的共同体，这是高度契合我国治理体制的工作体制。

1. 构建多主体协同的治理体系

构建多主体协同的治理体系，是推进国家治理体系和治理能力现代化的必然要求，也是系统推进无障碍环境建设的必然要求。一是坚持党的领导。制定《无障碍环境建设法》本身就体现了坚持党的领导。党的十八大以来，为促进改革发展成果更多更公平惠及全体人民，以习近平同志为核心的党中央对打造老年宜居环境、建设无障碍设施、弥合"数字鸿沟"、

提高公共服务可及性等作出一系列指示和部署。党的二十大报告提出促进残疾人事业全面发展、实施积极应对人口老龄化国家战略、建设宜居宜业和美乡村、实施城市更新行动、推动人权事业全面发展等诸多与无障碍环境建设紧密相关的决策部署。"十四五"以来，中共中央出台的政策中，涉及无障碍要求的政策涵盖交通、老龄工作、扩大内需、城镇化建设、乡村建设、绿色发展、人居环境整治等领域。做好无障碍环境建设工作，必然要求通过立法将党的主张上升为国家意志和社会普遍遵守的法律制度，将党中央的决策部署转化为可操作、可执行、可落地的制度性安排。随着法律的实施，无障碍环境建设工作更应坚持党的领导，发挥党总揽全局、协调各方的作用，推动无障碍环境建设纳入党和国家工作大局，凝聚各方力量，协调各项政策。

二是发挥政府主导作用。无障碍环境建设的主体责任在政府，这是由其公共属性决定的。在法律全文中，"政府"出现20次，"主管部门"出现12次，而"残疾人联合会、老龄协会"出现6次，这意味着《无障碍环境建设法》的重心是为各级人民政府及其有关部门设定职责，明确了不同层级人民政府及其有关部门的义务和责任。作为复杂的系统工程，无障碍环境建设不是某一个部门的责任，它不仅几乎涉及每一个行政部门，而且依赖于建立联动融合、集约高效的政府负责体制。在横向上，在党的领导下和县级以上人民政府的协调下，各主管部门应建立资源共享和工作联动的协调机制，不能相互分割、各自为政，而要通过整合资源、聚合力量、融合标准实现无障碍环境建设的整体性推进。在纵向上，要做到上下贯通，在顶层设计上统筹有力，在基层实践中层层压实责任，保证无障碍环境建设法规政策得到有效执行。在政府主导下，多部门联合协作具备较好的实践基础和政策基础。《中国残疾人事业统计年鉴（2020）》的数据显示，我国无障碍环境建设领导协调组织的总数已经有1342个。2021年，中国残联、住房和城乡建设部等13部门联合印发《无障碍环境建设"十四五"实施方案》，共同推动形成设施齐备、功能完善、信息通畅、体验舒适的无障碍环境。自"十五"以来，多部门联合连续出台5个无障碍环境建设专项规划。《无障碍环境建设法（草案）》起草过程本身就是明确政府主体责任的过程。全国人大社会建设委员会启动牵头起草无障碍环境建设立法工作时，就邀请中央网信办、全国人大常委会法工委、住房和城乡建设部、工业和信息化部、交通运输部、民政部、教育部、公安部、国家卫生健康委、文化旅游部、最高人民检察院、中国残联等12家单位成立无障碍环境建设立法工作领导小组，成员单位以国务院组成部门为主，在起草过程中反复征求成员单位意见，逐渐达成共识。

三是挖掘市场潜力，调动市场主体积极性。市场在无障碍环境建设中发挥着举足轻重的作用，这是因为企业提供了大部分产品、信息和服务，是否满足无障碍标准规范在市场经济中有着重要影响，而且政府采购的设施、产品或服务一般也是由市场提供的。如果充分挖掘市场潜力，促使企业提供的产品和服务都能满足无障碍标准规范，那么包括残疾人、老年人在内的所有人就能公平地使用产品或享有服务。为调动市场积极性，法律也设置了较多条款。在"总则"部分，鼓励和支持企事业单位通过捐赠等方式参与无障碍环境建设。在"无障碍设施建设"部分，支持既有住宅加装电梯，新投入的公共交通运输工具应当确保一定比例符合无障碍标准。在"无障碍信息交流"部分，互联网网站、移动互联网应用、地图导航定位产品、终端设备、药品等应当符合无障碍标准或具备无障碍功能。在"无障碍社会服务"部分，规定了各类场所或机构应当提供无障碍服务。在"保障措施"部分，国家通过政府采购方式、税收优惠等鼓励无障碍技术、产品和服务的研发、生成、应用和推广。在法律责任部分，主管部门对不依法履行无障碍信息交流义务或不依法提供无障碍信息服务的市场主体作出处罚。

四是激发社会活力，引导社会组织和公众广泛参与。社会组织和公众广泛参与是确保无障碍环境建设管用好用实用的重要途径。一方面，无障碍环境建设离不开残疾人联合会、老龄协会等组织的参与，这些组织在推进无障碍环境建设中发挥了积极作用。以残联为例，为促进残疾人平等参与社会生活和保障残疾人平等权利，在我国无障碍环境建设三十多年的发展和实践中，各级残联发挥桥梁纽带作用，一直是无障碍环境建设的重要推动者和参与者，在反映真实需求、提供专业咨询、组织宣传培训、促进部门协同、开展社会监督等方面发挥了很大作用，从法律法规的顶层设计到落地实践，残联组织几乎全过程参与。在《无障碍环境建设法（草案)》起草和征求意见过程中，中国残联配合开展实地调研、组织召开座谈、深入研究论证、反复征求意见，特别是受全国人大社会建设委员会委托，征求了全国5万余名残疾人、老年人等基层群众的意见和建议，充分体现了科学立法、民主立法。老龄协会推进的老年宜居环境建设也为无障碍环境建设贡献了力量和实践基础。另一方面，无障碍环境建设离不开残疾人、老年人的参与。1981年，残疾人国际在成立时提出口号："没有我们的参与，就不要作与我们有关的决定（Nothing About Us Without Us）。"《残疾人权利公约》提出，残疾人应有机会积极参与政策和方案的决策过程，包括与残疾人直接有关的政策和方案的决策过程。残疾人、老年人不仅是无障碍环境最直接的受益群体，更是参与建设的一支重要力量。无障碍环境好用不好用，残疾人、老年人最具有代表性和发言权，他们不仅在试用、体验、评价和监督等过程中发挥了积极作用，而且还促进了自身的社会参与水平。

2. 坚持以人民为中心的工作导向

党的二十大报告提出，前进道路上，必须坚持以人民为中心的发展思想。《无障碍环境建设法》充分体现了"坚持以人民为中心的发展思想"，旨在促进社会全体人员共享经济社会发展成果，体现了我们党全心全意为人民服务的根本宗旨，宣示了无障碍环境建设的价值追求和目标所在，同时也是我国无障碍环境建设区别于其他国家的显著标志。"坚持以人民为中心"是习近平法治思想的重要内容。《无障碍环境建设法》是一部充分体现习近平法治思想的法律。无障碍环境建设消除的是障碍，改善的是环境，但其根本目的是保障人民权益，呵护人的生命安全，维护人的尊严，发挥人的价值，尊重人民主体地位，促进全体人民平等参与社会生活，让包括残疾人、老年人在内的全体人民能共享现代化建设成果。《无障碍环境建设法》重点保障残疾人、老年人，同时惠及全体人民，立法目的、工作体制与坚持以人民为中心的发展思想保持高度一致，彰显了习近平法治思想人民性的鲜亮底色。立法内容把体现人民利益、反映人民愿望、维护人民权益、增进人民福祉全面落实到无障碍环境建设各领域全过程，积极回应人民群众对无障碍环境的新要求新期待，用法治手段解决人民群众反映强烈的无障碍问题，将不断增强人民群众获得感、幸福感、安全感。

3. 打造全社会共建共治共享无障碍环境的共同体

推动全社会共建共治共享，旨在打造全社会共建共治共享无障碍环境的共同体。共建是共同参与无障碍环境建设，发挥人民主体地位，这是一切工作的基础。共治是共同参与无障碍环境治理，打造全社会共同参与的开放治理体系，这是一切工作的途径和方法。共享是共同享有无障碍环境的便利，让现代化建设成果更多更公平地惠及全体人民，这是一切工作的目标。首先，打造共同体是由无障碍环境的本质属性决定的。在通用设计理念下，无障碍环境不是残疾人等特定群体专享的、隔离的、特殊的环境，是我们人人共享的、融合的、普同的环境。无障碍环境建设是一个互惠利他的双赢共赢多赢行为，为残疾人、老年人创造的无障碍环境也是对所有人更便利、更安全、更人性的环境。其次，打造共同体是由无障碍环境建设的工作特点决定的。在工作主体上，涉及政府、市场、社会、个体等；在工作领域上，涵盖建筑、交通、信息、服务等多领域；在工作范围上，覆盖全国，城乡一体；在工作环节上，包括建设、维护、管理、监督等，需要人人关心、人人有责、人人尽责。最后，打造共同体是由社会发展趋势决定的。我国已经进入老龄社会，人口老龄化是我国人口的长期趋势。积极应对人口老龄化应抛掉局部的、静态的治理模式，要从"碎片化管理"向"整体性治理"，从聚焦于"老年人"向强调"全人口全生命周期"转变[①]。习近平总书记明确指出，要把积极老龄观、健康老龄化理念融入经济社会发展全过程。无障碍环境建设是贯彻积极老龄观和健康老龄化理念的基础性工程，要以无障碍理念对我们整个居住环境、通行环境、生活环境、信息环境，持续地、系统地进行无障碍优化，实现全龄友好社会，而不是进行静态的、局部的适老化改造。这就必然要求全社会共同参与。打造共同体具有较好的立法基础。在地方性法规中，2021年9月通过的《北京市无障碍环境建设条例》，提出无障碍环境建设是全社会的共同责任，政府、市场、社会和个人共同推动无障碍环境建设；2023年1月通过的《上海市无障碍环境建设条例》，提出推动全社会共建共治共享。

---

① 胡湛，彭希哲. 应对中国人口老龄化的治理选择 [J]. 中国社会科学，2018，276 (12)：134—155 + 202.

（二）完善保障措施

无障碍环境建设离不开多方位的保障措施。联合国通过梳理全球无障碍环境状况和执行《残疾人权利公约》面临的挑战，发现无障碍环境建设情况在地区间差别较大，主要是无障碍环境建设的能力存在明显的区域差异[①]。完善保障措施本质上是增强无障碍环境建设的综合能力。围绕无障碍环境建设存在的问题，总结实践经验，法律规定了有针对性的保障措施。

1. 开展宣传教育，持续提高认识

提高认识，消除认识误区和偏见，是深入开展无障碍环境建设的前提条件。《残疾人权利公约》的第2号一般性意见提出，我们的环境中存在较多人为的障碍，这大多是由于认识不足、缺乏信息和技术知识，相关利益方得不到培训，要解决这一问题，就必须开展经常性的教育、提高认识、文化宣传和交流等活动。由于无障碍是演变中的概念，当前对无障碍的认识主要存在以下四个问题。一是对无障碍环境的理解有局限。比如提到无障碍，很多人仅仅狭义地认为是物理环境的无障碍设施，如盲道、坡道等，窄化了无障碍环境的丰富内涵和外延。无障碍环境包罗万象、覆盖面广、涉及领域多的性质应该被普及宣传。当前互联网可访问性和社会服务可及性问题都是无障碍环境的重要领域。二是对无障碍环境的广泛受益性认识不足，认为只是残疾人的专属利益。无障碍环境已从残疾人的特需和特惠转变为全体社会成员的共需和普惠。从全生命周期来看，人人都是无障碍环境建设的需求者和受益者。特别是随着人口老龄化程度持续加深和数字化加快发展，整个社会对无障碍环境的刚需程度会越来越高。三是对无障碍环境建设成本存在误解，忽略无障碍环境建设的价值和回报。由于现有环境存在较多障碍，如果按照标准规范进行改造，将产生较高的成本。这是很多人不支持无障碍环境建设的原因。然而事实表明，改造增加的成本远远小于带来的回报。最重要的是，如果在设施、产品、技术等规划和设计的早期阶段就关注到无障碍问题，几乎不增加成本，还可以避免

---

① https://undocs.org/A/74/146.

后期改造带来的成本增加。所以"无障碍"最重要的不是消除现有障碍，而是从源头上杜绝产生障碍。四是全民的无障碍环境意识不强。由于缺乏无障碍环境知识，无障碍环境文化氛围不浓，随意或无意占用甚至损坏无障碍设施的情况时有发生，自觉维护、监督无障碍环境的意识缺乏。因此，开展宣传教育、加强技术培训是经常性工作，提高认识是一个长期过程。

2. 推广通用设计，构建标准体系

通用设计是无障碍环境建设的主流理念，不仅能降低无障碍环境建设的成本，而且可以扩大无障碍环境的受益群体。澳大利亚的一项研究通过评估家居设计成本，发现如果从设计开始就使用通用设计，那么几乎不需要额外成本就可以实现住宅无障碍[1]。因此，要推广通用设计理念，并且将其融入标准体系建设中。

标准体系是系统开展无障碍环境建设的重要依据，同时也是验收、评估、评测、认证、管理无障碍环境的技术依据。国际社会历来重视标准建设。《残疾人权利公约》规定，缔约国应制定并公布向公众开放或提供的设施和服务的无障碍最低标准与导则。在国际层面，为了将无障碍环境和通用设计原则付诸实践，已经通过了相关的国际标准和准则[2]。2011年，国际标准化组织制定了建筑无障碍国际标准，目的是使所有人，无论残疾与否，都能够独立接近、进入、使用、离开和撤离建筑物。该组织还为各种形式的信息和通信技术制定了国际准则和标准，如网页内容无障碍导则2.0、信息/通信技术设备和服务无障碍导则、软件无障碍和电子文档文件格式增强无障碍导则。在国内层面，根据全国标准信息公共服务平台、工程建设标准化信息网统计，我国已经初步构建了无障碍环境建设的标准体系，包括国家标准、行业标准、地方标准和团体标准。目前涉及无障碍环境建设的标准体系共200多本，其中，无障碍环境建设专项标准50余本，涉及无障碍要求的其他标准90余本，无障碍产品相关标准20余本，涵盖

---

[1] Landcom (2008). Universal Housing Design Guidelines, https://www.landcom.com.au/assets/Publications/Statement – of – Corporate – Intent/b999e51367/Universal – Housing – Design – Guidelines – July – 2008. pdf.

[2] https：//undocs.org/A/74/146.

无障碍内容的专项环境建设标准 80 余本。整体而言，与推进无障碍环境法治建设和无障碍环境建设高质量发展的要求相比，我国无障碍环境建设标准体系还存在诸多明显的问题。一是强制性标准和条文比较少。二是标准的规范效力比较差，强制性不足，标准实施缺乏有效机制和监管。三是标准体系不健全，还存在很多空白，尤其在信息交流、服务、产品、设备等方面。四是标龄过长，修订不及时，内容陈旧，前瞻性不足，适用性不强。五是通用设计理念融入不足，未能全面考虑不同群体的差异和需求。六是标准之间衔接性有待加强，与国际标准的衔接性还有待提升。七是部分标准不好用，残疾人、老年人及其组织的参与不足。因此，《无障碍环境建设法》对构建标准体系的规定比较具有针对性，强调地方标准不得低于国家标准的相关技术要求，强调制定涉及无障碍环境建设的标准应当征求残疾人联合会、老龄协会的意见，在设施、信息交流、社会服务方面规定了较多义务性规范，并设置了相应的法律责任，有利于提高标准体系的执行效力。

3. 健全认证评测，激发市场潜力

我国已经实施无障碍环境认证和信息无障碍评测制度，这次通过立法予以确认，将有效发挥法治固根本、稳预期、利长远的保障作用。目前无障碍环境认证相关制度和工作进展有序。2021 年 12 月，市场监管总局、中国残联印发《关于推进无障碍环境认证工作的指导意见》，提出发挥质量认证作用，推动无障碍环境建设高标准、高质量发展。2022 年 11 月，市场监管总局、中国残联印发《无障碍环境认证实施方案》，规定无障碍环境认证的组织保障、制度建设、认证实施、推广应用、监督管理。2023 年 2 月，市场监管总局、中国残联发布《无障碍环境认证目录（第一批）》《无障碍环境认证实施规则》。2023 年 5 月，认监委发布《无障碍环境认证实施规则专用要求　民用机场》。信息无障碍评测已经取得积极成效。2016 年，中国残联、中央网信办联合印发《关于加强网站无障碍服务能力建设的指导意见》。2020 年 9 月，工业和信息化部、中国残联发布《关于推进信息无障碍的指导意见》，首次提出建立信息无障碍评测机制，指导第三方机构按照无障碍规范与标准进行符合性测试，发布评测认证结果，激励相关行业规范与标准落地应用。2020 年 12 月，工业和信息化部印发

《互联网应用适老化及无障碍改造专项行动方案》，明确提出开展适老化及无障碍改造水平评测并纳入"企业信用评价"。2021年4月，工业和信息化部办公厅印发《关于进一步抓好互联网应用适老化及无障碍改造专项行动实施工作的通知》，详细规定了改造标准规范、评测要求等内容，规定评测体系由用户满意度评价、技术评价和自我评价三部分构成，权重分别为40%、40%、20%，总分值为100分，60分以上为合格，即通过评测。截至目前，已经有1735家网站和App完成改造并通过评测。2023年4月，中国信息通信研究院公布首批互联网应用适老化及无障碍改造优秀案例44家，覆盖政务服务、生活购物、社交通信、交通出行、金融服务、医疗健康、新闻资讯等七大老年人、残疾人生活高频场景。

健全认证评测制度，推动结果采信应用，有多方面的现实意义。第一，认证和评测是推动标准实施的重要途径和创新方式，认证和评价结果的采信应用，可以推动解决标准执行效力不佳的问题。第二，认证和评测不仅是检验标准有效性的有效方法，为进一步高质量修订标准提供实践基础，而且还是引导残疾人、老年人参与无障碍环境建设的重要途径。在信息无障碍评测中，老年人、残疾人满意度评价占40分，评价网页内容可访问性、访问操作效率性和App可感知性、可操作性、可理解性。同样在无障碍环境认证中，规定无障碍环境管理审查和无障碍设施设备审查时，应至少配备一名体验员。这不仅有助于改善网站、App、设施的无障碍功能，而且还可以为如何完善标准规范提供直接的反馈意见和修改建议。第三，认证和评测促进无障碍环境建设的源头治理、质量提升、系统优化和后期管理。从事认证和评测的人员一般由专业人员组成，他们拥有专业知识，能有效指出无障碍环境建设存在的问题。认证和评测不是单方面地、局部地进行，而是对整个环境进行系统审查。信息无障碍标识和认证证书的有效期分别为2年、3年。后续的再评测和再认证将持续加强无障碍环境的后期管理。第四，认证和评测可以促使企业自觉加强无障碍环境建设，提高企业竞争力，变被动为主动，是调动市场主体积极性、发挥市场机制的重要抓手。比如，在互联网应用适老化及无障碍改造专项行动中，对表现突出的网站和App，在"企业信用评价"中予以信用加分，这将引导广大市场主体自觉加大贯彻实施标准规范的力度。

4. 强化资金支持，发挥政策效应

无障碍环境建设是能产生丰厚回报的投资行为，不应该仅仅把它当作"花钱"的事情。得益于通用设计理念的普及和无障碍环境建设经验、知识和技术的积累，国际社会在2013年开始明确提出要转变观念，提倡无障碍环境建设是一种投资，而不是成本和法律遵守问题，要在2015年以后的发展议程中把无障碍纳入发展主流，承诺实现所有人的无障碍[1]。《残疾人权利公约》的第2号一般性意见也明确提出，无障碍不仅应该在平等和不歧视的背景下予以看待，而且还应该被看作社会投资的一种方式和可持续发展议程的一个组成部分。经济价值方面，能促进就业和消费，减少财政福利支出，降低照护依赖；社会价值方面，能改善生活品质，促进社会融合和可持续发展。此外，无障碍环境还可以带动相关产业的发展。比如，无障碍环境是使用某些辅助器具的先决条件，无障碍环境建设可以有效发挥辅助器具功能，促进辅助器具产业发展。我国早在2016年便提出在2020年实现产业规模突破7000亿元的目标[2]。比如，《无障碍环境建设法》支持既有住宅加装电梯或者其他无障碍设施，可以带动电梯行业产业链的发展。

基于无障碍环境建设的投资属性和价值，强化资金支持、加大对无障碍环境建设的投入就有了合理基础。整体而言，我国对无障碍环境建设的投入力度不断加大。2019—2021年，全国累计开工改造城镇老旧小区11.5万个，惠及居民2000多万户；在各地改造过程中，加装电梯5.1万部，增设养老、助餐等各类社区服务设施3万多个；"十三五"期间，我国共为65万贫困重度残疾人家庭进行了无障碍改造[3]。《无障碍环境建设"十四五"实施方案》提出，"十四五"期间，将支持110万户困难重度残疾人家庭进行无障碍改造。为推进无障碍环境建设，有些地方政府制定了专项

---

[1] United Nations Department of Economic and Social Affairs. (2013), Accessibility and Development: Mainstreaming disability in the post-2015 development agenda, https://www.un.org/disabilities/documents/accessibility_ and_ development.pdf.

[2] 国务院. 关于加快发展康复辅助器具产业的若干意见（国发〔2016〕60号）.

[3] 丁怡婷. 我国无障碍环境建设水平持续提升［N］. 人民日报, 2022-07-22 (019).

规划，在保障措施中强化经费投入，明确专项资金。但无障碍环境建设资金来源渠道还比较单一，支出责任主体一般为地方政府，没有稳定的经费保障机制，各个地方经济发展水平和财政负担能力参差不齐，重视程度不足，导致无障碍环境建设投入在地区间参差不齐①。根据以上实践基础和现实问题，《无障碍环境建设法》从多个方面明确了支持政策。一是在"总则"部分规定县级以上人民政府将无障碍环境建设的所需资金纳入本级预算，并建立稳定的经费保障机制。二是规定县级以上人民政府对符合条件的残疾人、老年人家庭给予适当的无障碍设施改造补贴。三是提出通过经费支持、政府采购、税收优惠等方式，促进新科技成果在无障碍环境建设中的运用，强化科技赋能，鼓励无障碍技术、产品和服务的研发、生产、应用和推广。

5. 加强人才培养，用好第一资源

"实施科教兴国战略，强化现代化建设人才支撑。"党的二十大报告将教育、科技、人才"三位一体"统筹安排、一体部署，强调必须坚持科技是第一生产力、人才是第一资源、创新是第一动力。无障碍环境建设同样也必须强化人才支撑，用好第一资源。人才培养靠教育，必须优先发展教育事业，在教育事业中培养无障碍环境建设的人才。近年来，随着国家对无障碍环境建设的重视，学术团体、高校、科研院所等逐渐重视无障碍的科学研究和人才培养。中国建筑学会、中国民用机场协会成立无障碍专业委员会。目前一共有70余家高校、科研院所成立了无障碍智库。在中国知网以"无障碍"为题检索硕士、博士学位论文，发现学位论文数量从2003年的2篇增长到2021年的42篇，增长态势明显，学科分布比较广泛，包括建筑科学与工程、计算机软件及计算机应用、工业通用技术及设备、中国政治与国际政治、美术书法雕塑与摄影、法学、互联网技术、铁路运输、公路与水路运输等。这说明关注无障碍的专业人才越来越多，但与每年70余万人的研究生毕业数量相比，绝对数量仍非常低。2023年4月，为主动适应经济社会发展需求，教育部发布最新《普通高等学校本科

---

① 郑功成主编. 中国无障碍环境建设发展报告[M]. 沈阳：辽宁人民出版社，2019：24.

专业目录》，南京特殊教育师范学院申报的目录外新专业"无障碍管理"正式进入目录。随着新专业的获批，预计未来将加大无障碍管理专业人才的培养力度。专业目录中与无障碍环境建设紧密相关的专业还有手语翻译、特殊教育、融合教育、人居环境科学与技术、城市设计等。

整体来看，目前人才培养尚不能有效满足现实发展需要。以手语翻译为例，新冠肺炎疫情期间，发布会上提供手语服务对听力残疾人来说非常重要，但发布过程中出现翻译手势不统一、可理解度偏低的突出问题，无法精准匹配听力残疾人需求，反而可能会加重恐慌心理，反映了手语翻译职业化有待加强、手语应急服务人才短缺等问题[①]。目前从事无障碍研究与实践的人员大多是"半路出家"，根本原因是在整个教育体系中，无障碍相关的专业和课程长期缺失，知识普及和理念植入不够。一些重要的专业，比如建筑、城市规划、信息科学与技术等重要专业领域普遍没有开设无障碍相关的课程，相关教材还比较少。因此，《无障碍环境建设法》对如何加强人才培养作出明确且具体可操作的规定。一是明确提出国家建立无障碍环境建设相关领域的人才培养机制。二是鼓励高等院校、中等职业学校开设相关专业和课程，并且要开展理论研究、国际交流和实践活动。这款规定旨在厚实理论功底、树立国际视野和增强实践能力，可以加快无障碍专业人才的培养，提高专业人才的培养质量。三是在相关学科中增加无障碍环境建设的教学和实践内容，相关领域职业资格、继续教育以及其他培训的考试内容应当包括无障碍环境建设知识。这款规定可以引导建筑、交通运输、计算机科学与技术等学科专业关注无障碍问题，有利于快速培养"专业+无障碍"的人才。《通用无障碍设计》已经纳入全国注册建筑师继续教育必修教材。

6. 纳入创建活动，推动文明进步

文明是现代化国家的显著标志。我们党历来高度重视社会主义精神文明建设。社会主义精神文明建设是中国特色社会主义的重要特征，是社会主义现代化建设的重要目标和重要保证。在改革开放和社会主义现代化建

---

① 郑璇. 加快推进中国手语翻译的职业化——基于新型冠状病毒肺炎疫情的思考[J]. 残疾人研究，2020（01）：24—32.

设新时期，党提出在建设高度物质文明的同时，努力建设高度的社会主义精神文明。党的十八大以来，习近平总书记围绕加强社会主义精神文明建设发表一系列重要论述，强调积极培育和广泛践行社会主义核心价值观，强调中国式现代化是物质文明和精神文明相协调的现代化，强调弘扬全人类共同价值。2023年6月2日，习近平总书记在文化传承发展座谈会上，全面总结阐述了中华文明的突出特性，深刻回答了把马克思主义基本原理同中华优秀传统文化相结合的重要意义，提出了建设中华民族现代文明这一重大课题。

将无障碍环境建设纳入文明创建活动具有现实基础和重要价值。第一，无障碍环境是文明的标志。2020年9月17日，习近平总书记在湖南考察并主持召开基层代表座谈会时，深刻指出"无障碍设施建设问题，是一个国家和社会文明的标志，我们要高度重视"。这一重要指示将无障碍环境建设上升到国家和文明标志的高度，为将无障碍环境建设纳入文明城市、文明村镇、文明单位、文明社区、文明校园等创建活动提供了根本遵循。第二，无障碍环境建设根植于中华优秀传统文化。自古以来，我国古代就有愚公移山的神话传说，表达我们消除环境障碍的精神追求；中华民族具有"老吾老，以及人之老，幼吾幼，以及人之幼"的传统美德和"济贫救孤、宽疾养疾"的社会传统。这些优秀传统文化为我们开展无障碍环境建设注入了思想力量。第三，无障碍环境建设与文明创建活动的内容契合，目标一致，相互促进。纳入无障碍环境建设可以丰富和拓展文明创建活动内容，更能满足新时代人民对美好生活的向往，更好助力社会主义精神文明建设；文明创建活动可以为无障碍环境建设提供强大组织保障和力量支持，在城镇、村镇、单位、社区和校园等顺利开展无障碍环境建设。全国文明城市测评体系（2021年版）已经纳入信息无障碍和无障碍设施建设。

（三）加强监督管理

构建严密的法治监督体系有利于无障碍环境建设各项法律法规和标准规范得到贯彻实施。目前无障碍环境建设监督体系尚不完善，根源在于立法中的缺位，因此十分有必要建立多元监督制度和体系。随着无障碍环境建设的广泛实践，已经产生了多种行之有效的监督方式。《无障碍环境建设法》以立法的形式确立了六种监督管理制度，内部监督和外部监督相结合，将协同发挥监督作用，压实无障碍环境建设责任，共同推动无障碍环境建设高质量发展。

1. 建立政府督查制度

政府督查是指县级以上人民政府在法定职权范围内根据工作需要组织开展的监督检查。习近平总书记对抓落实高度重视，反复强调"一分部署，九分落实""要强化监督检查"。政府督查是推动推动职责落实的重要方式，无论是监督内容和对象的针对性，还是督查方式的灵活性，都有其他监督方式无法比拟的优势。无障碍环境建设的主体责任在政府，为此，《无障碍环境建设法》规定建立无障碍环境建设督查制度，并且可以根据工作需要开展联合监督检查。建立此项制度具有重要的现实意义。一是有利于推动各级人民政府贯彻落实党中央、国务院关于无障碍环境建设的决策部署，层层压实责任，级级传导压力，保障政令畅通，提高政府执行力和公信力。二是有利于相关主管部门在职责范围内依法履行无障碍环境建设职责，提高行政效能。三是开展联合监督检查有利于增强督查工作的科学性、针对性和系统性，及时发现和协同解决无障碍环境建设存在的问题。

建立政府督查制度具有较强的科学性和可操作性。第一，政府督查的实施主体更加合理。国务院《无障碍环境建设条例》规定，国务院住房和城乡建设主管部门负责全国无障碍设施工程建设活动的监督管理工作，并对无障碍设施工程建设的情况进行监督检查。有学者认为，该规定缺乏适用性、可操作性[1]。无障碍环境建设和管理是一项复杂的系统工程，涉及部门众多，权责交叉，住房和城乡建设部门难以对本级其他部门的无障碍设施建设进行督查。《无障碍环境建设法》明确规定督查的实施主体是县级以上人民政府及其有关主管部门，并且在督查形式上可以开展联合监督检查，不仅明确了督查的实施主体，即"谁主管、谁监督"，而且有助于

---

[1] 李牧，王任晴. 论新时代无障碍环境权的行政法保护[J]. 武汉理工大学学报（社会科学版），2019，32（06）：7—14.

建立联动融合、集约高效的政府负责体制。第二，政府督查的责任边界更加清晰。《无障碍环境建设法》清晰规定了各主体的职责边界，县级以上人民政府负责统筹协调和督促，各部门在各自职责范围内开展无障碍环境建设。这有利于进一步明确督查的职责边界，有利于防止越权督查、多头督查、重复督查、无人督查。第三，实施政府督查具有较好的政策基础。2021 年，国务院公布《政府督查工作条例》，厘清了政府督查的职责边界，明确了督查主体、内容、对象、保障制度等，实现了督查机构、职能、权限、程序、责任法定化，为政府督查工作提供了遵循。《法治政府建设实施纲要（2021—2025 年）》强调加强和规范政府督查工作。第四，政府督查具备坚实的实践基础。残疾人事业发展统计公报的数据显示，2021 年、2022 年全国开展无障碍环境建设检查 7875 次、9996 次。

2. 实施目标责任制和考核评价制度

《无障碍环境建设法》规定实施无障碍环境建设目标责任制和考核评价制度。以往的法律法规缺乏无障碍环境建设目标责任和考核评价的规定，导致相关主管部门做多做少都一样，甚至做与不做都一样，难以贯彻落实无障碍环境建设法律法规的相关要求。目标责任制是通过工作目标的设计，将组织的整体目标进行逐级分解，明确责权利，形成协调统一的目标体系[①]。实施目标责任制有利于压实各级人民政府以及有关主管部门的无障碍环境建设责任，通过层层分解和监督检查问责，使得各级部门主动担当作为，避免不作为和慢作为，推进无障碍环境建设各项工作，促进立法目标的实现。实施考核评价制度可以为各地无障碍环境建设提供导向，有效地聚焦年度或阶段性的重要任务举措，压实主体责任。法律还规定县级以上人民政府根据本地区实际，制定具体考核办法。这一规定和"总则"中的规定相呼应，无障碍环境建设应当与经济社会发展水平相适应。无障碍环境建设本质上是一个发展问题，各地区发展不平衡不充分的现状非常明显。一般来说，经济发达地区好于欠发达地区，城镇地区好于农村地区。根据本地区实际，制定各有侧重的考核办法，可以防止各地区在推

---

① 陈锡文等.《中华人民共和国乡村振兴促进法》解读[M]. 北京：中国农业出版社，2021：246.

进无障碍环境建设中出现一刀切、齐步走、乱作为、标准高等现象。

相关部门规范性文件和地方实践为实施目标责任制、考核评价制度提供了借鉴与基础。中国残联等13部门联合印发的《无障碍环境建设"十四五"实施方案》细化了"十四五"无障碍环境建设的主要指标,对"十四五"城市道路无障碍设施建设率、公共建筑无障碍设施建设率、居家适老化改造等6个指标提出了具体要求。2022年8月,住房和城乡建设部、中国残联印发了《创建全国无障碍建设示范城市(县)管理办法》,同时制定了详细的《创建全国无障碍建设示范城市(县)考评标准》,从安全便捷、健康舒适、多元包容三个维度提出了道路通达率、公共交通设施通达率、公共建筑、居住建筑、居住社区无障碍设施设置率、困难重度残疾人家庭无障碍改造率、政府网站、政务App无障碍建设达标率、无障碍信息交流服务覆盖率等19项考核指标。《北京市进一步促进无障碍环境建设2019—2021年行动方案》设置了17项任务推进无障碍建设,健全政府及部门工作责任体系,明确建设维护责任主体,明晰成本控制责任。

3. 定期开展无障碍环境建设第三方评估

第三方评估是一种外部监督,具有独立、客观、公正、专业的优势。政府督查与目标责任制和考核评价均是自我监督、自我检查、自我评价,与第三方评估的外部监督优势互补。在深入推进国家治理体系和治理能力现代化的目标下,开展科学、规范的第三方评估是必然要求[①]。第三方评估是政府治理现代化的重要创新,是实现政府治理现代化的重要手段,能够促进决策科学化,有利于提高政府信誉和公信力[②]。《无障碍环境建设法》规定县级以上人民政府有关主管部门定期委托第三方机构开展无障碍环境建设评估,将有利于评估无障碍环境建设法律法规和标准规范的执行情况,及时发现存在的问题,并提出专业合理的整改建议和进一步发展方向。

建立第三方评估制度不仅符合国际主流趋势,而且符合我国实际,具

---

① 贠杰.中国地方政府绩效评估:研究与应用[J].政治学研究,2015,125(06):76—86.

② 程燕林,张妮.第三方评估在中国:特征、类型与发展策略[J].中国科技论坛,2022,317(09):139—146.

有可行性和可操作性。联合国建议开发和应用无障碍审查（Access Audit）制度，与残疾人及其代表组织和其他相关利益攸关方密切合作，通过审查评估设施或服务是否符合无障碍法律和标准、是否好用、是否系统连续。中国残联等13个部门印发的《无障碍环境建设"十四五"实施方案》，专门针对检查评估要求各相关部门于2023年对本方案实施情况进行中期检查，探索组织全国无障碍环境建设专家委员会和残疾人组织及代表、高等院校、科研院所等进行第三方评估。在全国层面，有学界发布的《无障碍环境蓝皮书：中国无障碍环境建设发展报告》等。

4. 建立无障碍环境建设信息公示制度

数据是反映无障碍环境建设成效和问题的重要参考，也是开展政府督查、考核评价、第三方评估的重要基础。我国目前尚没有建立常规的统计和监测制度，有关年度调查、大型调查或专项调查几乎没有纳入无障碍指标。《中国残疾人事业统计年鉴》涉及无障碍环境建设的个别宏观统计指标，如省、地、县级无障碍环境建设与管理法规、政府令和规范性文件的个数，全国开展无障碍环境建设检查的次数，无障碍培训次数以及困难重度残疾人家庭实施无障碍改造户数。2015年开始，中国残联开展全国残疾人基本服务状况和需求的实名制专项调查。其中，关于无障碍环境建设有两方面内容：一是残疾人家庭无障碍改造和需求情况，二是村（社区）中与残疾人日常生产生活密切的公共服务设施无障碍建设情况。2017年，中国消费者协会、中国残联发布《2017年百城无障碍设施调查体验报告》，调查了不同公共场所的无障碍设施普及率以及无障碍设施满意度。这些数据不能完全反映无障碍环境建设整体面貌和具体情况，关于无障碍的数据缺失比较严重。在地方实践中，北京在开展无障碍环境建设三年专项行动期间，为开展全市无障碍设施自查、排查，梳理无障碍设施问题，建立了无障碍环境建设信息管理系统，对全市不同行业不同类型的近百万处无障碍设施进行台账管理，实现无障碍设施信息化、常态化、精细化管理。

为让社会公众了解无障碍环境建设情况，督促政府部门积极开展相关工作，《无障碍环境建设法》规定建立无障碍环境建设信息公示制度。首先，该制度与《标准化法》相衔接。《标准化法》规定，国家建立强制性标准实施情况统计分析报告制度。《建筑与市政工程无障碍通用规范》国家标准已经实施一年多，但相关的统计分析报告制度还没有建立，无法监测标准的实施情况。其次，加强无障碍统计监测是国际社会的倡导。《残疾人权利公约》要求缔约国加强公约进展情况的监测，其中无障碍环境建设是重要组成部分。第三期亚太残疾人十年（2013—2022）制定了10项残疾人融合发展的目标，第3个目标便是无障碍，包括4项子目标，具体包括5个核心指标、4个补充指标[①]。最后，国内外一些实践经验为我们丰富数据来源提供了借鉴。比如网站"www.accessibility.cloud/"采用众包数据的方式，将不同来源的使用者评价数据整合到一个可免费访问的网站中，借此可以获取世界不同地方的无障碍设施信息。2022年11月，高德地图推出无障碍"轮椅导航"功能，该功能可以结合地铁站的无障碍电梯、升降机等无障碍设施，为用户规划出一条无障碍路线。

5. 发挥社会监督和舆论监督的作用

加强社会监督是民主社会的基本要求，实现社会监督的制度化规范化是现代社会治理的重要特点[②]。社会监督和舆论监督是外部监督的重要形式，是完善无障碍环境建设监督体系的重要方面。各级人民政府以及有关主管部门自觉接受社会监督和舆论监督是一种政治责任，应广开言路，畅通民意表达诉求路径，任何组织和个人都有权提出意见和建议，投诉和举报违反无障碍环境建设法律法规和标准规范的行为，真正让广大社会群众参与无障碍环境的建设、管理和监督，激发社会活力。归根结底，舆论监督也离不开社会大众的参与和支持。

《无障碍环境建设法》关于社会监督和舆论监督的规定具有重要的价值和功能。一是可以调动社会组织和个体参与无障碍环境建设的积极性。无障碍环境建设最终是为了人民，让人民群众满意，是评判无障碍环境建设工作的价值取向和根本标准。无障碍环境是残疾人、老年人等全体社会成员的共同需要和公共利益，那么自觉参与社会监督不仅是维护自身权利的需要，也是社会成员的共同责任。二是能够有效弥补政府监管力量不足

---

① https：//www.unescap.org/resources/escap-guide-disability-indicators-incheon-strategy.

② 曾小波. 论社会监督的制度化规范化［J］. 党政研究，2020，160（01）：81—88.

的问题。《残疾人权利公约》的第 2 号一般性意见提出，具有监管责任的地方政府一般缺乏确保法律法规和标准规范得到落实的技术知识以及人力、物力。政府监管也难做到常态化进行。政府监管和社会监督相配合，可以实现良性互动。三是压实政府以及有关主管部门的职责，防止政府部门不作为、慢作为。《无障碍环境建设法》规定县级以上人民政府有关主管部门应当及时处理并答复有关投诉和举报。四是在参与社会监督中提高自觉维护无障碍环境的意识。当前社会公众关于无障碍的意识淡薄、理解不够、专业知识不足，这是影响社会参与程度的重要因素。对占用无障碍设施漠不关心以及不经意间占用无障碍设施的情况时有发生。北京市把无障碍环境建设纳入"接诉即办"，发挥了有效作用，同时也促进了无障碍环境建设人人参与、人人有责、人人享有的社会意识。

6. 完善无障碍环境建设公益诉讼制度

检察公益诉讼可以监督保障无障碍环境建设法律法规统一正确实施[①]。从 2020 年开始，在中国残联的支持下，最高人民检察院将无障碍环境建设纳入检察公益诉讼新领域重点推进，着力解决无障碍环境建设突出问题，通过个案监督、类案监督、专项监督，为持续推动无障碍环境建设立法作出了贡献[②]。2021 年，最高检和中国残联发布《无障碍环境建设检察公益诉讼典型案例》。2021 年全国检察机关立案办理无障碍环境建设方面的公益诉讼 3272 件，是 2020 年的 6.2 倍，有力推动了无障碍环境建设的基层自治、行业自律、系统治理，为无障碍环境建设纳入公益诉讼法定领域积累了丰富实践经验。在公益诉讼中，大部分案件基本上通过诉前检察建议、诉前磋商、座谈等方式得到了解决，有力促进了相关职能部门依法全面履职。经过几年探索，无障碍环境建设检察公益诉讼呈现出四个明显发展态势：公益诉讼案件范围从出行无障碍到信息无障碍再到无障碍环境建设不断拓展，监督办案方式从个案探索到类案监督再到专项行动持续深化，监督办案形态从被动受理到主动监督再到能动履职衔接转化，系统治

---

① 邱景辉. 检察公益诉讼监督保障无障碍环境建设法律法规统一正确实施 [J]. 残疾人研究，2022（S1）：11—13.

② 吕世明. 以检察公益诉讼推进无障碍环境建设 [J]. 人民论坛，2021，704（13）：6—9.

理目标从完善协作机制到推动地方立法再到优化顶层设计循序渐进①。《无障碍环境建设法》将无障碍环境建设纳入公益诉讼法定领域不仅有实践基础，而且地方立法中也有先例，上海、江苏、深圳、杭州等地方法规和规章都明确支持无障碍环境建设检察公益诉讼。无障碍环境建设检察公益诉讼制度得到确认，作为一种既有力度又有温度的监督方式，将促进《无障碍环境建设法》贯彻实施。

（孙计领，南京特殊教育师范学院副教授）

---

① 邱景辉. 无障碍环境建设检察公益诉讼回顾与展望［A］. 中国无障碍环境发展报告（2022）［C］. 北京：社会科学文献出版社，2022：227—244.

《无障碍环境建设法》法律责任解读*

李 静

【摘 要】《无障碍环境建设法》从整体上明确了无障碍环境建设的法律责任，包括无障碍法律责任的形式，建造主体、维护主体、管理主体的法律责任；规范了公共社会服务无障碍的法律责任，特别规定了一般社会主体的责任。在立法中建立完整的责任体系，是运用国家强制力推进无障碍环境建设的有力保障，也是推进我国无障碍法治建设的重要保障。

【关键词】无障碍；立法；法律责任；实施保障

2020年9月17日，习近平总书记指示："无障碍设施建设问题，是一个国家和社会文明的标志，我们要高度重视。"这一重要指示为无障碍发展指明了方向、提高了定位，无障碍立法进入了快车道。2022年5月，全国人大常委会将《无障碍环境建设法》列入年度立法工作计划。2022年10月，第十三届全国人大常委会初次审议了《无障碍环境建设法（草案）》。2023年4月，第十四届全国人大常委会第二次会议对《无障碍环境建设法（草案）》进行了第二次审议。2023年6月28日，第十四届全国人大常委会第三次会议审议通过《无障碍环境建设法》。

我国的无障碍环境建设从20世纪80年代起步，2012年颁布实施了《无障碍环境建设条例》。随着我国的社会发展和适老化需求增加，《无障碍环境建设法》对无障碍环境建设进行了集中规范。《无障碍环境建设法》关于无障碍环境建设的法律责任的规定展示了一系列立法亮点。

---

* 本文系国家社会科学基金青年项目"我国残疾人信息无障碍权法治保障研究"（22CFX086）的阶段性研究成果。

一、完善了无障碍法律责任的构成

法律实施的效果要依靠法律责任来保障。无障碍是包括残疾人在内的特定人群实现公民基本权利的手段，这一支持性服务的提供在依靠经济法则和市场原则予以解决之前，应优先纳入国家责任和社会义务之中[①]。确定无障碍环境建设的法律责任的承担主体，一方面可以使得法律责任得到具体的贯彻和实施，另一方面又可以避免加重其他社会主体的责任。由于无障碍环境建设涉及无障碍设施的建设、维护、管理，信息交流无障碍建设，公共服务机构、公共场所无障碍，残疾人家庭、出行、辅助设备、交通工具无障碍等方面，责任主体可以从这些方面予以归纳和总结。

《无障碍环境建设法》"法律责任"一章在条文数量上接近《无障碍环境建设条例》的三倍，在内容上全面且具体。从无障碍工程建设到无障碍设施维护管理，从损坏、非法占用无障碍设施到擅自改变无障碍设施用途，从考试举办者、组织者到社会服务主管部门，从服务犬进入公共场所到搭乘公共交通运输工具，都有着各自的法律责任和不同的法律处罚。正如全国人大常委会委员、中国残联副主席吕世明所言：《无障碍环境建设法》集中多部法律法规中分散的法条，既与时俱进又务实创新。

应急和避难场所无障碍是第一次进入我国立法。《无障碍环境建设法》第四十七条规定："应急避难场所的管理人在制定以及实施工作预案时，应当考虑残疾人、老年人的无障碍需求，视情况设置语音、大字、闪光等提示装置，完善无障碍服务功能。"立法上的这类规定突出了对残疾人、老年人在特殊情况和特殊场景中的无障碍保障。在这个意义上，《无障碍环境建设法》填补了中国法治制度与社会治理模式的空白，进一步树立起中国在国际社会人权保障领域的良好形象。

---

① 许巧仙. 破解无障碍环境建设困境：以社会治理理论为视角 [J]. 河海大学学报（哲学社会科学版），2015（06）：43—48.

二、明确了无障碍法律责任的形式

法律责任的形式主要有刑事责任、行政责任和民事责任三种，从广义上讲，无障碍环境建设的法律责任是一种以行政法律责任为主、兼具民事和刑事责任的混合型责任。《无障碍环境建设法》第六十五条规定："违反本法规定，有下列情形之一的，由住房和城乡建设、民政、交通运输等相关主管部门责令限期改正；逾期未改正的，对单位处一万元以上三万元以下罚款，对个人处一百元以上五百元以下罚款：（一）无障碍设施责任人不履行维护和管理职责，无法保障无障碍设施功能正常和使用安全；（二）设置临时无障碍设施不符合相关规定；（三）擅自改变无障碍设施的用途或者非法占用、损坏无障碍设施。"这是以无障碍设施责任主体为标准，对行政责任作出了规范。第七十一条规定："违反本法规定，造成人身损害、财产损失的，依法承担民事责任；构成犯罪的，依法追究刑事责任。"为明确无障碍法律责任兼具民事和刑事责任提供了法律依据。

第一，行政责任是行政法律关系主体违反行政法律规范或不适当履行行政法律义务所产生的否定性法律后果[1]。行政立法一方面侧重对不履行义务主体的制裁，另一方面规定了大量的政府责任。无障碍环境建设是为了保障残疾人、老年人和其他特殊群体的权利，确保其正常生活，具有公益性质，国家需要通过行政立法对此予以保障。保障可以分为两个方面，一方面，无障碍环境建设的各个环节都需要政府积极地履行职责，无障碍环境建设需要政府资金投入、项目审批、监督管理等，这些规定的落实主要是靠行政责任保障；另一方面，无障碍环境建设的立法会形成一种行政管理秩序，相关义务主体违反相关规定，不仅会对他人人身、财产造成损害，还会侵害这种行政管理秩序，需要通过行政手段予以制裁。

第二，刑事责任必须由刑法予以规定。某些严重违反法律、法规关于无障碍环境建设的强制性规定的行为，具有严重的社会危害性，需要在法律上予以追究。基于罪刑法定原则，这些应该由刑法予以规定。因而在无

---

[1] 张志勇. 行政法律责任探析 [M]. 上海：学林出版社，2007：6.

障碍环境建设立法中，对于严重违反法律规定，构成犯罪的，应当依照刑法的有关规定，追究刑事责任。

第三，民事责任更强调补偿性和任意性，侧重对受到侵害的财产关系、人身关系予以恢复和补救；行政责任的规定则侧重对不履行相关义务的主体予以制裁。现实中往往会出现责任的竞合现象，如对无障碍设施的侵占，一方面可能会引发行政责任，由行政机关予以相应的行政制裁；另一方面会引发民事责任，由权利人要求侵权人承担相应的民事责任，如赔偿、恢复原状等。

民事责任与刑事责任的承担完全可以参照民法和刑法的一般规定，在行政法规中予以规定主要是为了特别强调。而行政责任则是针对无障碍环境建设中各种具体违法情形所课以的义务，这种情形最具普遍性和多发性，因而关于无障碍环境建设的法律责任主要是一种行政责任。现实中对违反无障碍环境建设规定的主体可能会课以行政责任、民事责任或刑事责任，这主要体现在法律、法规之间的协调配合上，由不同位阶、不同部门的法律、法规分别规定各自的责任，相互统一，共同筑建保障无障碍环境建设的责任体系。

三、明确了建造主体法律责任

《残疾人保障法》第五十三条第 2 款规定："新建、改建和扩建建筑物、道路、交通设施等，应当符合国家有关无障碍设施工程建设标准。"第六十六条规定："违反本法规定，新建、改建和扩建建筑物、道路、交通设施，不符合国家有关无障碍设施工程建设标准，或者对无障碍设施未进行及时维修和保护造成后果的，由有关主管部门依法处理。"第六十四条规定："工程建设、设计、施工、监理单位未按照本法规定进行建设、设计、施工、监理的，由住房和城乡建设、民政、交通运输等相关主管部门责令限期改正；逾期未改正的，依照相关法律法规的规定进行处罚。"

新建、改建、扩建的公共建筑、城市道路、居住小区、居住建筑等建设项目，从建设规划设计、施工建设到竣工验收，各个环节都涉及相关主体在无障碍设施建设上的法律义务。任何立法要想成为现实的受人遵守的法律秩序，必须协调和平衡相互冲突的利益，做到公益和私益的兼顾、社会强者和弱者利益的协调。这就要求法律义务和法律责任的分担要公正合理，符合效益原则，不能过分抑制一方的利益，不能苛求。无障碍设施建设，对于建设单位来说，表面上看是一种不利的负担，意味着建设项目参与各方在建设中将投入更多的资金、技术、施工时间等成本。但事实上，建设单位的这些成本是可以转嫁给社会承担的。无障碍设施的建设经费可纳入建设资金中，计入建设成本，分摊在建筑物出售、出租等物业交易中，由整个社会来承担。而建设项目一旦建成，再进行无障碍设施改造，必将投入更大的成本。这符合效益原则的要求，同时也实现了社会整体实现无障碍公共利益和建设项目参与单位利益的协调。因此，无障碍设施建设必须遵循同步规划、同步设计、同步施工、同步验收、同步交付使用的"五同步"原则。从无障碍环境建设的立法目的出发，无障碍环境建设就是要实现残疾人、老年人等群体自主、安全、便利地通行建筑物、通道等。作为建筑、通道的设计者、建设者，他们最有能力也最便宜地能以最小的经济成本达到上述立法目的。因此，无障碍设施的建设责任，必然要由无障碍设施所附属的建设项目的参与主体来承担。

　　一项建设项目的参与主体包括建设单位、设计单位、施工单位、工程监理单位，只有建设项目的建设单位、设计单位、施工单位和监理单位，按照无障碍环境建设的规范和标准，在建设项目的设计、施工、监理、竣工验收等各个环节各司其职，严格把握，才能完满地实现无障碍设施建设。具体来说，建设项目的设计单位有义务按照《建筑与市政工程无障碍通用规范》《无障碍设计规范》的要求进行项目设计；施工单位有义务按照经政府规划行政许可部门审核的规划设计、施工图设计文件和国家有关施工规范、标准，进行无障碍设施施工；建设单位在施工单位交付竣工验收时，应对无障碍设施一并进行验收，并将含有无障碍设施验收合格的竣工验收报告报相关部门备案。以上单位的法律义务在各地方政府制定的规章中都得到了体现。但是对于工程监理单位的法律义务和责任，目前各地方政府规章少有规定。鉴于无障碍设施建设的"五同步"原则要求，以及相较于无障碍设施改造所需的巨大成本和工程监理单位督促施工单位依照无障碍施工设计图纸、施工图纸进行施工的可控性，有必要在立法中规定工程监理单位在工程施工监理中就实现工程无障碍设施建设的法律义务。

与法律义务相对应的是不履行法律义务产生的法律责任。法律责任的设定更为复杂，更易受到社会经济条件、政府职能部门监管执法等因素的影响。法律责任的轻重幅度，必须恰到好处，以起到处罚、警示的作用。对于法律中可规定的行政责任的种类和幅度，需要以《立法法》《行政处罚法》《残疾人保障法》等法律为基础，同时贯彻国务院《行政法规制定程序条例》中制定的有关原则和要求加以细化。《行政处罚法》第八条规定了行政处罚的具体种类；根据《立法法》的规定，除限制人身自由的行政拘留外，可以规定警告、罚款、没收违法所得、没收非法财物、责令停产停业、暂扣或者吊销许可证、暂扣或者吊销执照或其他任何处罚措施。

对于建设项目的参与各方，警告也好，罚款也罢，可能更多是立法者的权衡和考量，具体的处罚措施也可以援引国务院《建设工程质量管理条例》。但是，责令限期改正或者警告，似乎不痛不痒；罚款数额受到限制，且可能只是抵消了无障碍设施建设所应投入的成本；没收非法财物、责令停产停业似乎又没有适用的空间。真正能对建设项目参与各方构成实质性威慑的，是取消其获得相关建设许可、撤销其主体资格、撤销或者减低其相应资质。因此，应特别强调在建设项目的规划许可、施工许可、竣工验收备案过程中，行政主管部门对无障碍设施配套设计、施工建设的审核。对于不符合无障碍设施建设规范和标准的，可赋予主管部门拒绝核发相应许可证的职权。换个角度看，这同样也是建设责任主体所承担的不利后果。事前审批和事后处罚相互结合，必能确保设计单位、施工单位、建设单位和监理单位履行自己的义务，按照法律规定和相关标准进行无障碍环境建设。

四、明确了改造主体的责任

该责任是关于无障碍设施的所有人或使用人不履行维护义务时应当承担的法律责任。无障碍设施能够正常使用有赖于正常维护。无障碍设施的建立、维护根本上是为了保障残疾人、老年人等特殊群体的权利，使其能够正常地参与社会生活。维护管理不当往往不能满足这些使用人的需求，相反还可能对其人身、财产造成损害。无障碍设施的维护管理责任人应当对无障碍设施进行维护和管理，确保无障碍设施正常使用。无障碍设施无法正常使用或存在安全隐患的，责任人应当及时修复。责任人维护管理不当造成使用人人身、财产损害的，应当依据相关法律承担赔偿责任。规定维护主体的责任，有利于明确维护无障碍设施的责任人，避免维护过程中相互推诿、不履行责任现象的产生。《残疾人保障法》和《无障碍环境建设条例》均明确，无障碍设施的所有权人和管理人，应当对无障碍设施进行保护，有损毁或者故障及时进行维修，确保无障碍设施能正常使用。无障碍设施的所有权人或者管理人对无障碍设施未进行保护或者及时维修，导致无法正常使用的，由有关主管部门责令限期维修；造成使用人人身、财产损害的，无障碍设施的所有权人或者管理人应当承担赔偿责任。

维护管理责任主体是指公共建筑、居住建筑、城市道路和居民区内道路、公共绿地、公共服务设施的所有人；所有权人、管理人和使用人之间约定维护管理责任的，由约定的责任人负责。原因在于，所有权人对无障碍设施享有占有、使用、收益、处分的完全权利，为了保证无障碍设施的正常使用，需要由其负担日常的维护和管理义务；当所有权人与实际使用人不一致时，可以由所有人、管理人和使用人约定具体的责任归属。一般情况下，该主体是无障碍设施的所有人或使用人，但在政府作为所有人时，还需明确具体的责任主体，确保责任落实到具体部门。

无障碍设施的维护包括养护和维修两个组成部分。养护主要是针对无障碍设施的日常性工作，保证无障碍设施处于良好的状态，确保能够正常使用；维修则是当无障碍设施出现部分损坏或出现某些隐患时，及时地进行修复或修正，恢复无障碍的功能或消除存在的隐患。

无障碍设施的维护管理人不履行日常养护和维修责任，致使无障碍设施无法正常使用的，应当由有关行政部门责令限期改正。改正的方式应当以补救性为主，即主要是在政府的监督下按规定进行养护和维修，保证无障碍设施的正常使用。只要能够保证无障碍设施的正常使用，维护管理人的义务即已履行，不应课以更多的责任。

无障碍设施的维护管理人因维护管理不当造成使用人人身、财产损害的，属于一般的民事侵权，维护管理人应当依据《民法典》等相关法律承担相应的赔偿责任。

五、丰富了信息无障碍的法律责任

信息无障碍是当下社会面临的最大挑战。信息无障碍要求任何社会成员（无论是健全人还是残疾人，无论是年轻人还是老年人）在任何情况下都能平等、方便、无障碍地获取信息和利用信息。残疾人的信息无障碍权是国际公约明确规定的人权的一种，是指残疾人平等、方便、无障碍地获取、接受、传递各类信息的权利[①]，有效保障残疾人的信息无障碍权，必须保证残疾人与普通人一样有平等地获取和利用信息的权利，让残疾人更加容易使用传统的信息传播方式，如电视字幕、手语、盲文等；也要让残疾人熟悉现代信息技术，包括计算机、网络等。

信息无障碍权的实现义务主体也由我国法律与行政法规所明确，《残疾人保障法》和《无障碍环境建设条例》都明确了残疾人信息无障碍权的义务主体是国家。不过，《残疾人保障法》虽然明确提出了信息无障碍，但在实际操作过程中，由于规定得太宽泛，无法具体实施，没有可操作性，很难真正落实。国务院制定的《无障碍环境建设条例》明确规定政府实现残疾人信息无障碍的义务，比如提出了人民政府应当把信息无障碍建设纳入政府工作计划，应当把政府网站和残疾人组织的网站建成无障碍网站等，第三章"无障碍信息交流"第二十一条、第二十四条对电视台加配手语字幕作出了规定。《无障碍环境建设条例》指明了信息无障碍的义务主体，阐述了信息无障碍权利的具体内容，是我国信息无障碍立法的一大进步，但却并未明确政府及残疾人组织网站实施无障碍改造的时间表，没有规定法律责任，所以部分需要改造的网站至今仍然没有进行改造。

为此，《无障碍环境建设法》专章规定了"无障碍信息交流"，从责任主体到用户终端、从手语字幕到音频视频提出全面要求，既要求政府及其有关部门在提供公共信息、发布突发事件信息时应采取无障碍方式，也规范影视节目、图书报刊、网络应用、硬件终端、电信业务、公共图书馆等的无障碍信息；既关注药品说明书的无障碍信息配置，也对通用手语、

---

① 杨飞. 论残疾人的信息无障碍权 [J]. 河南财经政法大学学报，2013（2）.

通用盲文的推广和使用提出要求。互联网门户网站、公共服务平台越来越多地介入人们的日常生活，互联网和服务平台的信息无障碍也成为人们的迫切需要。立法要求互联网网站和移动互联网应用程序要符合国家信息无障碍标准，提供无障碍信息以及服务；要求公共服务终端设备具备语音、大字、盲文等无障碍功能，从而保障人人都能享有生活的自主和便利。

《无障碍环境建设法》第六十六条"违反本法规定，不依法履行无障碍信息交流义务的，由网信、工业和信息化、电信、广播电视、新闻出版等相关主管部门责令限期改正；逾期未改正的，予以通报批评"和第六十七条"电信业务经营者不依法提供无障碍信息服务的，由电信主管部门责令限期改正；逾期未改正的，处一万元以上十万元以下罚款"的规定明确了责任主体和责任内容，并设定了法律责任的实施方式，为负有履行无障碍信息交流义务者以及电信业务经营者依法履行信息无障碍建设提供了法律保障。

六、明确了公共社会服务无障碍的法律责任

社会服务关系既关系到人们的生活与工作，也关系到人们的日常需求与特殊需要。立法规定国家机关和具有管理公共事务职能的组织要配备无障碍设备和辅助器具，提供无障碍服务。司法机关要为有无障碍需求的社会成员参加诉讼活动提供无障碍服务。交通运输设施和公共交通运输工具的运营单位要为有无障碍需求的社会成员设置无障碍窗口、专用等候区域、绿色通道和优先坐席，提供辅助器具、咨询引导、字幕报站、语音提示、预约定制等无障碍服务。教育行政部门要加强教育场所的无障碍环境建设，教育考试要为有无障碍需求的考生提供便利。医疗卫生机构要为有无障碍需求的社会成员就医提供便利。为残疾人、老年人、未成年人服务的机构要有无障碍设施，在生活照料、康复护理等方面提供无障碍服务。

为此，《无障碍环境建设法》第六十八条规定："负有公共服务职责的部门和单位未依法提供无障碍社会服务的，由本级人民政府或者上级主管部门责令限期改正；逾期未改正的，对直接负责的主管人员和其他直接责任人员依法给予处分。"该责任是相关机构、部门、单位在不履行公共服

务无障碍的义务时所应承担的责任。在公共服务机构和残疾人参加选举、考试等情形下，为了保障残疾人、老年人及其他特殊群体享受与正常人一样的权利，需要相关机构、部门、单位提供相应的服务便利，满足公共服务无障碍的要求。文化、旅游、体育、金融、邮政、电信、交通、商业、餐饮、住宿、物业管理等服务场所结合所提供的服务内容，为残疾人、老年人提供辅助器具、咨询引导等无障碍服务。

首先，公共服务机构的公益性要求它们及其工作人员要为残疾人、老年人及其他有特殊需求的人提供无障碍服务。在具体实施过程中，需要公共服务机构对其工作人员进行必要的无障碍服务意识和技能的培训。

其次，在国家机关、人民团体、社会组织、村民（居民）委员会等组织的选举中，如有残疾人参加，应为残疾人平等行使选举权创造条件，提供无障碍选举场所，工作人员提供必要的协助，有条件的应为盲人提供盲文选票。

最后，国家、地方举办的各类升学考试、职业资格考试、企事业单位录用考试和任职考试应为残疾人考生提供无障碍服务。有盲人参加的，应当为盲人提供盲文试卷、电子试卷或者由专门工作人员予以协助。《无障碍环境建设法》第六十九条特别规定了"考试举办者、组织者未依法向有残疾的考生提供便利服务的，由本级人民政府或者上级主管部门予以批评并责令改正；拒不改正的，对直接负责的主管人员和其他直接责任人员依法给予处分"，用来保障考试这一具有重大特殊意义活动中的无障碍实现。该条规定了相关机构、部门、单位未提供无障碍服务便利时法律上的处理措施。该责任的主体表述为相关机构、部门、单位，范围较广，由于政府部门有单独的责任，此处的主体主要为政府以外从事公共服务的机构、部门和单位。具体情形如上文所述，包括公共服务无障碍、选举无障碍、考试无障碍等内容。

关于责任方式，考虑到无障碍公共服务的特殊性，其涉及部门较广，各行各业都有涵盖，很难用一个统一的标准规定，对已有标准的要按照标准进行，未有标准的以提倡为主。具体到个案中，应当由相关主管部门责令其改正，并要求其采取补救措施。

七、强调了一般社会主体的责任

该责任是关于社会一般主体，包括普通公民或单位，非法占用、损坏无障碍设施或改变其用途时所应承担的法律责任。现实生活中，许多无障碍设施如盲道等被无序停放的车辆和街边的小商贩等非法占用，给残疾人的出行带来诸多不便。为了解决类似的问题，需要明确一般主体的责任。任何单位和个人都应当爱护无障碍设施，不得非法占用、损坏无障碍设施或者改变其用途，以避免在日常生活中对无障碍设施的侵害。

首先，基于物权保护制度，任何人都负有不得侵害物权的义务。无障碍设施的所有权人和使用人对其享受占有、使用、收益和处分的权利，同时负有维护的义务，以保障残疾人等弱势群体的使用，其他社会主体不得侵害。占用、毁坏无障碍设施侵害了其所有人及使用人的物权，依照民法关于物权保护的制度，应当承担相应的民事责任，如消除危险、排除妨害、恢复原状、赔偿损害等。

其次，侵害无障碍设施的行为，还侵害了国家对无障碍设施的管理制度，应当承担相应的行政责任。行政部门发现占用、损坏无障碍设施的，应责令其停止侵害，对不服从管理或故意毁坏公私财物等行为，尚不构成犯罪的，可以处以行政处罚，包括警告、拘留或者罚款等。

最后，非法占用、损坏无障碍设施情节严重的，可能会构成《刑法》中规定的故意毁坏财物罪，应当受到刑事处罚。

在无障碍环境建设立法中明确该责任，除了用强制力确保无障碍设施的使用，保障残疾人权利外，还有一种宣示作用。现实中，普通公民对无障碍设施的侵害，尤其是占用行为，往往并非出自故意。这些侵占的主体往往不清楚所占之处为无障碍设施，或者占用行为是违法行为，以为就是公共场所。因此，明确该责任可以提醒社会大众注重对无障碍设施的维护，避免侵害无障碍设施。

普通的公民或组织实施了非法占用、损坏或改变无障碍设施用途的行为，就要承担该项责任。其中非法占用是为了区别现实生活中的合理占用。在一些特殊情况下，可能会对无障碍设施进行临时占用，如在城市建设过程中或者举办大型群众性活动，需要临时占用城市道路，此时应当尽量避免占用无障碍设施。

合理的临时占用在立法中应当予以明确，并且必须有严格的审批条件，用一种程序性的规定对合理的临时占用进行规制。对确需占用无障碍设施的，必须经有关部门依法批准，并且设置警示标志或者信号设施。占用期满，占用单位必须及时恢复无障碍设施的原状。

造成损失所应承担的民事责任，构成犯罪所应承担的刑事责任，都属于一般性责任；民事责任按照一般请求权保护制度对请求权人予以赔偿，刑事责任按照所构成的犯罪的具体构成要件予以处罚。

对无障碍设施的侵害，一般情况下存在民事责任、行政责任和刑事责任。这些责任可能竞合，也可能并存适用。民事责任一般是当事人之间产生的，由权利人要求侵害人停止侵害、恢复原状等，侵害人拒不负责的，可以起诉到法院，强制要求其履行。对于损坏无障碍设施情节严重的，应当依据《刑法》，按照故意毁坏财产罪定罪量刑。对于行政责任部分，一般情况下，当事人占用和损坏的行为并非出自故意，对此不应课以过重的责任，应以补救性责任为主，由行政机关责令其停止侵害行为并恢复原状。

上述行为只是对一般行政管理秩序的违反，社会危害性不大，因此对责任人的处罚主要应以罚款为主；又由于并非针对经济违法行为的处罚，而是通过对责任人的财产处罚使其承担不利的惩罚性后果，起到预防和惩罚的作用，因此处罚幅度不宜太大。罚款的幅度可以根据1996年国务院颁布的《关于贯彻实施〈中华人民共和国行政处罚法〉的意见》来设定：国务院各部门制定的规章对非经营活动中的违法行为设定罚款不得超过1000元；对经营活动中的违法行为，有违法所得的，设定罚款不得超过违法所得的3倍，但是最高不得超过30000元，没有违法所得的，设定罚款不得超过10000元；超过上述限额的，应当报国务院批准。

综上，关于一般社会主体的责任可以归纳如下：当事人非法占用、损坏无障碍设施的，应当由有关行政部门责令其改正；当事人拒不改正或情节严重的，应当对其处以罚款。造成损失的，应当承担赔偿责任；构成犯罪的，应当依法追究其刑事责任。

此外，现实生活中，对无障碍设施占用最为普遍的当属机动车对盲道的占用情况。究其原因，当然与停车位、停车场的相对不足有关，但无论如何，都不能在盲道处停车，否则会对残疾人、老年人和其他特殊群体的出行带来极大的不便，因而必须明确其责任。机动车占用盲道的，不仅违反了道路交通管理秩序，还侵犯了无障碍设施的管理秩序，应当由公安交通行政主管部门依据《道路交通安全法》违章停车的规定从重处罚。

(李静，中国劳动关系学院法学院讲师)

附 录

中华人民共和国主席令

第六号

《中华人民共和国无障碍环境建设法》已由中华人民共和国第十四届全国人民代表大会常务委员会第三次会议于 2023 年 6 月 28 日通过,现予公布,自 2023 年 9 月 1 日起施行。

中华人民共和国主席 习近平

2023 年 6 月 28 日

中华人民共和国无障碍环境建设法

(2023年6月28日第十四届全国人民代表大会
常务委员会第三次会议通过)

目 录

第一章 总 则

第二章 无障碍设施建设

第三章 无障碍信息交流

第四章 无障碍社会服务

第五章 保障措施

第六章 监督管理

第七章 法律责任

第八章 附 则

第一章 总 则

第一条 为了加强无障碍环境建设，保障残疾人、老年人平等、充分、便捷地参与和融入社会生活，促进社会全体人员共享经济社会发展成果，弘扬社会主义核心价值观，根据宪法和有关法律，制定本法。

第二条 国家采取措施推进无障碍环境建设，为残疾人、老年人自主安全地通行道路、出入建筑物以及使用其附属设施、搭乘公共交通运输工具，获取、使用和交流信息，获得社会服务等提供便利。

残疾人、老年人之外的其他人有无障碍需求的，可以享受无障碍环境便利。

第三条 无障碍环境建设应当坚持中国共产党的领导，发挥政府主导作用，调动市场主体积极性，引导社会组织和公众广泛参与，推动全社会共建共治共享。

第四条 无障碍环境建设应当与适老化改造相结合，遵循安全便利、实用易行、广泛受益的原则。

第五条　无障碍环境建设应当与经济社会发展水平相适应，统筹城镇和农村发展，逐步缩小城乡无障碍环境建设的差距。

第六条　县级以上人民政府应当将无障碍环境建设纳入国民经济和社会发展规划，将所需经费纳入本级预算，建立稳定的经费保障机制。

第七条　县级以上人民政府应当统筹协调和督促指导有关部门在各自职责范围内做好无障碍环境建设工作。

县级以上人民政府住房和城乡建设、民政、工业和信息化、交通运输、自然资源、文化和旅游、教育、卫生健康等部门应当在各自职责范围内，开展无障碍环境建设工作。

乡镇人民政府、街道办事处应当协助有关部门做好无障碍环境建设工作。

第八条　残疾人联合会、老龄协会等组织依照法律、法规以及各自章程，协助各级人民政府及其有关部门做好无障碍环境建设工作。

第九条　制定或者修改涉及无障碍环境建设的法律、法规、规章、规划和其他规范性文件，应当征求残疾人、老年人代表以及残疾人联合会、老龄协会等组织的意见。

第十条　国家鼓励和支持企业事业单位、社会组织、个人等社会力量，通过捐赠、志愿服务等方式参与无障碍环境建设。

国家支持开展无障碍环境建设工作的国际交流与合作。

第十一条　对在无障碍环境建设工作中做出显著成绩的单位和个人，按照国家有关规定给予表彰和奖励。

第二章　无障碍设施建设

第十二条　新建、改建、扩建的居住建筑、居住区、公共建筑、公共场所、交通运输设施、城乡道路等，应当符合无障碍设施工程建设标准。

无障碍设施应当与主体工程同步规划、同步设计、同步施工、同步验收、同步交付使用，并与周边的无障碍设施有效衔接、实现贯通。

无障碍设施应当设置符合标准的无障碍标识，并纳入周边环境或者建筑物内部的引导标识系统。

第十三条　国家鼓励工程建设、设计、施工等单位采用先进的理念和技术，建设人性化、系统化、智能化并与周边环境相协调的无障碍设施。

第十四条　工程建设单位应当将无障碍设施建设经费纳入工程建设项目概预算。

工程建设单位不得明示或者暗示设计、施工单位违反无障碍设施工程建设标准；不得擅自将未经验收或者验收不合格的无障碍设施交付使用。

第十五条　工程设计单位应当按照无障碍设施工程建设标准进行设计。

依法需要进行施工图设计文件审查的，施工图审查机构应当按照法律、法规和无障碍设施工程建设标准，对无障碍设施设计内容进行审查；不符合有关规定的，不予审查通过。

第十六条　工程施工、监理单位应当按照施工图设计文件以及相关标准进行无障碍设施施工和监理。

住房和城乡建设等主管部门对未按照法律、法规和无障碍设施工程建设标准开展无障碍设施验收或者验收不合格的，不予办理竣工验收备案手续。

第十七条　国家鼓励工程建设单位在新建、改建、扩建建设项目的规划、设计和竣工验收等环节，邀请残疾人、老年人代表以及残疾人联合会、老龄协会等组织，参加意见征询和体验试用等活动。

第十八条　对既有的不符合无障碍设施工程建设标准的居住建筑、居住区、公共建筑、公共场所、交通运输设施、城乡道路等，县级以上人民政府应当根据实际情况，制定有针对性的无障碍设施改造计划并组织实施。

无障碍设施改造由所有权人或者管理人负责。所有权人、管理人和使用人之间约定改造责任的，由约定的责任人负责。

不具备无障碍设施改造条件的，责任人应当采取必要的替代性措施。

第十九条　县级以上人民政府应当支持、指导家庭无障碍设施改造。对符合条件的残疾人、老年人家庭应当给予适当补贴。

居民委员会、村民委员会、居住区管理服务单位以及业主委员会应当支持并配合家庭无障碍设施改造。

第二十条　残疾人集中就业单位应当按照有关标准和要求，建设和改造无障碍设施。

国家鼓励和支持用人单位开展就业场所无障碍设施建设和改造，为残疾人职工提供必要的劳动条件和便利。

第二十一条　新建、改建、扩建公共建筑、公共场所、交通运输设施以及居住区的公共服务设施，应当按照无障碍设施工程建设标准，配套建设无障碍设施；既有的上述建筑、场所和设施不符合无障碍设施工程建设标准的，应当进行必要的改造。

第二十二条　国家支持城镇老旧小区既有多层住宅加装电梯或者其他无障碍设施，为残疾人、老年人提供便利。

县级以上人民政府及其有关部门应当采取措施、创造条件，并发挥社区基层组织作用，推动既有多层住宅加装电梯或者其他无障碍设施。

房屋所有权人应当弘扬中华民族与邻为善、守望相助等传统美德，加强沟通协商，依法配合既有多层住宅加装电梯或者其他无障碍设施。

第二十三条　新建、改建、扩建和具备改造条件的城市主干路、主要商业区和大型居住区的人行天桥和人行地下通道，应当按照无障碍设施工程建设标准，建设或者改造无障碍设施。

城市主干路、主要商业区等无障碍需求比较集中的区域的人行道，应当按照标准设置盲道；城市中心区、残疾人集中就业单位和集中就读学校周边的人行横道的交通信号设施，应当按照标准安装过街音响提示装置。

第二十四条　停车场应当按照无障碍设施工程建设标准，设置无障碍停车位，并设置显著标志标识。

无障碍停车位优先供肢体残疾人驾驶或者乘坐的机动车使用。优先使用无障碍停车位的，应当在显著位置放置残疾人车辆专用标志或者提供残疾人证。

在无障碍停车位充足的情况下，其他行动不便的残疾人、老年人、孕妇、婴幼儿等驾驶或者乘坐的机动车也可以使用。

第二十五条　新投入运营的民用航空器、客运列车、客运船舶、公共汽电车、城市轨道交通车辆等公共交通运输工具，应当确保一定比例符合无障碍标准。

既有公共交通运输工具具备改造条件的，应当进行无障碍改造，逐步符合无障碍标准的要求；不具备改造条件的，公共交通运输工具的运营单位应当采取必要的替代性措施。

县级以上地方人民政府根据当地情况，逐步建立城市无障碍公交导乘系统，规划配置适量的无障碍出租汽车。

第二十六条　无障碍设施所有权人或者管理人应当对无障碍设施履行以下维护和管理责任，保障无障碍设施功能正常和使用安全：

（一）对损坏的无障碍设施和标识进行维修或者替换；

（二）对需改造的无障碍设施进行改造；

（三）纠正占用无障碍设施的行为；

（四）进行其他必要的维护和保养。

所有权人、管理人和使用人之间有约定的，由约定的责任人负责维护和管理。

第二十七条　因特殊情况设置的临时无障碍设施，应当符合无障碍设施工程建设标准。

第二十八条　任何单位和个人不得擅自改变无障碍设施的用途或者非法占用、损坏无障碍设施。

因特殊情况临时占用无障碍设施的，应当公告并设置护栏、警示标志或者信号设施，同时采取必要的替代性措施。临时占用期满，应当及时恢复原状。

第三章　无障碍信息交流

第二十九条　各级人民政府及其有关部门应当为残疾人、老年人获取公共信息提供便利；发布涉及自然灾害、事故灾难、公共卫生事件、社会安全事件等突发事件信息时，条件具备的同步采取语音、大字、盲文、手语等无障碍信息交流方式。

第三十条　利用财政资金设立的电视台应当在播出电视节目时配备同步字幕，条件具备的每天至少播放一次配播手语的新闻节目，并逐步扩大配播手语的节目范围。

国家鼓励公开出版发行的影视类录像制品、网络视频节目加配字幕、手语或者口述音轨。

第三十一条　国家鼓励公开出版发行的图书、报刊配备有声、大字、盲文、电子等无障碍格式版本，方便残疾人、老年人阅读。

国家鼓励教材编写、出版单位根据不同教育阶段实际，编写、出版盲文版、低视力版教学用书，满足盲人和其他有视力障碍的学生的学习需求。

第三十二条　利用财政资金建立的互联网网站、服务平台、移动互联网应用程序，应当逐步符合无障碍网站设计标准和国家信息无障碍标准。

国家鼓励新闻资讯、社交通讯、生活购物、医疗健康、金融服务、学习教育、交通出行等领域的互联网网站、移动互联网应用程序，逐步符合无障碍网站设计标准和国家信息无障碍标准。

国家鼓励地图导航定位产品逐步完善无障碍设施的标识和无障碍出行路线导航功能。

第三十三条　音视频以及多媒体设备、移动智能终端设备、电信终端设备制造者提供的产品，应当逐步具备语音、大字等无障碍功能。

银行、医院、城市轨道交通车站、民用运输机场航站区、客运站、客运码头、大型景区等的自助公共服务终端设备，应当具备语音、大字、盲文等无障碍功能。

第三十四条　电信业务经营者提供基础电信服务时，应当为残疾人、老年人提供必要的语音、大字信息服务或者人工服务。

第三十五条　政务服务便民热线和报警求助、消防应急、交通事故、医疗急救等紧急呼叫系统，应当逐步具备语音、大字、盲文、一键呼叫等无障碍功能。

第三十六条　提供公共文化服务的图书馆、博物馆、文化馆、科技馆等应当考虑残疾人、老年人的特点，积极创造条件，提供适合其需要的文献信息、无障碍设施设备和服务等。

第三十七条　国务院有关部门应当完善药品标签、说明书的管理规范，要求药品生产经营者提供语音、大字、盲文、电子等无障碍格式版本的标签、说明书。

国家鼓励其他商品的生产经营者提供语音、大字、盲文、电子等无障碍格式版本的标签、说明书，方便残疾人、老年人识别和使用。

第三十八条　国家推广和使用国家通用手语、国家通用盲文。

基本公共服务使用手语、盲文以及各类学校开展手语、盲文教育教学时，应当采用国家通用手语、国家通用盲文。

第四章　无障碍社会服务

第三十九条　公共服务场所应当配备必要的无障碍设备和辅助器具，标注指引无障碍设施，为残疾人、老年人提供无障碍服务。

公共服务场所涉及医疗健康、社会保障、金融业务、生活缴费等服务事项的，应当保留现场指导、人工办理等传统服务方式。

第四十条　行政服务机构、社区服务机构以及供水、供电、供气、供热等公共服务机构，应当设置低位服务台或者无障碍服务窗口，配备电子信息显示屏、手写板、语音提示等设备，为残疾人、老年人提供无障碍服务。

第四十一条　司法机关、仲裁机构、法律援助机构应当依法为残疾人、老年人参加诉讼、仲裁活动和获得法律援助提供无障碍服务。

国家鼓励律师事务所、公证机构、司法鉴定机构、基层法律服务所等法律服务机构，结合所提供的服务内容提供无障碍服务。

第四十二条　交通运输设施和公共交通运输工具的运营单位应当根据各类运输方式的服务特点，结合设施设备条件和所提供的服务内容，为残疾人、老年人设置无障碍服务窗口、专用等候区域、绿色通道和优先坐席，提供辅助器具、咨询引导、字幕报站、语音提示、预约定制等无障碍服务。

第四十三条　教育行政部门和教育机构应当加强教育场所的无障碍环境建设，为有残疾的师生、员工提供无障碍服务。

国家举办的教育考试、职业资格考试、技术技能考试、招录招聘考试以及各类学校组织的统一考试，应当为有残疾的考生提供便利服务。

第四十四条　医疗卫生机构应当结合所提供的服务内容，为残疾人、老年人就医提供便利。

与残疾人、老年人相关的服务机构应当配备无障碍设备，在生活照料、康复护理等方面提供无障碍服务。

第四十五条　国家鼓励文化、旅游、体育、金融、邮政、电信、交通、商业、餐饮、住宿、物业管理等服务场所结合所提供的服务内容，为残疾人、老年人提供辅助器具、咨询引导等无障碍服务。

国家鼓励邮政、快递企业为行动不便的残疾人、老年人提供上门收寄服务。

第四十六条　公共场所经营管理单位、交通运输设施和公共交通运输工具的运营单位应当为残疾人携带导盲犬、导听犬、辅助犬等服务犬提供便利。

残疾人携带服务犬出入公共场所、使用交通运输设施和公共交通运输工具的，应当遵守国家有关规定，为服务犬佩戴明显识别装备，并采取必要的防护措施。

第四十七条　应急避难场所的管理人在制定以及实施工作预案时，应当考虑残疾人、老年人的无障碍需求，视情况设置语音、大字、闪光等提示装置，完善无障碍服务功能。

第四十八条　组织选举的部门和单位应当采取措施，为残疾人、老年人选民参加投票提供便利和必要协助。

第四十九条　国家鼓励和支持无障碍信息服务平台建设，为残疾人、老年人提供远程实时无障碍信息服务。

第五章　保障措施

第五十条　国家开展无障碍环境理念的宣传教育，普及无障碍环境知识，传播无障碍环境文化，提升全社会的无障碍环境意识。

新闻媒体应当积极开展无障碍环境建设方面的公益宣传。

第五十一条　国家推广通用设计理念，建立健全国家标准、行业标准、地方标准，鼓励发展具有引领性的团体标准、企业标准，加强标准之间的衔接配合，构建无障碍环境建设标准体系。

地方结合本地实际制定的地方标准不得低于国家标准的相关技术要求。

第五十二条　制定或者修改涉及无障碍环境建设的标准，应当征求残疾人、老年人代表以及残疾人联合会、老龄协会等组织的意见。残疾人联合会、老龄协会等组织可以依法提出制定或者修改无障碍环境建设标准的建议。

第五十三条　国家建立健全无障碍设计、设施、产品、服务的认证和无障碍信息的评测制度，并推动结果采信应用。

第五十四条　国家通过经费支持、政府采购、税收优惠等方式，促进新科技成果在无障碍环境建设中的运用，鼓励无障碍技术、产品和服务的研发、生产、应用和推广，支持无障碍设施、信息和服务的融合发展。

第五十五条　国家建立无障碍环境建设相关领域人才培养机制。

国家鼓励高等学校、中等职业学校等开设无障碍环境建设相关专业和课程，开展无障碍环境建设理论研究、国际交流和实践活动。

建筑、交通运输、计算机科学与技术等相关学科专业应当增加无障碍环境建设的教学和实践内容，相关领域职业资格、继续教育以及其他培训的考试内容应当包括无障碍环境建设知识。

第五十六条　国家鼓励机关、企业事业单位、社会团体以及其他社会组织，对工作人员进行无障碍服务知识与技能培训。

第五十七条　文明城市、文明村镇、文明单位、文明社区、文明校园等创建活动，应当将无障碍环境建设情况作为重要内容。

第六章　监督管理

第五十八条　县级以上人民政府及其有关主管部门依法对无障碍环境建设进行监督检查，根据工作需要开展联合监督检查。

第五十九条　国家实施无障碍环境建设目标责任制和考核评价制度。县级以上地方人民政府根据本地区实际，制定具体考核办法。

第六十条　县级以上地方人民政府有关主管部门定期委托第三方机构开展无障碍环境建设评估，并将评估结果向社会公布，接受社会监督。

第六十一条　县级以上人民政府建立无障碍环境建设信息公示制度，定期发布无障碍环境建设情况。

第六十二条　任何组织和个人有权向政府有关主管部门提出加强和改进无障碍环境建设的意见和建议，对违反本法规定的行为进行投诉、举报。县级以上人民政府有关主管部门接到涉及无障碍环境建设的投诉和举报，应当及时处理并予以答复。

残疾人联合会、老龄协会等组织根据需要，可以聘请残疾人、老年人代表以及具有相关专业知识的人员，对无障碍环境建设情况进行监督。

新闻媒体可以对无障碍环境建设情况开展舆论监督。

第六十三条　对违反本法规定损害社会公共利益的行为，人民检察院可以提出检察建议或者提起公益诉讼。

第七章　法律责任

第六十四条　工程建设、设计、施工、监理单位未按照本法规定进行建设、设计、施工、监理的，由住房和城乡建设、民政、交通运输等相关主管部门责令限期改正；逾期未改正的，依照相关法律法规的规定进行处罚。

第六十五条　违反本法规定，有下列情形之一的，由住房和城乡建设、民政、交通运输等相关主管部门责令限期改正；逾期未改正的，对单位处一万元以上三万元以下罚款，对个人处一百元以上五百元以下罚款：

（一）无障碍设施责任人不履行维护和管理职责，无法保障无障碍设施功能正常和使用安全；

（二）设置临时无障碍设施不符合相关规定；

（三）擅自改变无障碍设施的用途或者非法占用、损坏无障碍设施。

第六十六条　违反本法规定，不依法履行无障碍信息交流义务的，由网信、工业和信息化、电信、广播电视、新闻出版等相关主管部门责令限期改正；逾期未改正的，予以通报批评。

第六十七条　电信业务经营者不依法提供无障碍信息服务的，由电信主管部门责令限期改正；逾期未改正的，处一万元以上十万元以下罚款。

第六十八条　负有公共服务职责的部门和单位未依法提供无障碍社会服务的，由本级人民政府或者上级主管部门责令限期改正；逾期未改正的，对直接负责的主管人员和其他直接责任人员依法给予处分。

第六十九条　考试举办者、组织者未依法向有残疾的考生提供便利服务的，由本级人民政府或者上级主管部门予以批评并责令改正；拒不改正的，对直接负责的主管人员和其他直接责任人员依法给予处分。

第七十条　无障碍环境建设相关主管部门、有关组织的工作人员滥用职权、玩忽职守、徇私舞弊的，依法给予处分。

第七十一条　违反本法规定，造成人身损害、财产损失的，依法承担民事责任；构成犯罪的，依法追究刑事责任。

第八章　附　则

第七十二条　本法自2023年9月1日起施行。

关于《中华人民共和国
无障碍环境建设法（草案）》的说明

——2022年10月27日在第十三届全国人民代表大会
常务委员会第三十七次会议上

全国人大社会建设委员会主任委员　何毅亭

委员长、各位副委员长、秘书长、各位委员：

我受全国人大社会建设委员会委托，作关于《中华人民共和国无障碍环境建设法（草案）》的说明。

一、立法的必要性和重大意义

无障碍环境建设是残疾人、老年人等群体权益保障的重要内容，对于促进社会融合和人的全面发展具有重要价值，党和国家一直高度重视。党的十八大以来，以习近平同志为核心的党中央就推动我国人权事业发展、加强残疾人和老年人等群体的权益保障、推进无障碍环境建设，作出一系列决策部署。习近平总书记明确指出，"无障碍设施建设问题是一个国家和社会文明的标志，我们要高度重视"，将无障碍环境建设的重要性提升到新的高度，为我们做好无障碍环境建设工作、开展相应立法指明了方向、提供了遵循。

我国的无障碍环境建设从上世纪80年代起步，2012年《无障碍环境建设条例》（以下简称《条例》）颁布实施后快速发展，为包括残疾人、老年人在内的全体社会成员参与融入社会生活、共享改革发展成果发挥了重要作用，展示了我国经济社会发展和人权保障的成就。但总的来看，我国的无障碍环境建设整体水平与经济社会发展成就尚不匹配，存在许多问题、面临亟待解决的困难：无障碍设施建设需求量大而迫切，不平衡不充分不系统特征明显；无障碍信息交流和无障碍社会服务远远不能满足当前人民群众的实际需要，"数字鸿沟"和"服务赤字"客观存在，与此同时，无障碍理念尚未深入人心、人才培养严重不足、建设资金来源渠道狭窄、管理体制不够完善，都在一定程度上制约着无障碍环境建设的健康发展。新时代人民群众对美好生活的向往和我国人口老龄化的加速发展，对无障碍环境建设提出了新的更高的要求。面对无障碍环境建设需求多样、基数庞大、主体多元的现实，《民法典》《残疾人保障法》《老年人权益保障法》等法律中对无障碍的相关规定失于零散、缺乏衔接，有的内容交叉重叠；《城乡规划法》《建筑法》《民用航空法》《铁路法》等与无障碍环境建设密切相关的法律中则没有直接涉及；现行《条例》位阶不高、规定较为原则、监管力度不足、约束力不强，已不适应形势发展的需要。迫切需要制定一部专门的法律，对无障碍环境建设进行集中规范。

这是坚持以人为本、尊重和保障人权的重要体现。我国现有残疾人约8500万，截至2021年底60岁及以上的老年人已有2.67亿，加上有无障碍需求的孕妇、儿童、伤病人员等，人数合计数亿人。加强无障碍环境建设，消除公共设施、交通出行、信息交流、社会服务等领域的障碍，使这些人平等参与到社会生活中，保障其生活尊严，提升其生活品质，是坚持以人民为中心的发展思想、落实宪法法律要求和党中央有关决策部署、推动我国人权事业进步的内在要求，也是我国履行《残疾人权利公约》等国际公约义务的重要内容，体现了国家的责任和社会的温情。

这是实施积极应对人口老龄化国家战略的必然要求。人口老龄化是未来很长一段时期内我国的基本国情，对经济社会发展的影响广泛而深远，劳动力减少、消费需求降低、创新动力不足可能是其中比较突出的方面。目前我国的残疾人中5900多万属于轻中度残疾，低龄老年人口中仅60—65岁年龄段的人数就有6700多万。加强无障碍环境建设，弥补残疾人、老年人等因身体机能部分缺失或退化产生的差异，可以便利大量轻中度残疾人和低龄老年人走出家庭、进入就业市场，从而极大地释放社会劳动潜力、提升社会消费能力。同时，面对未来三成左右国民的社会生活需求，围绕无障碍的设施设备、信息技术等的研发、应用，将有力促进国家科技化、信息化水平的提升，推动经济高质量发展。

这是切实提高无障碍环境建设质量的有力保障。无障碍环境特别是无障碍设施只有做到系统、连续、规范、安全才更有意义，孤立的、不规范的、损毁的设施，不仅会造成大量资源浪费，还会带来生活的不便，甚至形成严重的安全隐患。新时代的无障碍环境建设在继续解决"有没有"问题的同时，更要努力解决"好不好""管不管用"的问题。加强无障碍环境建设，拓展无障碍的内涵，普及正确理念，强化源头治理，压实各方责任，扩大社会参与，提升技术水平，将会有力推动无障碍环境建设更加科学、节约、创新、融合。

全国人大常委会贯彻落实党中央决策部署，积极回应社会关切，将无障碍环境建设立法列入常委会 2022 年度立法工作计划。社会建设委员会在中国残联提供的建议稿基础上，结合几年来办理代表议案建议和相关调研掌握的情况，并认真听取国务院相关部门的意见建议，形成了草案征求意见稿。其后征求了 31 个省级人大社会建设委员会的意见，召开了专家座谈会，委托中国残联收集了广大残疾人、老年人代表的意见和建议，并征求了"一府两院"的意见。在认真研究讨论、充分吸纳各方意见的基础上，形成了《中华人民共和国无障碍环境建设法（草案）》（以下简称《草案》）。

二、立法的指导思想和总体思路

*指导思想是：*以习近平新时代中国特色社会主义思想为指导，贯彻落实习近平总书记有关重要指示批示精神和党中央决策部署，坚持以人民为中心，践行全过程人民民主，以推动建设惠及全体社会成员的无障碍环境为目标，建立健全我国无障碍环境建设法律制度，为无障碍环境建设提供法治保障。

总体思路是：

（一）面向全体成员，突出重点人群。无障碍环境建设事关每一个人，特别是残疾人、老年人、孕妇、幼儿、伤病者、负重者等。《草案》强调通用设计、广泛受益，同时基于数量庞大的残疾人和老年人群体对无障碍环境需求更大、倚赖更深的实际情况，充分考虑残疾人部分功能丧失、老年人功能衰退而产生的无障碍需求，对部分无障碍设施和信息交流作出适残、适老的特别规定，在无障碍社会服务中明确要求为有无障碍需求的社会成员提供便利，以最大限度满足残疾人和老年人的特定需要。

（二）坚持政府主导，推动共建共享。无障碍环境建设长期被人们视为残疾人的"特惠"、与自身关系不大，甚至是浪费社会资源，因此社会认知度不高、参与不足，资金投入主要依靠政府。《草案》坚持政府在无障碍环境建设中的主导地位，同时重视发挥市场在资源配置中的作用，通过财政补贴、经费支持、政府采购等方式，充分调动市场主体的积极性，促进相关产业发展；通过加强理论研究、宣传教育、奖励激励，鼓励全社会积极参与，实现无障碍环境共建共享。

（三）立足国情实际，实行适度前瞻。与经济社会发展水平相适应，是无障碍环境建设推得动、可持续的客观要求。《草案》在无障碍实现程度上，把建设目标建立在财力可持续和社会可承受的基础之上，坚持尽力而为、量力而行，合理安排无障碍环境建设达标时序，对新建与改造、不同领域和场所等，作出适度区别的规定，不搞过高标准、齐步走、"一刀切"；在实现形式上，实行因地制宜，既高度重视技术标准，也鼓励配套服务，同时充分考虑科技赋能因素，对于未来可能通过高科技实现无障碍的领域不做过细的规范，为科技发展留下充足空间。

（四）坚持系统思维，实现统筹推进。无障碍环境建设是一个系统工程，渗透于社会生活的方方面面，涉及政府职责、市场行为、社会公益等不同层面，公众对无障碍的认知也直接或间接地影响其发展。《草案》试图通过有效的制度设计，推动政府、市场、社会共同发力，法律、法规、标准、政策协同配合，实现无障碍物理环境、信息环境、人文环境一体推进，在经济社会全面发展的过程中，促进高质量无障碍环境建设。

三、《草案》的结构和主要内容

《草案》是对《条例》的丰富和发展，将《条例》中经实践证明行之有效的规定上升为法律并予以充实，同时对《条例》欠缺的内容作了补充。目前的《草案》包括总则、无障碍设施建设、无障碍信息交流、无障碍社会服务、监督保障、法律责任、附则，共7章72条。主要内容如下：

（一）扩展了受益人群。将受益人群从以残疾人为主扩大为全体社会成员，同时为避免以往无障碍受益人群多采用列举方式导致的界限不清问题，从身体功能受限的角度，创设"有无障碍需求的社会成员"概念，并在附则中单设一条予以明确。

（二）完善了相关体制机制。一是确立了经费保障机制；二是规定了县级以上人民政府无障碍环境建设协调机制；三是增加了政府及其有关部门的监督检查、考核评价、信息公示、投诉处理等相关工作机制；四是充实了包括体验试用、社会监督、检察公益诉讼等在内的监督机制。

（三）对设施建设和改造提出更高要求。一是从城乡一体化发展考虑，不再对城市和农村的无障碍设施建设分别表述；二是明确工程建设、设计、施工、监理、审查、验收备案各单位的相应职责；三是要求地方政府制定对不符合强制性标准的既有设施进行无障碍改造的计划并组织实施，对家庭、居住区、就业场所、道路、公共交通运输工具等的无障碍以及无障碍卫生间和停车位，提出明确要求；四是对无障碍设施维护和管理等作出细化规定。

（四）丰富了信息交流内容。一是要求政府及其有关部门在提供公共信息、发布突发事件信息时应采取无障碍方式；二是强化影视节目、图书报刊、网络应用、硬件终端、电信业务、公共图书馆等提供无障碍信息的要求；三是鼓励食品药品等商品外部包装配置无障碍说明书的要求；四是对国家通用手语和通用盲文的推广使用作出要求。

（五）扩展了社会服务范围。一是规定国家机关和法律法规授权具有管理公共事务职能的组织的公共服务场所提供无障碍服务的基本要求；二是细化与社会生活密切相关的选举、公共服务、司法诉讼以及公共交通、教育考试、医疗卫生、文旅体育等方面的无障碍社会服务；三是要求政府热线和报警求助、消防应急、交通事故、医疗急救等紧急呼叫系统逐步具备无障碍功能；四是要求根据残疾人、老年人的特点，保留现场人工办理等传统服务方式。

（六）强化了法律责任。参考《刑法》《民法典》《行政处罚法》《建设工程质量管理条例》等相关法律法规的规定，对无障碍环境建设相关法律责任进行了强化。

《中华人民共和国无障碍环境建设法（草案）》和以上说明是否妥当，请审议。

全国人民代表大会宪法和法律委员会关于《中华人民共和国无障碍环境建设法（草案）》修改情况的汇报

全国人民代表大会常务委员会：

无障碍环境建设是保障残疾人、老年人等群体平等充分参与社会生活的一项重要工作，是国家和社会文明的标志。制定无障碍环境建设法，提升无障碍环境建设质量，对于加强残疾人、老年人等群体权益保障，增进民生福祉，提高人民生活品质具有重要意义。根据全国人大常委会2022年度立法工作计划，草案由社会建设委员会牵头组织起草。草案包括总则、无障碍设施建设、无障碍信息交流、无障碍社会服务、监督保障、法律责任、附则，共7章72条。2022年10月，十三届全国人大常委会第三十七次会议对无障碍环境建设法草案进行了初次审议。

会后，法制工作委员会将草案印发有关部门、地方和单位征求意见；在中国人大网公布草案全文，征求社会公众意见；赴重庆、广东、天津、上海、山东开展调研，广泛听取有关部门、残联、高校、基层立法联系点以及全国人大代表、残疾人代表等的意见建议；张庆伟副委员长到北京市、中国残联进行调研，听取有关方面的意见。宪法和法律委员会于4月13日召开会议，根据常委会组成人员审议意见和各方面意见，对草案进行了逐条审议。全国人大社会建设委员会、中国残疾人联合会有关负责同志列席了会议。4月17日，宪法和法律委员会召开会议，再次进行了审议。现将无障碍环境建设法草案主要问题修改情况汇报如下：

一、有的常委委员、地方提出，应当进一步加大对无障碍环境建设的保障力度，建议增加相关保障措施。宪法和法律委员会经研究，建议增加"保障措施"一章，从强化无障碍环境宣传教育、完善标准体系建设、加强人才培养和文明创建活动等方面充实相关规定；并将草案第五章章名由"监督保障"修改为"监督管理"，作为草案第六章。

二、无障碍环境建设是为残疾人、老年人等群体提供服务便利。草案第一条在立法目的中，将无障碍环境建设的保障对象扩大为全体社会成员。有的常委委员、专委会组成人员、基层立法联系点和社会公众提出，无障碍环境建设应当突出基本定位，重点保障残疾人、老年人，同时惠及其他人。宪法和法律委员会经研究，建议修改有关规定，明确本法的立法目的："为了加强无障碍环境建设，保障残疾人、老年人等平等、充分、便捷地参与和融入社会生活，弘扬社会主义核心价值观，促进社会全体人员共享经济社会发展成果，根据宪法，制定本法。"同时明确规定："残疾人、老年人之外的其他人有无障碍需求的，可以享受无障碍环境提供的便利。"

三、有的常委委员、部门和地方提出，应当进一步明确参与无障碍环境建设工作的有关单位及其职能。宪法和法律委员会经研究，建议作以下修改：一是删除草案第五条第二款有关政府部门应当制定无障碍环境建设专项规划和计划并组织实施的规定。二是增加规定："乡镇人民政府、街道办事处协助有关部门依法履行职责，做好无障碍环境建设工作。"

四、草案第六条第一款规定，县级以上人民政府应当建立无障碍环境建设协调机制，协调机制具体工作由县级以上人民政府住房和城乡建设部门承担。有的部门和地方提出，关于建立协调机制，党中央有严格要求，无障碍环境建设协调机制目前仅在个别地方探索，尚不成熟，建议按照党中央有关从严控制议事协调机构设立的精神，删除协调机制有关规定。宪法和法律委员会经研究，建议采纳这一意见。

五、草案多处规定有"依法设立的老年人组织"。有的常委委员、地方和社会公众提出，这一概念不够准确，也不能全覆盖，实践中老年人组织多种多样，有经批准设立的，也有依法登记成立的，建议按照党和国家机构改革方案有关完善老龄工作体制的要求，将"依法设立的老年人组织"修改为"老龄协会"。宪法和法律委员会经研究，建议采纳这一意见。

六、有的常委委员、部门和地方建议，完善有关规定推动解决城镇老旧小区无障碍设施和适老化改造中加装电梯问题。宪法和法律委员会经研究，建议将草案第二十二条第二款单独作为一条，修改为："国家支持既有住宅加装电梯或者其他无障碍设施，为残疾人、老年人等提供便利。""县级以上人民政府及其有关部门应当采取措施创造条件，推动既有住宅加装电梯或者其他无障碍设施。""房屋所有权人应当弘扬中华民族与邻为善、守望相助等传统美德，积极配合既有住宅加装电梯或者其他无障碍设施。"

七、有的常委委员提出，草案一些规定与其他法律规定不一致，也不符合实践中的实际做法。宪法和法律委员会经研究，建议作以下修改：一是与《公共图书馆法》衔接，将草案第三十六条修改为："公共图书馆应当考虑残疾人、老年人等的特点，积极创造条件，提供适合其需要的文献信息、无障碍设施设备和服务等。"二是与《选举法》等规定一致，将草案第四十条修改为："组织选举的部门和单位应当采取措施，为残疾人、老年人等选民参加投票提供便利和必要协助。"

八、有的常委委员、单位和地方提出，应当支持无障碍环境建设工作的交流与合作，并加大对无障碍环境建设的宣传力度。宪法和法律委员会经研究，建议增加规定："国家支持开展无障碍环境建设工作的国际交流与合作。""新闻媒体应当积极开展无障碍环境建设方面的公益宣传。"

九、有的常委委员、部门和地方提出，草案有关法律责任的规定，有的其他法律、行政法规已经明确，不必重复；有的涉及的问题比较复杂，不宜硬性要求；有的行为主体不同，应当适当区分。宪法和法律委员会经研究，建议对草案第六十条、第六十一条作合并修改，并对法律责任其他有关规定进行修改完善。

此外，还对草案作了一些文字修改。

草案二次审议稿已按上述意见作了修改，宪法和法律委员会建议提请本次常委会会议继续审议。

草案二次审议稿和以上汇报是否妥当，请审议。

全国人民代表大会宪法和法律委员会
2023 年 4 月 24 日

全国人民代表大会宪法和法律委员会关于《中华人民共和国无障碍环境建设法（草案）》审议结果的报告

全国人民代表大会常务委员会：

常委会第二次会议对无障碍环境建设法草案进行了二次审议。会后，法制工作委员会在中国人大网公布草案二次审议稿全文，向社会公开征求意见；召开四个基层立法联系点视频座谈会，专门听取基层立法联系点有关单位、社区工作人员、居民代表等的意见建议。宪法和法律委员会、法制工作委员会赴福建、河北开展调研，广泛听取有关部门、残联、高校以及全国人大代表、残疾人代表等的意见建议。宪法和法律委员会于6月1日召开会议，根据常委会组成人员审议意见和各方面的意见，对草案进行了逐条审议。全国人大社会建设委员会、中国残疾人联合会有关负责同志列席了会议。6月19日，宪法和法律委员会召开会议，再次进行了审议。宪法和法律委员会认为，草案经过两次审议修改，已经比较成熟。同时，提出以下主要修改意见：

一、有的常委委员提出，统筹推进无障碍环境建设与适老化改造，是应对人口老龄化和加强新时代老龄工作的重要举措，本法应该有所体现。宪法和法律委员会经研究，建议增加规定，明确无障碍环境建设应当与适老化改造相结合。

二、有的常委会组成人员提出，实践中无障碍设施改造工作涉及的范围广泛、情况较为复杂，为确保改造取得实效，政府制定的改造计划应当具有针对性。宪法和法律委员会经研究，建议明确县级以上人民政府应当制定"有针对性的"无障碍设施改造计划并组织实施。

三、草案二次审议稿第二十二条从国家支持、政府推动、居民配合三个方面，对加装电梯等无障碍设施作出规定。有些常委委员、基层立法联系点和社会公众提出，社会广泛关注加装电梯等无障碍设施的问题，应当进一步明确加装范围，发挥社区基层组织作用，并充分考虑居民的不同利益诉求。宪法和法律委员会经研究，建议作如下修改：一是将加装电梯等无障碍设施的住宅范围明确为"城镇老旧小区既有多层住宅"；二是增加"发挥社区基层组织作用"以及房屋所有权人"加强沟通协商"的规定。

四、有的常委委员、全国人大代表和单位提出，应当鼓励编写、出版盲文版、低视力版教材，满足有视力障碍学生的学习需求。宪法和法律委员会经研究，建议增加规定："国家鼓励教材编写、出版单位根据不同教育阶段实际，编写、出版盲文版、低视力版教学用书，满足盲人和其他有视力障碍的学生的学习需求。"

五、草案二次审议稿第三十六条按照公共图书馆法的规定作了修改。有的常委委员和社会公众提出，草案也应当与《公共文化服务保障法》相衔接，进一步扩大提供无障碍信息服务的主体范围。宪法和法律委员会经研究，建议增加"博物馆、文化馆、科技馆"等为残疾人、老年人提供无障碍设施设备和服务的规定。

六、草案二次审议稿第三十七条规定，国家鼓励食品、药品等商品生产经营者在商品外部包装配置盲文、大字、语音说明书。有的常委委员和社会公众提出，商品尤其是药品的说明书字体小、阅读不方便的问题较为突出，建议进一步完善相关规定。宪法和法律委员会经研究，建议修改为："国家鼓励食品、药品以及其他商品的生产经营者提供语音、大字、盲文等无障碍格式版本的标签、说明书，方便残疾人、老年人识别和使用。"

七、有的常委委员提出，全国各地经济社会发展水平不同，应当推动有条件的地方高标准建设无障碍环境。宪法和法律委员会经研究，建议增加规定："地方结合本地实际制定的地方标准不得低于国家标准的相关技术要求。"

八、有的常委会组成人员提出，无障碍环境建设应当采取适当的税收优惠鼓励措施，并支持新技术成果的运用。宪法和法律委员会经研究，建议在鼓励支持措施中增加"税收优惠"，并增加"促进新科技成果在无障碍环境建设中的运用"的规定。

此外，还对草案二次审议稿作了一些文字修改。

6月13日，法制工作委员会召开会议，邀请基层有关政府部门、残联、残疾人代表和专家学者等就草案主要制度规范的可行性、出台时机、实施的社会效果和可能出现的问题等进行评估。与会人员一致认为，草案坚持以人民为中心，从设施建设、信息交流、社会服务等方面对无障碍环境建设作出全面规定，着力解决人民群众的"急难愁盼"问题，积极回应社会关切，内容全面、结构合理，主要制度规范是可行的；草案充分吸收了各方面意见，已经比较成熟，建议尽快出台。与会人员还提出了一些具体修改意见，有的意见已经采纳。

草案三次审议稿已按上述意见作了修改，宪法和法律委员会建议提请本次常委会会议审议通过。

草案三次审议稿和以上报告是否妥当，请审议。

全国人民代表大会宪法和法律委员会
2023年6月26日

全国人民代表大会宪法和法律委员会关于《中华人民共和国无障碍环境建设法（草案三次审议稿）》修改意见的报告

全国人民代表大会常务委员会：

本次常委会会议于 6 月 26 日下午对无障碍环境建设法草案三次审议稿进行了分组审议。普遍认为，草案已经比较成熟，赞成进一步修改后，提请本次常委会会议表决通过。同时，有些常委会组成人员和列席人员还提出了一些修改意见。宪法和法律委员会于 6 月 26 日晚召开会议，逐条研究了常委会组成人员和列席人员的审议意见，对草案进行了审议。全国人大社会建设委员会、中国残疾人联合会有关负责同志列席了会议。宪法和法律委员会认为，草案是可行的，同时，提出以下修改意见：

一、草案三次审议稿第二十三条第二款规定，城市中心区的人行横道的交通信号设施应当安装过街音响提示装置。有的常委委员提出，从有关地方的实践看，在残疾人较为集中的区域安装过街音响提示装置，对于保障残疾人出行安全很有助益，建议进一步扩大安装范围。宪法和法律委员会经研究，建议将安装范围规定为"城市中心区、残疾人集中就业单位和集中就读学校周边的人行横道"。

二、有些常委委员提出，药品直接涉及人民群众生命健康，有必要对药品无障碍格式版本的标签、说明书提出更为明确的要求。宪法和法律委员会经研究，建议修改有关规定，明确："国务院有关部门应当完善药品标签、说明书的管理规范，要求药品生产经营者提供语音、大字、盲文、电子等无障碍格式版本的标签、说明书。"

三、有的常委委员提出，为进一步加强无障碍环境建设监督的针对性和有效性，建议借鉴一些地方的做法，增加聘请相关人员开展监督的规定。宪法和法律委员会经研究，建议增加规定："残疾人联合会、老龄协会等组织根据需要，可以聘请残疾人、老年人代表以及具有相关专业知识的人员，对无障碍环境建设情况进行监督。"

常委会组成人员还提出了一些修改意见。宪法和法律委员会研究认为，有的在制定过程中已经反复研究，有的宜在实践中具体把握，有的需要有关部门和地方在配套规定中予以细化，草案可不再作进一步修改。

经与有关方面研究，建议将本法的施行时间确定为2023年9月1日。

此外，根据常委会组成人员的审议意见，还对草案三次审议稿作了个别文字修改。

草案修改稿已按上述意见作了修改，宪法和法律委员会建议本次常委会会议审议通过。

草案修改稿和以上报告是否妥当，请审议。

全国人民代表大会宪法和法律委员会
2023年6月28日